中国科协产业与技术发展路线图系列丛书

中国科学技术协会 / 主编

园艺产业与技术
发展路线图

中国园艺学会　编著

中国科学技术出版社

·北 京·

图书在版编目（CIP）数据

园艺产业与技术发展路线图 / 中国科学技术协会主编；
中国园艺学会编著 . -- 北京：中国科学技术出版社，
2023.4
（中国科协产业与技术发展路线图系列丛书）
ISBN 978-7-5236-0181-5

Ⅰ.①园… Ⅱ.①中… ②中… Ⅲ.①园艺 – 产业发
展 – 研究 – 中国 Ⅳ.① F326.13

中国国家版本馆 CIP 数据核字（2023）第 057892 号

策　　划	秦德继
责任编辑	高立波
正文设计	中文天地
责任校对	张晓莉
责任印制	李晓霖

出　　版	中国科学技术出版社
发　　行	中国科学技术出版社有限公司发行部
地　　址	北京市海淀区中关村南大街 16 号
邮　　编	100081
发行电话	010-62173865
传　　真	010-62173081
网　　址	http://www.cspbooks.com.cn

开　　本	787mm×1092mm　1/16
字　　数	296 千字
印　　张	13
版　　次	2023 年 4 月第 1 版
印　　次	2023 年 4 月第 1 次印刷
印　　刷	河北鑫兆源印刷有限公司
书　　号	ISBN 978-7-5236-0181-5 / F・1134
定　　价	70.00 元

《园艺产业与技术发展路线图》
编委会

序

当今世界正经历百年未有之大变局，新一轮科技革命和产业变革重塑全球经济结构，全球范围内的产业转型调整不断加快，产业竞争已成为大国竞争的主战场。我国产业体系虽然规模庞大、门类众多，但仍然存在不少"断点"和"堵点"，关键核心技术受制于人等问题突出。科技是产业竞争力的关键。解决制约产业发展的关键核心技术，建设现代化产业体系，需要强大的科技支撑。

党的二十大开启了全面建成社会主义现代化强国、实现第二个百年奋斗目标，做出加快构建新发展格局，着力推动高质量发展的重大战略部署。习近平总书记在党的二十大报告中强调，必须坚持科技是第一生产力、人才是第一资源、创新是第一动力，深入实施科教兴国战略、人才强国战略、创新驱动发展战略，开辟发展新领域新赛道，不断塑造发展新动能新优势。这些重要部署为我国依靠科技创新引领和支撑经济社会高质量发展进一步指明了方向和路径。

中国科协作为国家推动科技创新的重要力量，积极探索新形势下促进科技与产业深度融合的工作新品牌和开放合作新机制，推动提升关键核心技术创新能力，助力打赢关键核心技术攻坚战。2020年，中国科协首次启动产业与技术发展路线图研究，发挥跨学科、跨领域、跨部门和联系广泛的组织和人才优势，依托全国学会组织动员领军企业、科研机构、高等院校等相关力量，汇聚产学研各领域高水平专家，围绕车联网、智能航运、北斗应用、航天、电源、石墨烯等重点产业，前瞻预见产业技术发展态势，提出全产业链和未来产业发展的关键技术路线，探索构建破解关键技术瓶颈的协同创新机制和开放创新网络，引导国内外科技工作者协同攻关，推动实现产业关键核心技术自主可控。

综观此次出版的这些产业与技术发展路线图，既有关于产业技术发展前沿与趋势的概观介绍，也有关于产业技术瓶颈问题的分析论述，兼顾了科研工作者和决策制定者的需要。从国家层面来说，可作为计划投入和资源配置的决策依据，能够在政府部门之间有效传达科技政策信息，识别现有的科技能力和瓶颈，为计划管理部门在公共项目选择中明确政府支持的投入导向。从产业层面来说，有助于产业认清所处的经济、社会、环境的变化，识别市场驱动因素，确定产业技术发展的优先顺序，突破产业共性技术的瓶颈，提高行业研究和应用新产业技术的能力。从企业层面来说，通过路线图可与企业战略和业务发展框架匹配，确定产业技术目标，识别达到市场需求所必需的产业技术，找到企业创新升级的发展方向。

在此次系列丛书付梓之际，衷心地感谢参与本期产业与技术发展路线图编写的全国学会以及有关科研、教学单位，感谢所有参与研究与编写出版的专家学者。同时，也真诚地希望有更多的科技工作者关注产业与技术发展研究，为路线图持续开展、不断提升质量和充分利用成果建言献策。

中国科协党组书记、分管日常工作副主席、书记处第一书记
中国科协学科发展引领工程学术指导委员会主任委员
张玉卓

前　言

园艺产品是重要的农产品，与人们的健康密切相关。蔬菜、水果是人体不可或缺的多种维生素和多种常量、微量矿物质的主要来源。蔬菜、水果含有的黄酮类、多糖类、萜类、有益有机硫类以及叶黄素等物质具有抗氧化、改善体内循环、增强肌体免疫、预防多种疾病、减缓器官衰老等功能。"药食同源"中有很多是园艺产品。花卉、绿植等园艺植物不仅能够美化环境，让人身心愉悦，有的还能净化空气，提升环境质量。像香蕉、薯蓣类富含淀粉的园艺产品，可以部分替代主粮，保证粮食供给安全。园艺产业单位面积产值高，效益好，是很多地区农民增收、乡村振兴的支柱产业。因此，必须注重发展园艺产业，保障园艺产品有效供给，促进广大农村地区产业兴旺、农民增收。

改革开放以来，我国园艺产业发展取得了巨大的成就。2020 年果树生产面积为1264.6 万公顷，总产量 28692.4 万吨，比 1978 年分别增长了 6.6 倍和 42.7 倍。蔬菜生产面积为 2148.5 万公顷，总产量 74912.9 万吨，比 1978 年分别增长了 5.5 倍和 8.1 倍。我国花卉园艺产业起步于 20 世纪 80 年代，经过 40 余年的发展已经形成了一定的产业规模。2017 年中国花卉（包括观赏、药用及工业用植物）生产面积 139.2 万公顷，销售额 1533.2 亿元。目前，蔬菜、水果等园艺产品市场供应总量充足，品种丰富，产品品质不断提高，周年均衡供应情况持续改善。

改革开放以来，我国园艺科技发展取得了长足的进步，共建成了 21 个国家级果树种质资源圃，保存果树种质资源达 2 万多份，位居世界第二位。建成的国家蔬菜资源库共收集、保存蔬菜品种资源 4 万多份，位居世界第四位。继 2009 年完成了世界上第一个园艺作物黄瓜基因组测序后，我国又先后主导完成了 30 多个主要园艺作物的基因组测序，以及 10 多个园艺作物基因组的重测序，并重点解析了黄瓜、番茄、柑橘、梨、西甜瓜等果实品质形成的分子基础和调控机制，建立了主要园艺作物分子标记辅助选择技术和高通量检测平台。1978 年以来，育成了 2000 多个主要果树新品种，通过审定和登记的白菜、甘蓝、番茄、辣椒、黄瓜等主要蔬菜新品种数量超过 15000 个，主要蔬菜作物品种更新换代 4~5 次，良种普及率达到 90% 以上。园艺作物栽培技术研究方面，化肥、农药"双减"技术取得明显进展，建立了基于作物需肥规律、土壤供肥特性及其肥料效应的主要作物大、中、微量及有益元素精准平衡施用技术以及有机肥替代化肥综合增效技术，创新了果园轻简化管理技术、蔬菜秸秆原位还田技术、交替轮作和共生间作栽培模式与技术等。我国发明的节能型日光温室以及研发出的各种类型的塑料棚室推动我国的设施园艺获得了空前的发展，形成了"低投入、低能耗、高效益"的产业技术优势。在水果、蔬菜的成熟衰老机理研究方面取得重要突破，产品采后预冷、分级包装以及运输流通技术水平不断提升，水果、蔬菜安全品质稳定提高。

当前，我国园艺产业进入了新的发展时期，实现产品优质、生产绿色和种植高效，增强稳产保供能力，满足美好生活需求是新时期的发展目标。要围绕这一发展目标，厘清发展思路，明确产业和技术发展方向，确定科技研发重点，提出实现的路径。为此，在中国科协的组织下，中国园艺学会组织专家撰写了《园艺产业与技术发展路线图》。该书概述了我国园艺产业和科技取得的主要成绩与现状，分析了存在的关键问题，对未来产业和技术需求进行了预测，介绍了一些发达国家园艺产业和科技的发展经验与技术优势，讨论了未来技术发展趋势，提出了园艺产业和科技发展目标、科技发展重点以及实现的技术路径，最后对产业布局、科技研究重点以及政策支撑等提出了建议。

园艺产业涉及的作物种类繁杂，园艺科技涵盖的学科门类众多，加之撰写时间所限，难免有诸多遗漏和错误之处，敬请读者指正。

编者

2022 年 7 月

目 录

第 1 章

我国园艺产业与科技发展现状

1.1 我国园艺产业的地位

1.1.1 园艺产业的内涵

园艺起源于古代园艺技艺。《辞源》记载"植蔬果花木之地,而有藩者"则为园;《论语》记载"学问技术皆谓之艺",因而园艺就是栽植蔬果花木的技艺。现代园艺具有更丰富的含义,涉及果树、蔬菜、茶叶和观赏植物的繁育、栽培、采后处理和生产经营过程的科学问题和技术措施。按栽培对象,一般说来园艺作物主要包括果树、蔬菜(含食用菌)、花卉、茶叶四大类。有些园艺作物的划分存在变化,如过去把西甜瓜归类为蔬菜,近年国家统计时把西甜瓜包含在园林水果里。茶叶在学科目录中划为园艺,但茶叶产业链很大一部分是加工,加上历史的原因,长期以来,茶叶保持相对独立的状态。本研究中的园艺作物只包含果树、蔬菜(含食用菌)、西甜瓜和花卉。

园艺产业是园艺相关各个环节和业态的总称,不仅包括园艺产品的生产,还包括与园艺生产密切相关的,对园艺发展有一定影响的产业,涵盖园艺产业生产资料的供应、园艺产品的流通、消费等多个层面。

1.1.2 园艺产业的作用

(1)国民健康的重要保障

改革开放以来,国民的温饱问题基本得到解决,人均动物蛋白消费量逐渐提高,但中老年人过量摄入肉类和碳水化合物会引发一些疾病,如糖尿病、高血脂、高血压等。水果、蔬菜等园艺产品含有丰富的人体不可或缺的维生素、矿物质和纤维素,例如柑橘、番茄、大白菜等富含胡萝卜素,草莓和猕猴桃等富含维生素 C 等营养元素;

苹果中富含苹果多酚、三萜和植物甾醇、蛋白质、糖分、维生素和微量元素等，具有很好的抗氧化、抗衰老、预防心脑血管疾病、防龋齿和增强记忆等作用。适当消费园艺产品，不仅可以补充人类生存所需的能量，还能满足人类对多种营养元素的需求，改善人体内循环。因此，园艺产品是保障国民健康的重要营养来源。

（2）农民增收的支柱产业

与普通作物相比，园艺作物的种植收益相对更高，因而园艺产业成为农民增收的重要来源，也成为一些贫困村、贫困县产业升级、脱贫致富的主导产业。以蔬菜为例，与粮棉油产品相比，蔬菜生产的经济效益明显更高。据《农产品成本收益年鉴》2018 年数据显示，种植蔬菜的平均净利润为每亩（1 亩 ≈ 667 平方米，下同）2265.47 元，成本利润率高达 50.15%，而种植粮棉油产品的平均净利润均呈负利润。在发展规模上，2018 年，我国蔬菜种植面积为 2043.894 万公顷，占农作物播种面积的 12.32%，是棉花播种面积的 6.09 倍，油料播种面积的 1.59 倍，远超其他经济作物种植规模；国务院扶贫开发领导小组办公室数据显示，2019 年，832 个贫困县蔬菜种植面积为 2668.9 万亩，总产量为 16349 万吨，实现销售额 1062.9 亿元，带动贫困人口 258.7 万人。蔬菜产业成为贫困地区农民脱贫致富的重要依靠。

（3）城乡就业的主要渠道

园艺产业不仅可以推动农民致富，还可以解决部分城乡居民就业问题。根据《中国统计年鉴》数据，2019 年乡村从事农业劳动的人口为 19445 万人，从事农业的人口占比 58.5%。园艺产业作为农业产业中劳动力最密集的产业之一，可以有效解决部分城乡居民就业难题，推动灵活就业。一方面，园艺产业生产、加工和销售均需要大量劳动力，家庭有效劳动供给不足势必增加农村新的劳动需求，增加农民本地就业岗位，如《农产品成本收益年鉴》2019 年数据显示，三种粮食生产的亩均雇工天数仅为 0.3 天，而苹果生产的亩均雇工天数则为 13.7 天，蔬菜生产的平均雇工天数为 6.7 天，园艺产业对劳动力的需求量远大于大宗农产品产业。另一方面，依靠城郊结合区域优势和资源优势发展特色的种赏一体的生态观光园艺产业，也为城乡居民提供了新的就业岗位。

（4）美化环境的重要手段

除经济效应外，园艺还能美化城市和生态环境，创造出独具魅力的风光景色，丰富人们的业余生活，带给人们高品位的精神追求。园艺产业成为现代城市中不可或缺的元素，全国文明城市评选的多项指标也与城市绿化和园艺密切关联。城市、街道园艺作物除观赏外，同时也兼具绿化和覆盖土地、降低城市热岛效应、保持水土、提高光合作用、改善空气质量、屏蔽噪声等多重生态功能，为居民提供舒适安全的生活环境，美化城市建设。

（5）农旅康养的主要载体

随着观光农业、都市农业和旅游农业的发展，园艺产业也成为社会进步的主要标志。与普通农业相比，观光旅游农业集旅游、采摘、娱乐、餐饮于一体，属于多产业融合发展的新业态，能够实现以多功能定位满足人们在城市生活中的多方需求。除营养供给外，园艺产品亦可美化环境、陶冶情操。随着温饱问题已解决，精神文明的提升成为高质量生活的新追求，观赏园艺已出现在寻常百姓家。人们在家里摆上各类花卉、绿植等丰富多样的园艺饰品，闲暇之余，体验与大自然的接触，不仅可以赏心悦目，还可以释放内心的压抑，获取精神愉悦。此外，"园艺体验"（Horticultural Therapy，也翻译为园艺疗法）逐渐成为新的消费方式，以帮助病人减轻压力、减轻疼痛和改善情绪，起到辅助治疗的作用。例如，在医院病房周围种植草木花卉，病人散步或在病房内眺望绿植，帮助病人调整心态、恢复健康。

1.1.3　园艺产业的地位

（1）我国是享誉世界的"园林之母"

我国园艺产业发展历史悠久，在国际上具有举足轻重的地位。在我国，园艺学起源于先秦时期，早期园艺和农艺并无明显分工，殷周时代园圃的发展成为我国早期园艺的雏形。尽管古印度、古埃及、古巴比伦王国、古罗马帝国以及地中海沿岸国家的园艺发展也较早，但总体水平在我国之下，欧美诸国园艺的发展则晚于我国 600—800 年。

我国和西方国家之间园艺交流活动频繁，交流成果丰硕。植物和技艺的交流最早始于汉武帝时期张骞出使西域，通过丝绸之路给中亚和欧洲带去了我国的桃、梅、杏、茶等，丰富了欧洲园艺植物种质资源；同时，他带回了葡萄、无花果、苹果、西瓜等，丰富了我国园艺植物种质资源。20 世纪初，著名植物学家威尔逊（Wilson）曾 5 次到访中国，收集了 1000 多种野生观赏性植物，他认为："中国的确是园艺之母，因为其他国家的园艺都深深受益于中国园艺。"

近现代以来，我国也多次举办高质量园艺博览会（以下简称园博会），不断传播我国园艺发展理念。如 2019 年在北京举办的为期 162 天的世界园博会，是迄今展出规模最大、参展国家最多、展示内容最丰富、文化活动最密集、办会影响最广泛的园博会。期间，中国展示各类园艺展品超过 200 万件，推出的新品种、新产品超过 2 万件，集中展示了我国花卉园艺的优秀品质、发展理念和特色文化，也向全人类诠释了绿色发展的重要意义，并在世界园艺史上留下了"中国印记"。

（2）我国是世界园艺生产大国

我国是世界园艺生产大国，诸多园艺产品产量和产值居世界前列。据联合国粮食及农业组织（FAO）2018 年数据，我国蔬菜和水果生产总产值为 2802.10 亿美元，超第二名（印度）约 1792.80 亿美元，是美国果蔬生产总产值的 5.63 倍（表 1–1）。

表 1–1　2018 年主要国家蔬菜和水果总产值

排名	地区	产值（亿美元）	排名	地区	产值（亿美元）
1	中国	2802.10	11	土耳其	148.27
2	印度	1009.30	12	墨西哥	145.23
3	美国	498.01	13	阿尔及利亚	115.92
4	日本	268.62	14	智利	110.87
5	法国	252.33	15	俄罗斯	106.11
6	印尼	223.67	16	巴西	101.62
7	西班牙	216.73	17	尼日利亚	85.54
8	意大利	205.16	18	德国	66.29
9	伊朗	157.16	19	菲律宾	66.18
10	韩国	148.32	20	澳大利亚	58.59

数据来源：联合国粮食及农业组织。

在花卉种植规模上，我国花卉种植规模不断扩大。种植面积从 1984 年的 1.4 万公顷增长到 2017 年的近 140 万公顷，花卉销售额从 6 亿元增长到 1533 亿元，出口额从几千万美元上升到 6 亿多美元，已成为世界最大的花卉生产中心、重要的花卉消费国和花卉进出口贸易国。在花卉产业发展质量上，我国不断提升花卉品质、等级和种植技术，逐步形成现代花卉产业格局，并朝着高质量发展阶段迈进。

（3）园艺产业是我国农业产业中最重要的组成部分

改革开放以来，我国农业种植结构从单一粮食作物为主转向粮食、经济作物多品种协同发展，园艺产业也得到了长足的发展。在种植结构上，从 1978—2019 年，蔬菜产量增长了 8.75 倍，水果产量增长了 41.7 倍，茶叶产量增长了 10.36 倍。2019 年，蔬菜播种面积为 2087 万公顷，总产量为 7.21 亿吨，蔬菜产值已突破 2 万亿元，蔬菜产业成为我国农业的最大产业。2018 年用 12.32% 的土地播种面积，创造了超过 1/3 的农业总产值（表 1-2）。在时间布局上，我国夏秋季蔬菜供应稳中有增，冬季设施蔬菜发展势头迅猛，设施蔬菜产业产值接近蔬菜总产值一半，基本实现全年蔬菜供应无淡季，蔬菜品种四季全的发展模式。在种植技术上，我国蔬菜产业积极推进机械化种植和优良品种培育，蔬菜种植机械化程度由"十二五"期间的 20% 提高到 25%，且机械智能化和自动化技术不断提升；同时，我国积极推进优良作物品种培育，在推动作物抵抗病虫等灾害、提高作物产出质量、减少化肥和农药用量、降低生态环境破坏等方面取得重大突破。

表 1-2　2018 年蔬菜产业和其他农业的对比

项目	单位	蔬菜	粮食	油料	棉花
种植面积	万公顷	2043.894	11703.821	1287.243	335.441
种植面积占农作物面积比例	百分比（%）	12.32	70.55	7.76	2.02
年产量	万吨	70346.72	65789.22	3433.39	610.28
每亩产值	元	6782.81	1008.18	1084.67	1814.31
蔬菜产值与其他作物产值的比例	倍	—	6.73	6.25	3.74
每亩成本利润率	百分比（%）	50.15	-7.83	-6.87	-20.26

1.2　我国园艺产业发展现状

1.2.1　我国水果产业发展现状

1.2.1.1　水果生产基本情况

2020 年，我国水果种植面积和产量与 2019 年相比略有增加。其中，水果种植面积约 1264.6 万公顷，比 2019 年扩大约 36.9 万公顷，同比增长约 3.0%；总产量约 28692.4 万吨，比 2019 年增加 1291.6 万吨，同比增长约 4.7%。改革开放后，我国水果产业持续发展，从 1978—2020 年，我国水果种植面积、总产量和单产整体上均呈上升趋势。1978 年全国果园的总面积为 165.7 万公顷，到 2020 年果园面积增加到

1264.6 万公顷，增长了近 7.6 倍，年平均增长率为 5%；产量在 20 世纪八九十年代经过了快速发展的阶段，由 1978 年的 657.0 万吨增长到 2020 年的 28692.4 万吨，增长了近 43.7 倍，增势迅猛；单位面积产量由 1978 年的每公顷 4 万吨增长到 2020 年的 22.7 万吨，增长了近 5.68 倍（表 1-3）。

表 1-3   1978—2020 年我国水果生产现状

年份	种植面积 （单位：万公顷）	总产量 （单位：万吨）	单位面积产量 （单位：万吨/公顷）
1978	165.7	657.0	4.0
1980	178.3	679.3	3.8
2007	1011.9	17659.4	17.5
2008	1022.1	18279.1	17.9
2009	1045.4	19093.7	18.3
2010	1068.1	20095.5	18.8
2011	1080.8	21018.6	19.4
2012	1099.0	22091.5	20.1
2013	1104.3	22748.1	20.6
2014	1160.8	23302.6	20.1
2015	1121.2	24524.6	21.9
2016	1091.7	24405.2	22.4
2017	1114.9	25241.9	22.6
2018	1187.5	25688.4	21.6
2019	1227.7	27400.8	22.3
2020	1264.6	28692.4	23.7

资料来源：《中国统计年鉴》《中国农村统计年鉴》。

1.2.1.2   水果生产布局

我国是世界水果生产大国，栽培历史悠久，资源丰富，水果与干果种类达 50 余种，是世界果树起源最早、种类最多的地区，堪称"水果之乡"。我国主要的水果产品为柑橘、苹果、梨、桃、香蕉。2020 年，我国柑橘产量为 5121.9 万吨、苹果产量为 4406.6 万吨、梨产量为 1781.5 万吨、桃产量为 1500 万吨、香蕉产量为 1151.3 万吨。其中苹果主要分布在北方，主产地是山东、陕西、河南、河北、辽宁等省，五省的苹果产量占全国苹果产量的80%以上。柑橘主要在南方种植，主产地是浙江、福建、湖南、广东、湖北、广西、四川等省（自治区）。梨的主产地是河北、河南、山东、湖北、辽宁、陕西等省。桃总产量前五位的依次为山东、河南、山西、河北和安徽。香蕉的主产地是广东、广西、海南、云南、福建、重庆等省（自治区、直辖市），其中广东香蕉产量最大。

1.2.1.3 水果消费情况

我国水果需求结构包括食品消费、水果制品、其他以及损耗四大部分。1995—2018年，我国水果食品消费占水果总消费量的比例呈逐年增长的态势，水果制品消费占水果总消费的比例比较稳定，损耗占水果总消费的比例小幅增长。根据联合国粮食及农业组织统计数据显示，1995—2018年，平均有91.044%的水果用于食品消费；6.661%的水果用于水果制品；其他用途仅占0.018%；其中水果损耗率约为2.277%（图1-1）。

根据国家统计局数据，1995—2019年，中国城乡居民水果人均消费量大致呈递增态势。其中，城镇居民水果人均消费量由1995年的41.1千克增加至2019年的66.8千克，期间城镇居民水果人均消费量均值为55.6千克；农村居民水果人均消费量由1995年的5.9千克增加至2019年的43.3千克，期间农村居民水果人均值为26.5千克。2015年后，城镇居民水果人均消费量趋于平稳，年均增幅较小，约为2.7%；农村居民水果人均消费量年均增幅大于城镇居民水果人均消费量，约为11.7%（图1-2）。

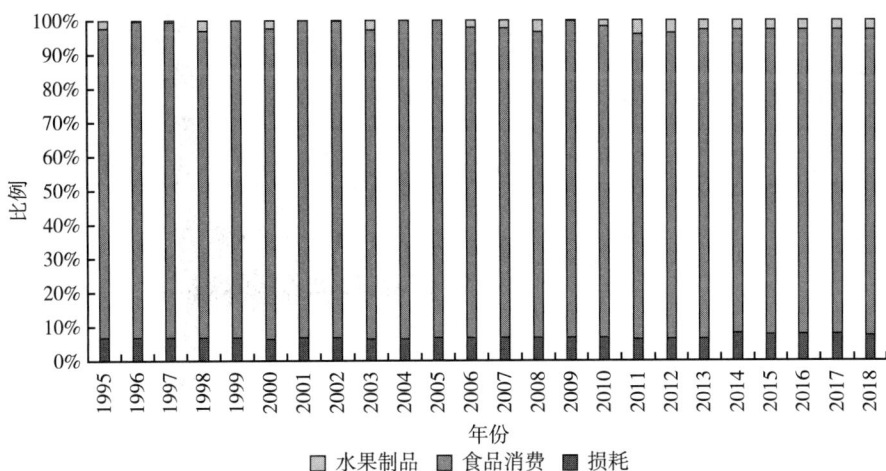

图1-1 1995—2019年国内水果需求结构
资料来源：根据联合国粮食及农业组织历年食物平衡表整理。

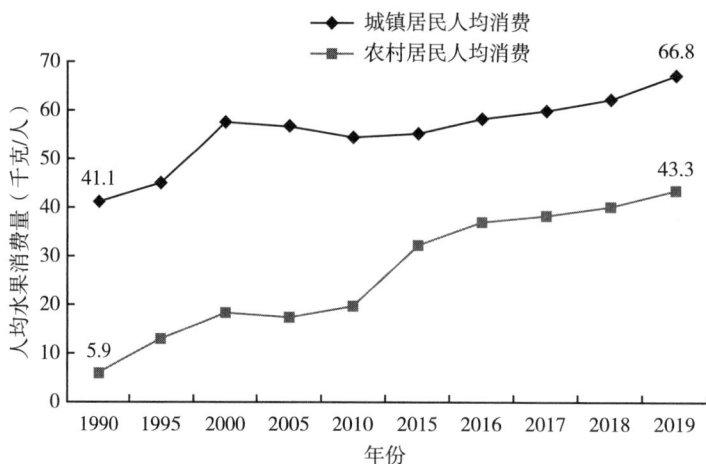

图 1-2　中国城乡居民人均水果消费量

资料来源：《中国统计年鉴》。

1.2.1.4　水果进出口情况

近年来，我国水果进出口呈现双向快速增长态势，并呈现出一定的贸易逆差，并且逆差额还在持续扩大。具体地，从我国水果的出口来看，2014—2020 年水果出口额从 43.18 亿美元上升到 70.69 亿美元，增长了 63.7%；从我国水果的进口来看，我国是世界上第二大水果进口国，占有 8.7% 的市场份额，2014—2020 年我国水果进口额从 51.42 亿美元上升到 120.16 亿美元，增长了 2.3 倍；水果贸易逆差 2020 年达到 49.47 亿美元，是 2014 年的 6 倍（表 1-4）。

表 1-4　中国水果贸易的总量特征

年份	出口额（亿美元）	进口额（亿美元）	贸易逆差（亿美元）
2014	43.18	51.42	8.24
2015	51.62	60.15	8.53
2016	54.85	58.51	3.66
2017	53.42	63.79	10.37
2018	52.84	86.83	33.99
2019	62.27	116.65	54.38
2020	70.69	120.16	49.47

1.2.2 我国蔬菜产业发展现状

1.2.2.1 蔬菜产业基本情况

2020 年，我国蔬菜种植面积和产量与 2019 年相比略有增加。其中，蔬菜种植面积约 2148.5 万公顷，比 2019 年扩大约 62.2 万公顷，同比增长约 3.0%；总产量约 74912.9 万吨，比 2019 年增加 2810.3 万吨，同比增长约 3.9%；单产水平 34.8 吨/公顷，与 2019 年基本持平。从 1978—2020 年，我国蔬菜种植面积、总产量和单产均呈上升趋势。蔬菜作为种植业的第一产业，种植面积由 1978 年的 333.1 万公顷增加到了 2020 年的 2148.5 万公顷，增长了近 6.5 倍；产量从 1978 年的 8242.0 万吨增长到 2020 年的 74912.9 万吨，增长了 9.1 倍；单位面积产量从 1978 年的 24.7 万吨/公顷增长到 2020 年的 34.8 万吨/公顷，增长了 40.8%（表 1-5）。

表 1-5 1978—2020 年我国蔬菜生产现状

年份	种植面积 （单位：万公顷）	总产量 （单位：万吨）	单位面积产量 （单位：万吨/公顷）
1978	333.1	8242.0	24.7
1980	316.3	—	—
2007	1755.7	56452.0	32.2
2008	1785.9	59240.3	33.2
2009	1781.8	61823.8	34.7
2010	1743.1	65099.4	37.3
2011	1791.0	67929.7	37.9
2012	1849.7	70883.1	38.3
2013	1883.6	73512.0	39.0
2014	1922.4	76005.5	39.5
2015	1961.3	78526.1	40.0
2016	1955.3	67434.2	34.5
2017	1998.1	69192.7	34.6
2018	2043.9	70346.7	34.4
2019	2086.3	72102.6	34.6
2020	2148.5	74912.9	34.8

资料来源：《中国统计年鉴》《中国农村统计年鉴》。
注："—"表示数据缺失。

中国具有丰富的食用菌物种资源，除野生菌外，中国食用菌的生产种类已达80多种，大宗品种有香菇、木耳、平菇、双孢蘑菇、金针菇、灵芝、草菇等，珍稀品种如白灵菇、杏鲍菇、茶树菇、真姬菇、灰树花等也得到了较好开发，成为中国食用菌产业新的增长点。据统计，2019年我国食用菌总产量达3933万吨，是1978年产量5.7万吨的600多倍，占世界总产量的70%以上，年增长率基本稳定在3.5%左右。

1.2.2.2　蔬菜生产布局

2020年蔬菜种植面积前三位的省份是河南、广西和贵州，蔬菜种植面积分别为173.29万公顷、153.59万公顷和151.13万公顷。综合考虑地理气候、区位优势等因素，全国蔬菜逐步形成了华南与西南热区冬春蔬菜、长江流域冬春蔬菜、黄土高原夏秋蔬菜、云贵高原夏秋蔬菜、北部高纬度夏秋蔬菜、黄淮海与环渤海设施蔬菜六个优势区域（表1-6）。

表1-6　我国蔬菜生产区域布局

产区	地区
华南与西南热区冬春蔬菜优势区域	海南、广东、广西、福建和云南南部、贵州南部以及四川攀西地区
长江流域冬春蔬菜优势区域	四川、重庆、湖北、湖南、江西、浙江、上海和江苏中南部、安徽南部
黄土高原夏秋蔬菜优势区域	在陕西、甘肃、宁夏、青海、西藏、山西及河北北部地区
云贵高原夏秋蔬菜优势区域	云南、贵州和鄂西、湘西、渝东南与渝东北地区
北部高纬度夏秋蔬菜优势区域	吉林、黑龙江、内蒙古、新疆和新疆生产建设兵团
黄淮海与环渤海设施蔬菜优势区域	辽宁、北京、天津、河北、山东、河南及安徽中北部、江苏北部地区

资料来源：《全国蔬菜产业发展规划（2011—2020）》。

1.2.2.3　蔬菜消费情况

我国蔬菜需求结构主要包括食品消费、饲料、其他以及蔬菜损耗四大部分。从1995—2018年，我国蔬菜食品消费量占蔬菜总消费量的比例比较稳定，饲料用途占蔬菜总消费量的比例呈小幅增长的态势，蔬菜损耗比较稳定，在个别年份呈小幅减少。联合国粮食及农业组织统计数据显示，1995—2018年，平均有85.873%的蔬菜用于食品消费，6.119%的蔬菜用于饲料用途，其他用途仅占0.003%，损耗率高达8.006%。蔬菜食品消费量占蔬菜总消费量的比例比较稳定，饲料用途占蔬菜总消费量的比例呈小幅增长的态势（图1-3）。

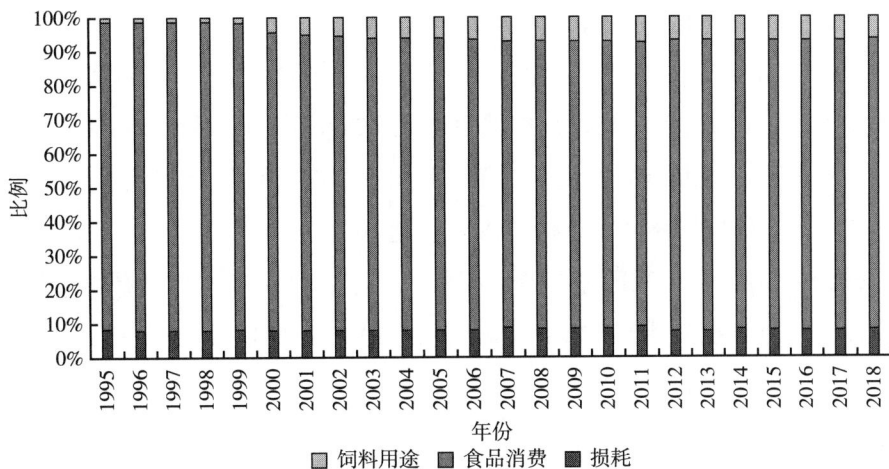

图 1-3　1995—2019 年国内蔬菜需求结构
资料来源：根据联合国粮食及农业组织历年食物平衡表整理。

　　近30年来，中国城乡居民人均鲜菜消费呈波动下降的态势。据图1-4可知，我国城镇居民鲜菜消费量始终高于我国农村居民鲜菜消费量，其中，1990—2019年城镇居民人均鲜菜消费量均值约113.2千克，而农村居民人均鲜菜消费量均值仅为99千克。城镇居民人均鲜菜消费量大体趋于平稳，年均降幅约为1.5%；农村居民人均鲜菜消费量缓慢下降，年均降幅大于城镇居民人均鲜菜消费量，约为2.2%。随着我国

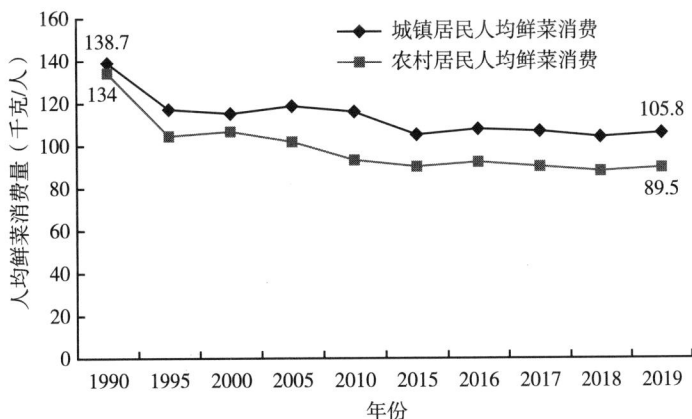

图 1-4　中国城乡居民人均蔬菜消费量
资料来源：《中国统计年鉴》。

综合国力的不断增强，收入结构和消费结构逐渐趋于稳定，2010 年后我国城镇居民和农村居民人均鲜菜消费量基本保持稳定状态。

1.2.2.4　蔬菜进出口情况

蔬菜是中国最具有国际竞争力的优势农产品，作为世界最大的蔬菜生产国，几乎各类蔬菜都在向国际市场出口，根据 2019 年联合国商品贸易统计结果显示，中国蔬菜出口占 11.3% 的市场份额。2020 年，我国蔬菜出口额为 149.3 亿美元，比 2019 年下降 3.6%，占农产品出口总额的 19.5%；进口额为 10.4 亿美元，比 2019 年增长 8.2%。2014—2020 年，我国蔬菜贸易不仅保持了贸易顺差，而且顺差额总体呈增长的趋势，2020 年已经达到 138.9 亿美元，是 2014 年的 1.2 倍。如表 1-7 所示，从我国蔬菜出口来看，2014—2020 年蔬菜出口额从 125.0 亿美元上升为 149.3 亿美元，增长了 19.4%；从我国蔬菜进口来看，蔬菜进口额从 5.1 亿美元上升为 10.4 亿美元，增长了 103.92%（表 1-7）。

表 1-7　中国蔬菜贸易总量特征

年份	出口额（亿美元）	进口额（亿美元）	贸易顺差（亿美元）
2014	125.0	5.1	119.9
2015	132.7	5.4	127.3
2016	147.2	5.3	141.9
2017	155.2	5.5	149.7
2018	152.4	8.3	144.1
2019	155.0	9.6	145.4
2020	149.3	10.4	138.9

资料来源：海关信息网（www.haiguan.info）《中国农产品贸易发展报告》。

1.2.3　我国西甜瓜产业发展现状

1.2.3.1　西甜瓜产业基本情况

据国家统计局数据和联合国粮食及农业组织数据显示，我国西瓜产业自 2010—2019 年，受政策和各产区产业结构调整以及产销平衡的影响，西瓜的种植面积持续减少，减少量为 22.566 万公顷，降幅为 13.30%，但产量呈增长趋势，总体增量小、

增幅低、增速慢，且增长趋势不稳定。十年间西瓜产量仅增长 58.04 万吨，增幅为
0.93%，在种植面积大幅度下降的情况下，总产量仍能基本保持不变，说明西瓜单位
面积的产量在提高；西瓜表观消费量长期在 6000 万~6400 万吨波动，2010 年我国
西瓜表观消费量为 6077.26 万吨，2019 年为 6091.10 万吨，期间增量仅有 13.84 万吨，
增幅为 0.23%；在这十年间，表观消费量最高的年份为 2017 年（6329.31 万吨），比
表观消费量最低的年份 2011 年（6035.48 万吨）高出 293.83 万吨（表 1-8）。说明随
着我国人民生活水平的提高，西瓜作为一种普通水果，其消费市场维持在一定水平，
其产能与消费量的增长也开始放缓。

表 1-8　2010—2019 年全国西瓜产业基本情况

年份	生产面积 （万公顷）	产量 （万吨）	表观消费量 （万吨）	进口额 （万美元）	出口额 （万美元）
2010	169.72	6266.06	6077.26	3494.00	1247.70
2011	166.98	6241.79	6035.48	4859.50	1574.80
2012	163.13	6302.20	6065.33	5953.50	2180.40
2013	164.16	6401.00	6120.03	5363.60	3115.20
2014	163.39	6473.04	6165.03	4072.20	4769.70
2015	163.09	6599.42	6283.92	3807.30	2491.10
2016	151.51	6220.65	6238.11	3279.70	2601.50
2017	151.97	6314.72	6329.31	3186.40	3138.60
2018	151.79	6153.69	6171.04	4371.40	3943.50
2019	147.16	6324.10	6091.10	4326.00	4043.80

资料来源：国家统计局和联合国粮食及农业组织。

据国家统计局数据和联合国粮食及农业组织数据显示，2010—2019 年，我国
甜瓜种植面积在 2016 年后开始出现较为明显的提升，此前一直稳定在 34 万公顷左
右；甜瓜产量总体增长趋势较为稳定，一直保持较高速率的增长水平，从 2010 年的
1086.01 万吨增长为 2019 年的 1354.15 万吨，增量达 268.14 万吨，增幅为 24.69%。
甜瓜表观消费量从 1080.58 万吨增长到 1347.72 万吨，增量达 267.13 万吨，增幅为
24.72%（表 1-9）。我国的甜瓜表观消费量增速与我国的甜瓜产量增速较为接近，说
明我国甜瓜生产水平与我国甜瓜需求水平较为一致，也说明随着我国人民生活水平的

提高，甜瓜作为一种小宗水果，其消费量有一定增长空间。

表 1-9　2010—2019 年全国甜瓜产业基本情况

年份	生产面积（万公顷）	产量（万吨）	表观消费量（万吨）	进口额（万美元）	出口额（万美元）
2010	35.45	1093.33	1080.58	—	2900.00
2011	34.63	1097.18	1083.93	—	3602.10
2012	33.39	1077.14	1064.88	—	5207.60
2013	33.62	1129.72	1116.78	—	6936.70
2014	33.52	1113.21	1100.81	1.80	7517.80
2015	34.56	1125.51	1110.28	6.40	13861.70
2016	34.59	1194.56	1179.97	0.90	14955.30
2017	34.88	1239.57	1226.23	1.40	10056.10
2018	37.61	1322.03	1310.87	3.00	7863.70
2019	38.37	1354.15	1347.72	3.30	12994.70

资料来源：国家统计局和联合国粮食及农业组织。

1.2.3.2　西甜瓜产业生产布局

中国西甜瓜产业通过多年生产布局与市场化演变，形成了五个主要优势区域，依次是华南西甜瓜优势区、黄淮海西甜瓜设施栽培优势区、长江流域西甜瓜优势区、西北西甜瓜优势区以及东北西甜瓜优势区。华南西甜瓜优势区，包含了广东、广西、海南、云南、福建以及西南部分地区（云南省西双版纳和四川省攀枝花地区），主要通过开展反季节冬春西瓜及其抗逆性较好的优质哈密瓜与网纹甜瓜生产，占领国内外冬春季中高端果品市场。黄淮海西甜瓜设施栽培优势区，范围包含了长江流域、海河流域以及黄淮河流域，大致覆盖了北京地区、天津市、山东、河北、河南以及安徽与江苏部分区域，主要的栽培方法是小拱棚或地膜覆盖早熟种植方式，使西甜瓜能及时上市以缓解集中上市所带来的市场压力。长江流域西甜瓜优势区，主要涉及湖北、湖南、江西、安徽、江苏、浙江、四川、重庆、贵州和上海等省市，采用中小拱棚的设施开展早春种植与长季节多茬瓜种植等方式，逐步拉长西甜瓜的上市时间，以实现周年供应。西北西甜瓜优势地域，主要涉及陕西、甘肃、青海、宁夏、新疆和内蒙古的中西部地带。压砂西甜瓜栽培作为中国西北部干旱地区的传统栽培方法，一直致力于改良新、中、老砂地，减少连作障碍，开展标准化、规模化砂田西瓜生产。东北西甜瓜优势区，包含辽宁省、吉林省、黑龙江省和内蒙古自治区呼伦贝尔市、兴安盟、通辽市、赤峰市、锡林郭勒盟等区域。主要开展中晚熟西瓜与特色薄皮甜瓜生产。

1.2.3.3 西甜瓜产业进出口市场

随着我国对替代种植农产品免收进口关税和进口环节营业税的优惠政策实施，目前中国西瓜进口需求主要集中于广西和云南省，主要的进口来源国则是缅甸、老挝和越南。2020年，中国主要从缅甸进口50000万吨和从越南进口97436.95万吨西甜瓜。2020年主要出口省份按出口金额排名第一的是云南省，之后依次是广东省、广西壮族自治区、福建省、黑龙江省、山东省、内蒙古自治区、吉林省、陕西省。2020年，若按总出口额排序看，最大的销往地为中国香港地区，总出口额约为31025吨，约占我国总出口额的69.10%，其后分别为中国澳门地区、越南、俄罗斯、蒙古、马来西亚、朝鲜和新加坡。按对外贸易总额排序来看，目前更多的主要出口商品销往地为中国香港地区，占2020年总体对外贸易金额的75.91%，往后依次为越南、俄罗斯、中国澳门地区、马来西亚、蒙古、朝鲜、新加坡。

我国的甜瓜国际贸易无论从进出口交易量，还是从进出口交易额来看，整体规模均较小，呈现非常明显的单向贸易特征，即出口量大、进口量小，且进出口贸易极不稳定，年际间波动较大。2020年，我国甜瓜主要进口自巴西（49.11%）、吉尔吉斯斯坦（33.33%）、文莱（17.56%），进口交易单价以文莱最高，达每千克4.46美元。我国甜瓜进口需求最大的是上海市，占全国进口量的比重达34.18%。2020年，总出口甜瓜仅3.31万吨，比2019年下降58.63%，主要出口方向是中国香港和东南亚地区，其中出口中国香港数量达2.09万吨，占出口总量的62.99%；出口至越南和马来西亚的甜瓜数量占比分别为17.82%和11.99%。

1.2.4 我国花卉发展现状

1.2.4.1 花卉产业基本情况

截至2020年，我国花卉产业整体处于稳定发展时期，随着专业化水平的提升，其创造的经济效益也在增加。2020年我国花卉营业面积已达220.42万平方米（图1-5），市场成交额为675.21亿元，花卉市场摊位数整体呈上升趋势，虽然花卉零售市场成交额相比2019年有所上升，但是批发市场交易额和总交易额呈下降趋势（表1-10）。

表 1-10　花卉市场成交额（2010—2020）

年份	花卉批发市场成交额（亿元）	花卉零售市场成交额（亿元）	花卉市场总成交额（亿元）
2010	280.99	2.18	283.16
2011	373.34	12.62	385.96
2012	349.71	15.13	364.84
2013	380.01	16.23	396.24
2014	399.48	17.84	417.32
2015	387.24	19.07	406.31
2016	393.8	29.08	422.88
2017	417.78	35.5	453.28
2018	605.87	36.63	642.5
2019	716.24	34.6	750.84
2020	636.27	38.93	675.21

数据来源：国家统计局。

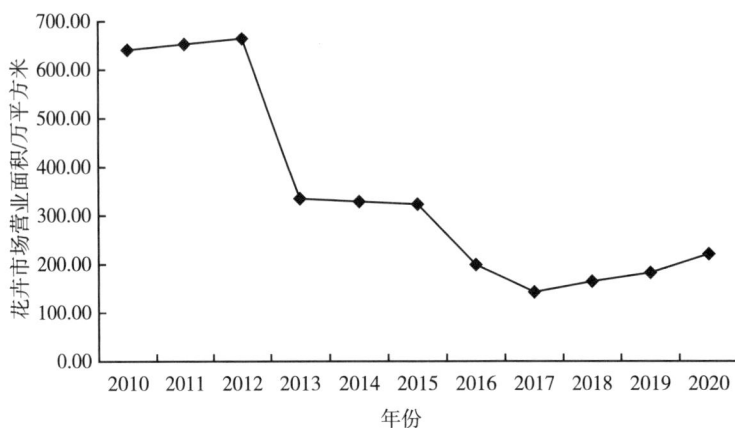

图 1-5　花卉市场营业面积

数据来源：国家统计局。

1.2.4.2　花卉产业生产布局

近十年来，我国实有花卉种植面积整体呈平稳上升趋势。2019 年，江苏、浙江、河南省的花卉种植面积位居全国前三，花木种植面积分别达 16.16 万公顷、15.84 万公顷和 15.14 万公顷，这三个省的花卉种植面积约占全国花卉总种植面积的 31.27%；相对于南方地区来说，京津冀地区的花卉产业较为单薄（表1-11）。截至2019年，全国花卉从业人员已达704.89万人，其中专业技术从业人员达41.57万人（表1-12）。

表1-11 年末实有花卉种植面积（2010—2019）

年份	年末实有花卉种植面积（万公顷）	江苏（万公顷）	浙江（万公顷）	山东（万公顷）	河南（万公顷）	云南（万公顷）
2019	150.7700	16.1648	15.8447	7.3048	15.1406	11.7067
2018	163.2750	31.0766	6.7857	16.3535	13.5693	20.4395
2017	144.8850	30.1715	10.2275	16.1460	12.9558	3.2482
2016	132.8040	29.9043	10.2885	16.7723	12.8100	2.3134
2015	129.2290	—	—	—	—	—
2014	102.2070	11.1404	6.9081	15.9718	10.9760	1.3485
2013	104.2500	11.8816	5.6161	17.1274	10.2403	1.7970
2012	96.9063	12.2875	5.7328	14.9900	10.0576	1.3948
2011	86.2152	15.6737	5.8173	9.8053	9.1280	1.2645
2010	76.4003	10.6801	5.2282	7.0053	11.0126	1.3030

数据来源：《中国林业统计年鉴》（—为数据缺失）。

表1-12 花卉从业人员（2008—2019）

年份	花卉从业人员（万人）	专业技术从业人员（万人）
2019	704.89	41.57
2018	523.45	33.11
2017	567.52	34.48
2015	505.77	28.95
2014	492.69	27.42
2013	431.67	27.79
2012	462.81	26.86
2011	432.59	21.00
2010	386.84	16.67
2009	387.21	16.76
2008	370.38	15.51

数据来源：《中国林业统计年鉴》。

1.2.4.3　花卉产业进出口市场

海关总署将我国进出口花卉主要分为七个类别，包括干切花、鲜切花、鲜切枝叶、种苗、种球等。据中华人民共和国海关总署统计，我国花卉进出口总额自2017年以来持续增长；进口额自2019年后连续2年下降，出口额即使在新冠疫情影响下的2020年仍保持了强劲增长。2020年我国花卉进出口贸易总额达6.22亿美元，同比增长0.34%；其中，出口额3.87亿美元，同比增加7.94%；进口额2.35亿美元，同比下降10.07%（表1–13）。

表1–13　2019—2020年花卉进出口总额

类别	2020年		2019年	
	金额（美元）	增幅（%）	金额（美元）	增幅（%）
进出口总额	621905453	0.34	619822904	3.63
出口额	386557059	7.94	358128583	14.70
进口额	235348394	−10.07	261694321	−8.46
进出口差额	151208665	56.80	96434262	266.05

数据来源：中华人民共和国海关总署，2021年第9期《中国花卉园艺》。

从进口情况看，约90%的进口额主要集中在荷兰、日本、厄瓜多尔、泰国、智利、新西兰、南非、肯尼亚、越南、西班牙10个国家，种球、盆花（景）和庭院植物、鲜切花三大品类占进口总额的87.45%；盆花（景）和庭院植物、鲜切枝（叶）和干切花进口额较2019年增幅分别达18.62%、54.25%和11.55%，种球、鲜切花、种苗和苔藓地衣进口额较2019年分别下降15.22%、29.51%、23.66%和63.57%。从出口情况看，85.31%的出口额主要集中在日本、韩国、荷兰、越南、美国、澳大利亚、泰国、缅甸、德国9个国家和中国香港地区，盆花（景）和庭院植物、鲜切花、鲜切枝（叶）和种苗是我国花卉出口的主体，出口额占95%以上，其中盆花（景）和庭院植物占出口总额的41.69%；云南、福建、广东、浙江和广西的出口额占我国花卉出口总额的87.20%（数据来源于中国花卉协会，《2020年我国花卉进出口数据分析报告》）。

1.3 我国园艺产业科技发展现状

1.3.1 我国园艺产业科技发展历程

1.3.1.1 园艺学科的初创阶段（1949年以前）

园艺在中国历史悠久。一些新石器时代遗址中已发现食用蔬菜的实证，如浙江余姚河姆渡遗址中出土的瓠和菱角、浙江吴兴钱山漾遗址中出土的菱角和甜瓜子等，以及甘肃秦安大地湾新石器时代遗址和西安半坡遗址出土的芸薹属种子，说明在七八千年前中国有些地区已开始栽培蔬菜。西周和春秋时期的《诗经》中有一些蔬菜的诗句，说明当时已有专门栽培蔬菜的菜圃。桃、梨、枣等果树栽种最早见于夏商时期，南北朝时期关于果树的繁殖方法和栽培技艺已有许多改良和创新。但直至19世纪后半叶，中国园艺领域尚没有专门的教育机构和完备的学科体系。

园艺学科的发展取决于农业科学和教育事业的发展。中国新式农业教育的起点当属1898年3月林迪臣先生在杭州创办的蚕学馆，同年张之洞先生在湖北设立农务学堂；1901年江苏开办江南蚕桑学堂，山西在农工总局设立农林学堂；1902年保定设立直隶农业学堂；1906年在京师设立高等农业学堂，同年在山东、四川、奉天（今沈阳）设立多所农业学堂。此后建立京师大学堂农科大学，开创了我国高等农业教育的新纪元，1908—1909年，最早开设果树园艺课程；1914年京师大学堂农科大学改称北京农业专门学校，开始独立办学之路，1923年改称国立北京农业大学，1928年并入国立北平大学，设立北平大学农学院，拥有农学系、林学系、农业化学系、农业生物系、农业经济系五系；1912年，苏州府官立农业学堂（现苏州农业职业技术学院）开设园艺课，成为园艺专业的前身；1910年，美国教会合并汇文书院、宏育书院成立金陵大学堂，1915年改名为金陵大学，1928年由留日回国的胡昌炽创建金陵大学园艺系实科并开始招生；1928年山西私立铭贤学堂开办农科；1929年成立东北大学农学院；1928年开始，南京国民政府推行大学区制改革，加之抗日战争全面爆发导致北平大学农学院等一批学校西迁，全国多所院校进行了重组合并以及建立临校。园艺学科在此期间呈现增量，例如，1933年，国立西北农林专科学校筹建，1936年开始招生，1938年北平大学农学院并入后更名为国立西北农学院；1938年复旦大学在重庆北碚成立农艺系，1939年设立园艺系，开始招收园艺专业学生；1938年在日本统治区成立奉天农业大学，设有园艺学科，招收园艺专业学生；1940年成立湖北省农学院园艺系；1946年在山东农业大学设立园艺。但由于战乱，各学校实际招生人数有限。

20世纪20年代之后，一批留日、美、英、法等学者回国，如留日回国学者有吴耕民、章守玉、孙云蔚、曲泽洲、胡昌炽等，欧美留学回国学者有毛宗良、章文才、黄昌贤、李沛文、钟俊麟等，他们在民国时期建立的大学里播下园艺作物研究的种子，主要集中在整理中国的种质资源、总结生产栽培经验与技术、介绍国外园艺作物研究新知识和技术等。同时，他们着手编写教材，设立本科园艺研究方向，堪称中国园艺学科的第一代奠基人。

中国园艺学科是伴随着农业科学发展而发展的，从上述这些农业教育的发展历程可以看出，20世纪50年代以前中国园艺科学仍处于初期发展阶段，不仅从事的人员很少，而且研究手段落后，研究内容单一，水平不高，多为种质资源整理和生产经验总结。食用菌作为蔬菜的一类，在新中国成立前其科技主要处于引进、学习、宣传和试验阶段，1901年出版的《农学报》的译著，让食用菌一词出现在中国科学术语中。20世纪30年代，上海引进了双孢蘑菇的纯种堆料栽培技术，标志着食用菌生产方式成为农业生产方式的一种。

1.3.1.2　园艺产业科技体系形成与发展阶段（1949—1978年）

新中国成立后，中国园艺学科得到扩大和完善，逐渐形成了完整的学科体系，并得到了一定发展。建立了包括果树学、蔬菜学、观赏园艺学、茶学等二级学科在内的学科体系，科学研究也取得了很大进展。由于茶学学科涉及的加工部分较多，因此本文只阐述果树学、蔬菜学（含西瓜和甜瓜、食用菌）、观赏园艺学三个二级学科相关内容。

早在1948年，东北解放区的哈尔滨就成立了哈尔滨农学院，设有果蔬教研室。1949年在沈阳成立沈阳农学院，设有果蔬教研室，1950年沈阳农学院与哈尔滨农学院合并成立东北农学院（现东北农业大学），组建新的果蔬教研室，开始招收果蔬专业学生；同年西南农学院（现西南大学农学类各学科）园艺系成立；至1951年，全国农林院所相继成立15个单位。至1952年，28所农学院（现为农业大学）设立了园艺及相关专业。1952年全国院系调整，金陵大学园艺系和南京大学园艺系调入山东农学院，组建新的园艺系；复旦大学农学院北上沈阳，与合并到东北农学院的原沈阳农学院部分专业合并，成立沈阳农学院，并组建园艺系，开始招收果蔬专业学生，1954年又开始招收园林绿化专业学生；武汉大学农学院调整成立华中农学院（现华中农业大学），森林系和园艺系与湖南、江西、广东和广西等农学院园艺专业合并，组建园林系，1956 年招收果蔬专业学生。1952 年，北京农学院（现中国农业大学）园艺系设果树和造园 2 个专业；1958 年西北农学院（现西北农林科技大学）园艺系和林学院合并，更名园林系，1960 年开始招生。

总之，我国高等教育体系建立，是在老一辈园艺专家的不懈努力下，根据国家需要和实际逐步完善，进而形成我国园艺研究和人才培养体系。各省先后建立了园艺或果树、蔬菜、花卉等研究机构，其中中国农业科学院蔬菜花卉研究所、果树研究所（兴城）、郑州果树研究所以及柑橘研究所属于国家级的研究机构，中国园艺科学研究的基本框架形成。

（1）果树产业科技体系形成与发展阶段

新中国成立后至 1978 年，中国果树学科不断发展和完善，果树育种、果树栽培、贮藏加工等方面不断形成和发展，逐步形成了完整的学科体系。科学研究方面主要集中在资源收集与保存、新品种选育和栽培技术推广应用等方面。20 世纪 50 年代，中国开展了果树种质资源普查工作，发现了隔年核桃、软籽山楂、四季柑、苹果梨、冬桃以及新疆野苹果林、四川野海棠林、野桃、野李、海南岛野荔枝林、湖南野柑橘林等一批具有特殊性状的珍贵果树资源和优异地方品种，在此基础上各地都收集和保存了部分地方品种及在育种上有利用价值的原始材料。中国农业科学院果树研究所、柑橘研究所、郑州果树研究所建所后，以及各省（直辖市、自治区）果树科研单位根据科研工作的需要，先后设置了保存范围和规模不等的品种园，当时也称为果树原始材料圃。作为世界柑橘起源中心之一，中国柑橘品种资源十分丰富，这一时期广泛收集保存、评价利用了国内外柑橘种质资源。1960 年，中国农业科学院柑橘研究所成立伊始，即着手筹建柑橘中心原始材料圃，1963 年在重庆北碚正式建园。根据资料记载，新中国成立后的 30 年间完成了包括柑橘、苹果、桃、葡萄、枣等 31 种果树 3000 余个品种或类型的国家或区域的资源保存圃，为日后育种工作奠定了基础。在此期间，还筛选和培育出一大批果树良种。南方柑橘优良品系先锋橙和锦橙及其优系等最具代表性，成为全国主栽品种。北方苹果则开展了大规模的选种工作，对生产中主栽的品种进行了芽变选种，登记了一大批优良品系。苹果新品种培育也取得较大进展，培育出"秦冠"等区域性新品种。

此外，在果树造园及树形修剪方面开展了系列研究，按照当时"上山下滩、不与粮棉争地"和"四旁""三荒"种植果树的发展总基调，开展了果树造园和授粉树配置研究。在北方苹果和梨树修剪方面，形成了"基部三主枝临近半圆形"和"四大主枝十字形"等修剪树形。另外，以管理一线技术人员为主体的技能大赛颇为盛行，如苹果修剪擂台赛，评选"十大剪"等活动，一些高校专家也参与其中，成为当时新技术推广普及的重要媒介。在不断提升果树管理水平的同时，也在生产中发现问题，例如，适宜不同区域的果树丰产树型构建、高产稳产修剪技术等，研究取得长足进展。

（2）蔬菜产业科技体系形成与发展阶段

中国蔬菜现代科技发展虽然起步于 20 世纪 20 年代，但直到新中国成立后，蔬菜育种、蔬菜栽培、设施蔬菜栽培（保护地栽培）和贮藏加工才逐步建成，并形成了由众多高等院校和科研院所组成的覆盖全学科的完整的蔬菜学科和科技创新体系。

20 世纪五六十年代，蔬菜栽培在广泛生产调研总结传统经验的基础上，开始了一些新技术的引进和研究，包括合理施肥技术、种子消毒技术以及生长调节剂使用技术等。在设施栽培方面，研制和推广了改良式单屋面玻璃温室、玻璃覆盖的阳畦和温床、小拱棚、塑料大棚等设施及其蔬菜栽培技术。

在蔬菜育种方面，20 世纪 50 年代中国蔬菜育种研究逐步展开，多次组织开展了蔬菜资源调查、收集和整理，在广泛收集国内资源和引进国外资源的基础上，50—60 年代中期先后育成了"早粉 2 号""农大 23""沈农 4 号"番茄以及"农大红萝卜"等一批优良的常规品种。

新中国成立后，食用菌学科和科研体系建设得到了高度重视，1957 年出版的《中国真菌学与植物病理学文献》在真菌学一级目录之下列有"食用菌"二级目录，1958 年底应用真菌学研究所与中国科学院北京微生物室合并，改名"微生物研究所"，该所设有"真菌学研究室"。随着新中国经济复兴，这一时期的食用菌生产技术有了很大进步，食用菌生产广泛推广了纯菌丝体接种，总结为"人工培养纯菌丝，打孔接种"。

（3）西瓜、甜瓜产业科技体系形成和发展阶段

新中国成立之初，西瓜和甜瓜作为蔬菜中的瓜类作物种类，关注度不高，研究人员很少。20 世纪 50—70 年代，主要开展了西瓜和甜瓜种质资源调查、收集整理工作。50 年代共收集西瓜品种 69 个、甜瓜 144 个，50 年代中期，新疆、甘肃等地的部分科教单位分别从苏联引种了少量西瓜品种（如"苏联 1 号""苏联 2 号""苏联 3 号""木拉莫尔内"），丰富了我国的西瓜品种资源。60 年代中期，吴明珠院士在吐鲁番、鄯善等地收集整理了地方甜瓜品种 40 余份。同期，开始了无籽西瓜研究，60 年代中期育成第一个有生产和商品价值的"无籽 3 号"品种。

（4）观赏园艺产业科技体系形成与发展阶段

新中国成立后，中国观赏园艺学科和科研得到一定发展，成为林业院校园林学科和农业院校园艺学科的组成部分之一。前者多为20世纪50年代院系大调整时从农业院校园艺等学科中分离出来的。"文化大革命"期间园林专业停止招生。直至1978年的30年间，观赏园艺研究主要集中于解决花卉和园林绿化植物商品生产中的技术问题。

20世纪50年代初至1978年，开展了花卉种质资源调查工作，重点关注专类花卉和区域性特色花卉资源的调查、收集、保存和整理工作，初步建立了重点花卉的核心种质资源圃，并重点开展了梅花、牡丹、月季、菊花、山茶、杜鹃等中国传统名花资源的种质调查，筛选出一批重要的花卉资源并初步应用于花卉育种及园林应用，部分花卉育成了一些新品种。除露地花卉生产技术得到一定提高以外，温室花卉生产技术开始了研究和应用。

1.3.1.3　园艺产业科技快速发展阶段（1978—2005年）

1978年后，高考制度的恢复和国家科技强国战略的实施，迅速恢复和创建了园艺领域专科、本科、硕士、博士和博士后等人才培养体系。中央和地方园艺科研资助项目的大幅增加，一批新的科技研发机构和平台的陆续建立，加快了中国园艺学科和科研体系的发展与完善。除了果树学、蔬菜学、观赏园艺学等二级学科方向得到加强以外，设施园艺学得到快速发展，并设立了二级学科方向。科学研究得到大幅度提升，一些研究已成为农业领域的排头兵。

（1）果树产业科技快速发展阶段

1978年后，果树学科得到了进一步完善和快速发展，硕士和博士授权点得到加强，已经建立起了完整的学科体系和人才培养体系。科研平台和资源得到进一步增强，教学和科研条件得到大幅度改善。

1979年初，第一届全国农作物品种资源科研工作会议召开后，中国农业科学院组织专家对西藏、云南、湖北、长白山等地果树资源进行了考察，一些省（区）也组织了果树资源考察，发现了香蕉野生二倍体类型、野生红河大翼橙、光核桃、红肉和无毛大果猕猴桃等优良资源。1990年完成建设苹果、梨、柑橘、葡萄、桃、李、杏、柿、枣、栗、核桃、龙眼、枇杷、香蕉、荔枝、草莓等19个果树树种的16个国家果树种质资源圃，保存有1万余份果树种质资源。截至1995年，从40余个国家和地区引进28科、36属、131种果树的1100多个品种，910余份已入园保存，740多份在生产上应用，许多已成为主栽品种，如富士和新红星苹果、玫瑰香和巨峰葡萄、大久保和岗山白桃、纽荷尔柑橘等。

在此期间，随着大学扩招，教育资源优化，各大学果树科研队伍日益壮大，逐步成为果树研究的主力军，取得了一大批科技成果。高校研究队伍中实力较强且手段先进的单位，聚焦果树基础研究，从分子生物学层面解释生长发育机理，发表了许多高水平论文。这期间育成了一批果树品种，如"秦冠""辽伏""寒富"等苹果，"锦丰""早酥""黄花"等梨，"京早晶""早玫瑰"等葡萄，"雨花露""麦香"等桃，"台农4号""闽农1号"等菠萝，特别是"寒富"苹果将优质大苹果栽培纬度线向北推移了2个。栽培方面对果园土壤改良、整形修剪、病虫害绿色防控等进行了研究，果树篱笆墙式栽培技术、早熟栽培技术等新技术研究成功并开始在生产上应用。然而，由于高校和科研院所业已形成了自身学术科研能力评估体系，加之各类科研项目的验收或鉴定（项目实施周期）指标不尽合理，导致成果转化率不高。政府管理职能部门已经洞察到科研管理以及经费使用中的种种弊端，一系列法规政策条例不断出台，果树科学研究伴随改革开放的脚步，不断迭代前行。根据果树产业需求，这一时期果树科研动向有如下特征：

一是为了适应规模快速扩张的需要，开展了"苗木繁育技术""新品种引种示范""幼树整形技术"和"早期丰产技术"研究，同时针对引种和生产管理中出现的问题，开展了幼树越冬性、病虫害防控方面的研究。

二是由于果树产业规模增速过快，因此科研未能满足产业发展需求。表现为：育苗不规范导致大量劣质或品种混杂苗木流入市场；特别是苗木供不应求催生出当年播种、当年嫁接和当年出圃的"三当苗"育苗技术，进而导致建园规格大打折扣，影响早期产量。苗木的供不应求，导致"新品种"未能按照引种、区试、示范、推广的程序进行，给生产带来巨大损失。另外过分追逐早期产量，高密度栽植，尤其是苹果利用乔化砧高密度栽植后缺乏配套技术。至此，果树科研进入"改作业"阶段。其主要研究方向聚焦在"新品种配套技术""良种高接换头技术""乔砧密植整形修剪技术""郁闭园、低产园改造技术"研究。"提质增效技术"和"果园肥水管理技术"研究也逐步提到议事日程。

（2）蔬菜产业科技快速发展阶段

1978年后，蔬菜学科队伍不断壮大，硕士和博士学科授权点增多，建立起了完整的学科体系和人才培养体系。科研平台和资源得到进一步增强，教学和科研条件得到大幅度改善。

蔬菜科技体系在种植技术、育种技术等方面均取得巨大进步，蔬菜科技进入快速进步成长期。在种植技术层面，20世纪70—80年代，塑料棚栽培技术迅速在全国推广普及。这期间围绕塑料棚的结构与建材、塑料棚栽培模式与管理技术、塑料棚栽培病虫害防治、适宜塑料棚栽培的品种等进行了广泛的研究，各地研发出了许多类型和建材不同的塑料大、中、小棚在生产上推广，并研究形成了一系列的内容丰富、特色各异的塑料棚栽培技术。塑料棚栽培技术的发展为解决我国早春和晚秋蔬菜生产淡季，促进蔬菜市场全年均衡供应，提高蔬菜生产效益发挥了重要作用。

20世纪80年代，沈阳农业大学首先在辽宁海城开展节能型日光温室蔬菜栽培技术试验并获得成功，这类温室后来被称作第一代节能型日光温室；同时瓦房店开展节能型日光温室蔬菜栽培技术试验也获得成功。这种温室通过改善屋面角度增加阳光进入量、加厚墙体增加蓄热性能、覆盖草苫增强保温性，结合合理的栽培技术和选用合适的品种，能够在北纬41°的冬季不加温生产喜温类蔬菜。由于效果好、效益好，节能型日光温室蔬菜栽培很快在北方各地推广，日光温室的结构不断优化，性能也不断改进。节能型日光温室的普及推广彻底改变了我国北方冬季蔬菜市场果菜类蔬菜短缺的局面，改变了长期以来冬季南菜北运的流通格局，这是我国蔬菜生产史上一个里程碑式的变化。在第一代节能型日光温室的基础上，沈阳农业大学又研制成功第二代节能型日光温室及其蔬菜生产技术，这类温室能够在北纬42°的冬季不加温生产喜温类蔬菜，而且蔬菜产量增产30%以上。

我国从20世纪70年代开始引进和研究蔬菜无土栽培技术。农业部在"七五"期间将蔬菜无土栽培列为重点科技攻关内容，当时主要研究和示范固态基质栽培、深层营养液栽培（DFT）和浅层营养液栽培（NFT）技术。到了90年代，中国农业科学院蔬菜花卉研究所研发出了以有机基质添加固态肥料作为栽培基质，不靠营养液供给养分的无土栽培技术。

在蔬菜育苗方面，从20世纪70年代末开始研发和推广以利用电热线加温土壤为主要技术的蔬菜专业化育苗技术，初步改变一家一户分散育苗情况，取得很好的效果。到了80年代末，在引进借鉴国外技术的基础上，我国开始研究和推广蔬菜工厂化（集约化）育苗技术。工厂化育苗主要采用穴盘育苗方式，以草滩、蛭石和珍珠岩为基质，机械作业自动装盘、精量播种、控温催芽，水分营养通过机械喷淋精准管理，育苗环境温湿度分期精细调控。由于工厂化育苗具有出苗快、整齐均匀、生长健壮、育苗周期短、场地利用效率高等优点，迅速在全国示范推广。

这一时期，蔬菜种质资源保存、评价与利用得到重视，到 1995 年中国入库保存的蔬菜种质资源达到 28000 多份，中国农业科学院蔬菜花卉研究所组织编写了《中国蔬菜品种志》，收录了 4813 个品种。自 20 世纪 70 年代开始，中国开始在蔬菜作物上开展杂交优势利用育种，首先培育出了甘蓝、大白菜、黄瓜等一代杂交种，接着陆续在茄果类、瓜类、甘蓝类、白菜类、芥菜类、根菜类蔬菜中选育出了杂交种。与此同时在白菜、甘蓝、辣椒、胡萝卜等蔬菜作物中开展了雄性不育利用研究。20 世纪 70 年代末全国开始开展白菜、甘蓝、番茄、辣椒、黄瓜等主要蔬菜作物的抗病育种，至 1983 年，蔬菜抗病育种被列入国家重点科技攻关课题，此后研究工作得到了快速进展。通过调查鉴定明确了中国主要蔬菜的一些主要病害的流行小种（株系），并建立了相应的抗病性鉴定方法和操作规范，填补了中国蔬菜抗病育种的空白。到 20 世纪末育成了抗 2~4 种病害的蔬菜品种约 200 个，对于提高蔬菜产量、改善安全品质发挥了重要作用。

自 20 世纪 70 年代开始的蔬菜单倍体育种研究，先后在辣椒、白菜、茄子、甘蓝、萝卜、芥菜和黄瓜上取得突破，育成了像"海花辣椒""北京橘红心白菜""豫白菜 7 号"等多个蔬菜品种在生产上推广应用。从 80 年代末开始进行蔬菜转基因研究，并获得了抗病毒病的番茄、辣椒等转基因株系。1996—1999 年我国批准了转基因耐贮藏"华番 1 号"番茄、转基因抗黄瓜花叶病毒番茄"8805R"、转基因耐储番茄"大东 9 号"和甜椒"双丰 R"进入产业化生产。90 年代开始进行蔬菜分子标记辅助育种研究。当时主要利用随机扩增多态性（RAPD）和扩增片段长度多态性（AFLP）标记进行遗传多样性分析和杂交种子纯度检测。

中国食用菌学科和科研体系由弱小开始快速的发展是伴随着食用菌产业的高速发展而形成的。20 世纪 70 年代，由于人工培养纯菌丝的兴起，并开始采用木屑、棉籽壳等农副产品下脚料栽培食用菌。作为标志性的事件，1978 年料袋用于银耳栽培制作出第一个人工菌棒。从此，中国食用菌产业最基本的技术要素逐渐成熟，并陆续开发了啤酒精、甜菜渣、中药渣、废棉等配料堆料，就地取材，使食用菌生产走出山区，向广大农村和城郊区发展。这一时期主要技术是"代用料栽培，无菌接种"，促进了中国食用菌产业高速发展，同时也是中国食用菌学科方向开始成型和逐步发展的时期，食用菌产业发展更是突飞猛进。

（3）西瓜、甜瓜产业科技快速发展阶段

1978 年后，西瓜和甜瓜生产与科研均得到迅速发展，成为经济作物种植中的新兴产业，并且在科研成果、选育和登记品种数量等方面均居世界前列。

1985 年，西瓜、甜瓜品种资源工作列入"七五"国家科技攻关计划，由中国农业科学院郑州果树研究所牵头，收集了 1700 余份国内外西瓜和甜瓜的种质资源，并对 393 份西瓜品种资源和 285 份薄皮甜瓜品种资源进行了观察研究。新疆吐鲁番葡萄瓜果研究中心也对收集保存的 331 份厚皮甜瓜品种资源进行了观察整理。1986 年建成国家作物种质库（国家长期库），"九五"结束时完成西瓜和甜瓜编目入国家长期库近2000 份。

20 世纪 80—90 年代，西瓜品种实现了由常规品种向杂优一代品种的转变。进入21 世纪后，杂优已经成为新品种育种的基础，育种目标更加趋于面向市场多元化需求的细分。西瓜抗病育种工作起步于 20 世纪 80 年代中期，以抗枯萎病育种为主攻方向。通过收集、分离、鉴定各地病菌株系，对已有品种进行抗病性鉴定筛选，选配抗病组合进行异地试验等，90 年代育成并推出了"郑抗"系列、"京抗"系列、"苏抗"系列和"西农 8 号"等抗枯萎病新品种，应用于生产取得了显著的社会效益和经济效益。

20 世纪 70 年代开始，开展了厚皮甜瓜品种的改良。首先进行的是地方品种系统选择工作，选出了一批优良的厚皮甜瓜品种并在生产上应用。同时通过引进国外的各种类型的厚皮甜瓜品种经驯化、改良、杂交育种工作，选育出一批适合各地区栽培的厚皮甜瓜品种。由以"红心脆""炮台红"等地方种为主栽品种到以"皇后"等常规新品种为主栽品种，再到"新皇后""早皇后"等杂交种为主栽品种，经历了三次优良品种更新。20 世纪 80 年代，华东地区种植甜瓜以传统品种"伊丽莎白"为主，90 年代初期日本"西薄洛托"逐渐替代"伊丽莎白"，但其种子价格昂贵。随后，中国自主选育的厚皮甜瓜新品种逐步替代引进品种。薄皮甜瓜育种工作起步较晚，90 年代以前主要开展地方品种提纯复壮和品种的系统选育，90 年代以后新品种才陆续涌现。

在西瓜和甜瓜栽培方面，自 20 世纪 80 年代由露地地膜覆盖开始，逐步发展为小棚栽培、大棚栽培和日光温室栽培。塑膜覆盖设施栽培技术在生产中的普及，对扩大西甜瓜栽培适宜区、提早上市、增加产量、提高效益等方面起到了显著作用。

此外，中国农业科学院郑州果树研究所牵头创造的以高畦、立架、小拱棚为特色的厚皮甜瓜东移设施栽培模式获得成功，解决东部地区无法栽培的困境。接着引进并推广了日本"伊丽莎白"等厚皮甜瓜品种和大棚设施栽培技术。日光温室栽培的发展使其成为北方厚皮甜瓜栽培效益最高的设施生产形式。厚皮甜瓜保护地生产在山东、河北、河南、江苏、上海、安徽等重点产区已成为当地农民增收的支柱产业。20 世纪 80 年代中后期研究推广的西瓜、甜瓜与粮棉作物间作套种的技术模式，获得了瓜粮（棉）等双丰收，取得了显著的经济效益，在西甜瓜生产发展中发挥了重要作用。

（4）观赏园艺产业科技快速发展阶段

20 世纪 80 年代后，中国观赏园艺学科和科研体系不断完善并快速发展，形成了从本专科生到硕士和博士的完整的人才培养体系，科研条件也得到很大改善，科技创新能力显著增强。全国各地大中城市相继建立园林研究所，建设部也在所属城市建设研究院内建立了风景园林研究所。各地园林科研机构大都设有园林植物（树木、花卉、地被）栽培、引种选育、植物保护、组织培养等研究室，部分研究所设有城市生态、育种、园林设计及盆景等研究室或开展有关领域的研究和服务。中国花卉科技逐渐与世界花卉科技接轨，研究领域包括观赏植物资源与育种、繁殖理论与技术、商品化栽培理论与技术、切花采后生理与采后技术、观赏植物应用与生态效益评价、观赏植物的销售与国际贸易等。国家和各省市科学院相继开展了观赏植物资源调查、分类、引种驯化、育种、栽培等方面研究工作，出版了一系列教材及专著。国家和各省市农业科学院的园艺所相继成立花卉研究室，重点开展与花卉商品生产有关的良种繁育、栽培等方面的研究和技术推广工作。与此同时，在农业院校的园艺学科内多以解决花卉商品生产中的问题为主攻方向，主要从事花卉作物的引种和良种繁育、栽培、育种、采后保鲜、干花制作等方面的理论研究和技术开发。

20 世纪 70—80 年代起，在青海、湖北、广西、新疆、北京等地相继建立了自动控温、控湿的花卉种质库，随后种质资源的收集保存工作逐步走向正轨，开展了花卉种质资源调查工作，特别是对梅花、牡丹、月季、菊花、山茶、杜鹃等中国传统名花资源的种质调查，筛选出一批重要的花卉资源并初步应用于花卉育种及园林应用。20 世纪初，各行业主管部门相继开展了花卉种质资源调查工作，重点关注专类花卉和区域性特色花卉资源的调查、收集、保存和整理工作，建立和完善了一批重点花卉的核心种质资源库。90 年代中后期，依托栽培设施、技术及品种的大规模引进，花卉生产规模迅速扩大，技术水平大幅提升。在此期间，中国加入国际植物新品种保护联盟（UPOV），花卉育种进入了产权保护时代，1999 年中国在昆明首次承办了 A1 类（级别最高）世界园艺博览会。

1978 年后的 30 年间，中国大力引进了高档花卉种质资源，如切花月季、百合、菊花等和盆花蝴蝶兰、大花蕙兰、一品红、一串红、丽格海棠、新几内亚凤仙、长寿花、三色堇、百日草、万寿菊、矮牵牛、大花蕙兰、观赏凤梨、彩叶竹芋、郁金香、风信子、比利时杜鹃以及引自美国、日本、欧洲的一二年生花卉等，并在引进国外品种的基础上，进行了新品种选育，不断加强国内特色花卉种类的育种工作，建立了我国的种苗繁殖和制种基地。由于中国花卉产业起步晚、积累不足、转化不畅，花卉新品种培育工作尚未取得明显成效。与进口花卉相比，自主产权品种少、市场份额极低、品质良莠不齐。因此，中国商品花卉生产主要依赖国外进口品种的被动局面并未发生实质性改变。

伴随中国花卉市场的迅猛发展，花卉繁殖技术不断进步，除了扦插、嫁接等传统无性繁殖技术不断进步以外，花卉组织培养、容器苗育苗等技术不断创新，并成功应用于商业化生产。利用离体组织快繁技术不仅成功实现了许多草本花卉的高效繁殖，而且实现了蜡梅、东北红豆杉、梅花、柽柳、鹅掌楸、枫香等许多难繁木本观赏植物的高效繁殖。花卉采后保鲜技术取得较大进步，鲜切花、球根、种苗等鲜活观赏植物产品的采后衰老调控、采后贮藏、采后运输、采后预处理、采后保鲜等技术研究与开发取得重要进展。

1.3.1.4　中国园艺科技高质量发展阶段（2006年至今）

进入"十一五"之后，中国园艺学科和科技体系建设进入高质量健康发展阶段，学科实力不断增强，科技队伍不断壮大，科研条件达到了世界先进水平，科研资助项目不断增多，科研成果水平不断提高。一些分支学科已实现了与国际同类先进学科的"并跑"，某些研究领域已经实现了"领跑"。人才培养方面已经形成了本专科、专业硕士、学术型硕士、博士和博士后的高质量完整体系，部省级科研平台建设得到进一步增强。科研成果应用引领了园艺产业的快速发展。

（1）果树产业科技高质量发展阶段

中国果树学科经过多年的发展，果树科研队伍迅速成长，特色研究团队脱颖而出。目前，果树学领域有院士2人，多名"长江学者奖励计划"特聘教授，还有一批果树专家学者入选优秀青年基金、青年长江学者、"万人计划""青年千人"等。迄今，中国申请获批果树方面的专利约2000项，中国果树学领域发表的国际刊物论文和高水平论文均仅次于美国，居世界第二位。高等教育对科学研究的推动作用显而易见，所提供的专业学科系统教育，提升了专门人才的知识积累、沉淀和系统化，增强了人才对特殊技术的创新能力，产出了一批推动产业发展的研究成果。事实证明，高等教育事业的繁荣发展和人才辈出，成就了科学研究的重大进展。

2007 年 12 月，农业部和财政部建立的现代农业产业技术体系正式启动，标志着我国农业科技服务和支撑产业发展步入快车道。设立的柑橘、苹果、梨、桃、葡萄、香蕉、荔枝龙眼 7 个产业技术体系，包括 150 多名岗位科学家和 150 个综合试验站，国家每年投入近 2 亿元经费用于支持果树领域研究与技术试验示范。2021 年，小浆果、樱桃、鲜食枣等也进入产业技术体系序列。现代农业产业技术体系顶层设计中，在果树产业环节中的关键节点设置岗位专家，实现全产业链技术研发无盲区，有效促进了果树产业技术升级和综合绩效提升，是果树科研服务和支撑产业发展的创新举措。

在此期间，国家实施"土地三权分置"和培育壮大新型经营主体的重大举措，使得适度规模经营的现代产业技术拥有了展示平台，一批现代技术装备的果园应运而生。在全国脱贫攻坚的战役中，果树产业已成为许多贫困山区农民脱贫致富的主导产业，将成为乡村振兴中独树一帜的兴旺产业。

（2）蔬菜产业科技高质量发展阶段

"十一五"以来，中国蔬菜学科和科技体系建设进入了高质量发展阶段。蔬菜科研队伍人数增多、水平提升，研究团队实力增强，一些科研团队已经达到或超过世界先进水平。目前，蔬菜学科领域有院士 4 人，还有一批青年长江学者和长江学者特聘教授以及"万人计划"人才，另外还有一些专家学者获得了优秀青年基金、杰出青年基金等项目的资助。国家现代农业产业技术体系项目和一系列国家重点项目的支持，进一步极大地促进了我国蔬菜学科和科技的发展，尤其促进了蔬菜基础研究的高速发展。

设施蔬菜栽培技术方面，围绕日光温室和塑料大棚结构性能和栽培水平提升的研究不断深入，相继获得了一系列科技成果并在生产上推广应用，使我国的设施蔬菜生产能力得到持续提高。在创建了日光温室节能设计理论，建立了日光温室合理采光、蓄热和保温设计模型的基础上，确定了我国北方不同地区日光温室结构参数；研制出平地单栋、双连栋和坡地单栋系列第三代高光效节能日光温室，将日光温室果菜冬季不加温生产区向北推移 150 千米。同时，研发出了多种结构的大型塑料大棚，其保温性、土地利用率和机械化适应性都有了大幅度提升，生产上广受欢迎。设施蔬菜关键生产技术成果的推广应用，使黄淮海及环渤海设施蔬菜主产区的日光温室和塑料大棚的生产能力比 10 年前提高了 20% 以上。近 10 多年来，集约化育苗技术得到了快速发展，通过系列技术和产品的研发，完善和规范了我国蔬菜设施集约化育苗技术体系，全国蔬菜集约化育苗率由 10 年前的 14% 提升到现在的 40% 左右。

土壤连作障碍防控方面，"十一五"以来国家把克服蔬菜土壤连作障碍技术研究相继列入国家支撑计划、公益性行业（农业）科研专项、现代农业产业技术体系、"973"计划等项目内容。通过多年系统研究，揭示了土壤连作障碍高发的成因与规律，研发出了以连作障碍自毒物质的物理吸附和微生物降解消除土壤连作障碍因子的关键技术，建立了高温－高湿－生物质耦联土传病菌消毒技术，构建了基于土壤微生态化感调控技术的伴生栽培模式，创新了基于甾醇类化合物系统抗性诱导的蔬菜根部病害抗性诱导技术，开发出抗性诱导产品。同时，蔬菜营养基质栽培和无土栽培技术得到了快速发展，以腐熟农作物秸秆和有机肥为基质的营养基质栽培技术不断成熟，在全国范围推广，特别是在沙漠、戈壁滩等非耕地上大面积推广应用效果显著；以椰糠为基质的简易无土栽培技术已经成熟，推广面积越来越大。

夏季冷凉地区蔬菜栽培技术方面，针对高山蔬菜生产存在的栽培模式单一、生态污染、水土流失以及病害越来越多等瓶颈问题，通过多学科协作攻关，构建了 20 种生态高效、科学多样的高山蔬菜生产模式，研发出 6 大高山蔬菜基地生态保护技术，以及 10 多项高山土壤生态修复和病虫生物防控技术。这些技术的推广有力地支撑了高山蔬菜产业的健康发展。

蔬菜新品种选育方面，以提高商品品质、增加耐贮运性、多抗新型病害为主要目标，育成了一批优良品种，减少了对国外品种的依赖。"十一五"和"十二五"期间在抗新的流行病害及针对多种病害复合抗病性育种方面获得突破，育成了抗黄化曲叶病毒的番茄，抗根肿病的白菜，抗黄萎病的娃娃菜，抗枯萎病的甘蓝，抗轻斑驳病的辣椒，抗 8 种病害的黄瓜等。"十三五"期间在兼顾抗病性的同时在提高品质上取得重要进展，育成了一大批抗病性强、风味品质及商品品质优异的新品种。利用原生质体非对称融合技术创制出不结球白菜新型雄性不育材料，育成了一批不结球白菜新品种。成功地将小孢子培养技术大规模地应用于大白菜育种实践，显著缩短了育种周期，提高了育种效率。瓜类蔬菜大孢子培养（未受精子房培养）技术进一步成熟，利用该技术先后育成了"津优 401""津优 409""科润 99"等一批黄瓜优良新品种。用单倍体育种技术创制获得了一大批优异材料，包括抗根肿病、耐抽薹、黄心大白菜，抗枯萎病、耐抽薹甘蓝，密刺类型黄瓜，耐寒、耐抽薹不结球白菜，果色黑亮、抗青枯病茄子，抗黑斑病胡萝卜，等等。蔬菜雄性不育育种技术快速发展，中国发现的世界首例甘蓝显性雄性不育材料，经过多年的技术攻关，在国际上率先实现了甘蓝杂交制种由利用自交不亲和向利用雄性不育的变革。在其他十字花科作物上，自 2010 年以后利用雄性不育的杂交种也越来越多。

蔬菜分子生物学机制研究方面，2007 年中国主导发起了黄瓜基因组测序计划，2009 年在《自然遗传学》上发表了世界上第一个蔬菜作物基因组测序和分析的重要论文。这也是国际上第一个利用第二代测序技术完成植物基因组序列测定和组装的范例。此后，中国先后主导完成了白菜、马铃薯、甘蓝、芥菜、菠菜、南瓜、花椰菜、冬瓜、香菜、丝瓜、大蒜等蔬菜的基因组测序分析。作为主要合作方之一参与完成了番茄的基因组测序。在韩国完成一个墨西哥辣椒品种测序的同时期，中国完成了一个国内辣椒品种和一个野生辣椒的基因组序列解析。2013 年之后，中国又相继完成了黄瓜、番茄、白菜、莴苣的重测序分析，开展了黄瓜苦味的生物合成与调控途径、番茄风味代谢组学研究。上述研究取得了一系列重大成果，在《科学》《细胞》《自然遗传学》等国际顶尖刊物上发表了一系列重要论文，在国际学术界产生了重大影响，标志着我国在蔬菜组学研究领域进入了世界领先行列。

蔬菜分子辅助育种技术方面，"十一五"开始，随着主要蔬菜作物基因组测序的相继完成，中国蔬菜作物分子育种进入了快速发展阶段。标记检测技术开始从 RAPD、AFLP 等转为以高特异性的简单序列重复（SSR）和插入缺失标记（InDel）为主。在白菜、甘蓝、黄瓜和番茄等多种主要蔬菜作物上都构建了具有较高密度的 SSR 或 InDel 分子标记连锁图谱。在番茄、白菜等一些主要蔬菜作物上不仅开展了质量性状的定位，也开展了大量的数量性状的定位研究。"十二五"期间虽然 SSR 和 InDel 标记还是主流标记技术，但随着竞争性等位基因特异性 PCR（KASP）技术的应用，第三代分子标记（SNP）开始逐步得到重视。随着高通量测序技术成本的显著下降，利用简化基因组测序方法构建高密度 SNP 图谱成为遗传定位的重要手段，分组分析法（BSA）结合高通量测序也成为对质量性状快速定位的主流方法。主要蔬菜作物几乎所有育种实际中应用的抗病基因以及部分数量性状基因都实现了分子标记辅助选择，显著提高了目标性状的选择效率。"十三五"之后，多家蔬菜研究机构和企业都建成了高通量的 SNP 检测平台，分子标记辅助选择技术在蔬菜育种中得到了越来越广泛的应用。

"十一五"以来，食用菌科技创新发展进入快速高质量阶段。食用菌科研队伍不断壮大，研究团队实力不断增强。目前，已形成了边界比较清晰的关于食用菌的资源、育种、栽培、生理、遗传和营养等方面的专门知识系统；已成立有中国农学会食用菌分会、中国菌物学会食用真菌专业委员会等全国性的食用菌专业学术组织；在科研队伍方面，一批从事食用菌学科研究的科研团队出现在我国众多的高校和科研机构中，很多省级农科院建有食用菌研究所或食用菌科研团队；在新人培养方面，也形成了从博士、硕士和本科规范化、系统化的学科人才培养体系，一些高校设有培养食用菌学科高级人才的博士课程和硕士课程，2020 年教育部批准在吉林农业大学和山西农业大学设置菌物科学与工程以及食用菌科学与工程本科专业，是我国食用菌学科建设历程中的重要一步。目前，食用菌领域有院士 1 人，一些专家学者正快速成长。还有国家现代农业产业技术体系项目和一系列国家重点项目的支持，极大地促进了食用菌的科技进步与发展。

近十多年来，食用菌工厂化生产模式迅速普及并高速发展，成为标志性技术，实现了食用菌生产的机械化、周年化、标准化，颠覆了传统只依季节生产的农业模式，形成了食用菌工厂化栽培学。中国地域广阔，针对众多特色鲜明食用菌主产区，研制出了因地制宜的多种食用菌栽培技术，逐步发展为当地农业的支撑产业，形成特色明显的地方经济。同时药用菌产业链成型并快速发展，已成为我国食用菌产业的一个强劲的新生长点。这一时期国家在食用菌专项和平台上也给予了大力的支持，国家食用菌工程技术研究中心、食用菌教育部工程研究中心等相继建立。同时食用菌领域出版了一批高质量期刊和教材，如《菌物学报》《食用菌学报》《菌物研究》等一批专业学术刊物，以及《食用菌栽培学》《食用菌商品学》《菌物资源学》《食用菌菌种学》《食用菌工厂化栽培学》等教材。

（3）西瓜、甜瓜产业科技高质量发展阶段

"十一五"以来，西瓜和甜瓜科技创新发展开始进入快速高质量发展阶段。西瓜和甜瓜科研队伍不断壮大，研究团队实力不断增强。目前，西瓜和甜瓜领域有院士 1 人，一些专家学者正快速成长。还有国家现代农业产业技术体系项目和一系列国家重点项目的支持，极大地促进了西瓜和甜瓜的科技进步与发展。

截至 2010 年，中国已建成西瓜和甜瓜种质资源的中期保存库，设计种质保存容量在 10000 份以上，采用的低温干燥保存技术可以安全保存种质 20 年以上。2010 年后种质资源收集方向转向国外，重点收集西瓜和甜瓜的近缘种植物、野生种质、抗性种质和优质种质等，涵盖了西瓜属的 5 个种和甜瓜属的 14 个种，目前的保存总量突破 4000 份。

西瓜杂优育种已经成为新品种选育的基础，育种目标更加趋于面向多元化市场需求。"十一五"以来，西瓜育种进入新阶段，其标志是生物技术与基因组测序的应用，加快了西瓜育种进程。目前多家科研单位以现代生物技术为手段，开展了西瓜优异种质的创新研究，重点是利用分子标记技术结合大孢子培养，通过与常规杂交技术的结合，进行规模快速转育获得抗病优异育种新材料。同时，利用基因工程与辐射诱变技术获得具有新性状的育种材料。中国主导的西瓜基因组测序的完成，奠定了瓜类作物基因组学的国际领先地位。

目前甜瓜新品种选育采用传统育种与分子生物技术辅助选择育种相结合的方法，大幅度加快了育种进程，甜瓜育种也已进入了快速高质量发展阶段。

西甜瓜设施栽培自 20 世纪 80 年代由露地地膜覆盖开始，逐步发展为小棚栽培、大棚栽培和日光温室栽培。"十一五"以来，温室西瓜和甜瓜生产技术大面积推广应用，不仅实现了冬春茬西瓜和甜瓜高产优质生产，而且实现了秋冬茬西瓜和甜瓜的高产优质生产。中国农业科学院郑州果树研究所牵头创造的以高畦、立架、小拱棚为特色的厚皮甜瓜东移设施栽培模式获得成功，解决东部地区无法栽培困境。北方日光温室厚皮甜瓜栽培技术应用已成为效益最高的设施生产形式。

（4）观赏园艺产业科技高质量发展阶段

20 世纪 90 年代末，教育部实施了专业调整，设立涵盖蔬菜、果树和花卉的园艺专业。过去许多院校只有蔬菜和果树专业，没有观赏园艺专业，但是调整成园艺专业之后，必须增加花卉教师队伍，因此，"十一五"之后，观赏园艺队伍快速增加，科研团队快速增强。目前已经有一批优秀青年专家学者快速成长。"十一五""十二五"国家科技支撑计划、"863"计划，"十三五"国家重点研发计划等均有花卉研究项目设立，课题数量和研究经费呈上升趋势。近十年，观赏园艺基础研究进入了快速高质量发展阶段。

2005 年开始，科技部等部委开始组建花卉领域的国家级科技创新平台，目前已经建有全国性的花卉科技创新平台包括"国家花卉工程技术研究中心""国家观赏园艺工程技术研究中心""国家花卉改良中心""国家花卉产业技术创新战略联盟"等，同时建立多个省部级重点实验室、工程中心和产业联盟及相对稳定的花卉育种团队。

"十五"以来，依托科技部"中国特有花卉种质资源的保存、创新与利用研究"、环保部"中国重要观赏植物种质资源调查"等项目，陆续对云南、贵州、四川、广西、海南、福建、河北、宁夏、甘肃、新疆、青海、吉林、西藏等省（直辖市、自治区）区域性野生花卉资源进行了调查，并对一些专类或专科、专属植物资源进行了调查，如攀援植物、水生花卉、高山花卉、虎耳草科、毛茛科观赏植物等，基本摸清了中国观赏植物资源的家底，筛选出一大批有前景的园林绿化植物种类、花卉育种材料和新花卉作物。在此基础上，对中国传统名花（梅花、蜡梅、兰花、牡丹、菊花、月季、紫薇等）及部分观赏性较强的科属（报春花属、鸢尾属、丁香属、芍药属等）进行连续多年的资源收集引种，集合表型观测、分子标记等手段，筛选出一批优异核心种质，自 2016 年起陆续建立了一批国家花卉种质资源库。

1999 年以来，我国通过花卉常规育种研究，已育成"香瑞白"梅、"华夏一品黄"牡丹、"冰清"月季、"女神"菊花、"红霞"蝴蝶兰、"夏梦小旋"山茶、"御汤香妃"紫薇、"美人"榆、"紫烟"榆叶梅、"四季春 1 号"紫荆、红花玉兰、黄金杨、红花檵木等一批突破性自主知识产权花卉优良品种，"太行银河"地被菊、"云红 2 号"香石竹、"秋日"非洲菊、"博大蓝"八仙花等相继获得美国、欧盟、日本等国际品种专利，品种保护开始步入国际化。最近 20 年我国 1800 多个花卉新品种获得授权。

近年来，分子育种技术在花卉品种改良和新品种选育方面的应用备受关注，并已在花色、花型、株型、生长发育、香味、采后保鲜等方面取得了重要进展。随着组学技术的发展，2012 年，我国完成了首个花卉（梅花）的全基因组测序和精细图谱的构建，并对梅花花香、垂枝、耐寒等性状开展了系统研究，居国际领先水平。随后陆续完成了中国莲、小兰屿蝴蝶兰、深圳拟兰、石斛兰、一串红、菊花脑、桂花、银杏、牡丹、墨兰、鹅掌楸、睡莲、文竹、栀子花、连翘、蜡梅、杜鹃花、薰衣草、玫瑰等 30 余种花卉的全基因组测序工作以及梅花、莲等重测序研究。花色、花香、花期、花型、株型等重要观赏性状以及抗逆（寒、旱、湿热、盐碱、病虫）性状形成分子机制正在被揭示，分子标记辅助育种在梅花、牡丹、月季、菊花、紫薇等取得了重要进展。以 6 项国家自然科学基金重点项目的设立、30 余个花卉基因组学项目的完成为标志，我国花卉基础研究和育种工作进入分子生物学时代。

"十一五"以来，我国观赏园艺作物栽培技术不断提高。2013 发布并实施了农业行业标准——花卉种苗组培快繁技术规程（NY/T 2306—2013）；2014 年召开的第二届全国花卉标准化技术委员会会议，审定通过了《蜡梅切花生产技术规程》《盆栽竹芋生产技术规程》《四级秋海棠无土栽培技术规程》等多个行业标准，在一定程度上对花卉的良种繁育起到一定的规范和指导作用。此外花卉防衰老调控基础研究和技术创新取得重要进展，为花卉采后保鲜奠定了理论基础和技术保障。

1.3.2 我国园艺科技的发展现状

1.3.2.1 我国果树科技的发展现状

（1）种质资源

我国果树栽培历史悠久，果树种质资源丰富。中国农业科学院于1979年6月在重庆市主持召开了"全国果树科研规划会议"，会议制订了果树种质保存统一规划，决定建立国家果树种质资源圃和编写果树志。目前已基本查清中国果树资源的科属种，设立了21个国家级果树种质资源圃，保存的果树种质资源达2.3万余份，居世界第二位（王力荣，2021），包括许多野生、半野生、农家种等濒危资源；系统开展遗传多样性本底调查，编著了果树种质资源描述规范和数据标准26册，统一了果树种质资源评价的"度量衡"；通过系统调查，挖掘出大量优异种质，包括直接应用于大面积生产的优异种质和育种亲本种质，涉及的性状有品质、果形、熟期、抗病、抗逆、矮化和加工等。对种质资源的研究包括形态观察和生化特征，如生理生化指标、细胞学、遗传学和基因组学方面的鉴定；探讨了柑橘、苹果、梨、桃、枇杷、柿、枣、猕猴桃和栗的起源与分类等（邓秀新等，2018）。

果树种质资源研究成果丰硕。出版《中国果树志》苹果、葡萄、桃、枣、板栗、榛、荔枝、柑橘等17卷，出版果树品种资源专著多部，如《中国果树分类学》《中国猕猴桃》《中国作物及野生近缘植物（果树卷）》《中国柑橘品种》和《中国桃遗传资源》等。2010—2020年，多种果树的科研成果获得了国家科技类奖（表1–14），几乎所有这些获奖成果，都涉及了种质资源的挖掘利用或创新，其中的梨、南方砂梨、特色热带作物、苹果、桃等果树科研成果直接突出了种质资源在遗传改良中的作用。

表1–14　果树树种近期获得的国家科技奖

年份	第一完成人	第一完成单位	成果名称
2010	郑少泉	福建农业科学院果树研究所	枇杷系列品种选育与区域化栽培关键技术研究应用
2011	张绍铃	南京农业大学	梨自花结实性种质创新与应用
2011	刘孟军	河北农业大学	枣育种技术创新及系列新品种选育
2011	谭晓风	中南林业科技大学	南方砂梨种质创新及优质高效栽培关键技术
2012	王庆煌	中国热带作物研究院	特色热带作物种质资源收集评价与创新利用

续表

年份	第一完成人	第一完成单位	成果名称
2012	韩振海	中国农业大学	苹果矮化砧木新品种选育与应用及砧木铁高效机理
2013	王力荣	中国农科院郑州果树所	桃优异种质发掘、优质广适新品种培育与利用
2014	李建国	华南农业大学	荔枝高效安全生产理论与关键技术
2015	陈学森	山东农业大学	核果类果树新品种选育及配套高效栽培技术研究
2019	张绍铃	南京农业大学	梨优质早、中熟新品种选育与高效育种技术创新
2020	陈学森	山东农业大学	苹果优质高效育种技术创建及新品种培育与应用，技术发明奖

注：除了2020年的"苹果优质高效育种"为国家技术发明奖二等奖，其余全部为国家科技进步奖二等奖。

（2）育种技术

我国果树育种技术涵盖果品丰富。目前，分别从苹果、柑橘、梨、桃、葡萄、香蕉、荔枝、龙眼、杏、草莓、猕猴桃主要的11种果树中选育了1968个品种（邓秀新等，2019）；从枇杷、菠萝、芒果、枣、核桃等也选育出了100个以上的新品种。从表1-14可以看出，枇杷、枣、苹果、桃、核果类果树、梨等新品种的育成奠定了所涉各项国家科技类奖的重要基础。

多种育种技术不断发展。柑橘、苹果、香蕉等以芽变选种途径为主，草莓、桃葡萄和枇杷以杂交育种途径为主，猕猴桃、杏主要依赖实生选种，从自然或农家品种中提纯复壮（邓秀新等，2019）。果树新品种的育成和国家科技成果的完成，有力支撑了我国果树产业的快速发展，为我国果树实现鲜果供应期延长、品质提升、栽培模式改变提供了保障。此外，细胞工程技术广泛应用于果树遗传改良，分子标记开始在育种中应用，有效提高了育种效率。培育多样化品种满足不同用途和不同人群的需求，以及培育抗性好、适合省力化栽培的品种将是未来果树品种发展的方向。

（3）分子生物技术

"十二五"以来，果树作物的基因组测序、高密度分子标记开发、重要性状的遗传定位等技术成为我国果树科技的重要研究领域。在基因组测序领域，我国分别主导完成了甜橙（Xu et al., 2013）、梨（Wu et al., 2013; 2018）和枇杷（Su et al., 2021）、猕猴桃（Huang et al., 2013）、枣（Liu et al., 2014）、菠萝（Ming et al., 2015）、香蕉（Wang et al., 2019）、芒果（Wang et al., 2020）、油柿（Zhu et al., 2019）9 类果树作物的基因组图谱构建，为果树作物的基因功能研究及分子育种研究提供了遗传框架。

在分子标记领域，1990—2010 年主要的 RFLP、SSR、AFLP、RAPD 等多种类型（万怡震等，2002）逐渐发展变化到以方便、稳定和高通量为主的 SSR 及 SNP 标记。利用 SNP 标记在果树植物的重要农艺性状数量性状座位（QTL）定位、连锁标记开发和辅助选择育种等方面得到了广泛的应用。

在遗传定位领域，我国至少针对 30 个以上的重要农艺性状开展了遗传定位分析，包括果实品质（糖、酸、颜色、芳香物质）、生殖特性（无融合生殖、无核、雌雄性别和自交不亲和）、抗病抗逆等性状；针对柑橘的无融合生殖（多胚）性状，利用 BSA 及全基因关联分析（GWAS）鉴定到一个控制多胚的基因 CitRWP，启动子区域插入的 MITE 转座子和多胚性状共分离（Wang et al., 2017）；通过桃重测序及重要农艺性状的全基因组关联分析（GWAS）分析，鉴定得到了控制果实无酸及果形相关的基因，发掘到控制果实重量和可溶性固形物的区域（Wang et al., 2017）。在苹果上，筛选到影响苹果果实大小的相关位点区域及候选基因，利用有性分离群体结合的 SNP 分析在苹果上定位到了 7 个控制糖酸的位点。

（4）功能基因发掘

我国利用果树功能基因技术分别在果实品质与调控、果实发育与成熟、自交不亲和、抗逆等方面获得多项突破。在果实品质与调控方面，鉴定了苹果果皮着色及果实酸度的关键因子 MdMYB1 和 MdbHLH3 响应温度和光信号的作用机制及调控网络（Li et al., 2012）。在果实发育和成熟的调控方面，研究发现苹果 MYC2 及 ERF2 转录因子通过与 ACS1 互作影响乙烯合成（Li et al., 2017）；香蕉 ERF11 通过组蛋白乙酰化的机制影响果实成熟（Han et al., 2016）；草莓 SnRK2.6 负调控果实发育与成熟；柑橘转录因子 CitERF13 参与果实脱绿（Yin et al., 2016）。在自交不亲和研究领域，解析了梨花粉管生长及钙信号、过氧化氢等信号分子的影响作用；苹果自交不亲和重要基因 ABCF 的功能为帮助 S-RNAase 进入花粉管（Meng et al., 2014）。在柑橘抗逆研究，对多胺代谢途径进行了深入研究，克隆了重要调控基因 NAC 及 bHLH，解析了其对抗旱、抗冻等的作用机制（Huang et al., 2013）。

（5）新品种选育

自主培育的果树新品种在产业中发挥重要作用。例如，苹果品种"秦冠"曾为第一大苹果栽培品种，栽培面积达 30 万公顷；抗寒苹果品种"寒富"将苹果的种植向北推进 300 千米（邓秀新等，2018）；还有铁高效、半矮化苹果砧木品种"中砧 1 号"（韩振海等，2013）等。在柑橘中有低酸的"冰糖橙"、早熟的"国庆 1 号"、无籽的"琯溪蜜柚"、风味品质俱佳的"砂糖橘"等（邓秀新等，2018）。在梨育种方面有大果型的"黄冠"、早熟的"早酥""翠冠"和"中梨 1 号"、着红色的"新梨 7 号""玉露香"和"红香酥"等（王苏珂等，2016；姜淑苓等，2019）。桃育成的主要栽培品种有加工型的"丰黄"、早熟品种"春美""雨花露"、晚熟品种"京玉"、极晚熟品种"映霜红"、鲜食黄肉桃"锦绣"、极早熟油桃品种"曙光"、早熟油桃品种"中油 4 号"、设施品种"中农金辉"、蟠桃品种"中蟠 11 号"、油蟠桃品种"中油蟠 7 号""中油蟠 9 号"以及观赏桃花品种"满天红"等。在葡萄中，有早熟大粒葡萄品种"京亚"、茉莉香型的"醉金香"、玫瑰香型的"巨玫瑰"等（刘崇怀等，2014）。在猕猴桃中，有晚熟较耐贮藏的鲜食品种"秦美"、味甜浓香的"徐香"、果肉金黄的"金桃"等（陈镇等，2019）。在樱桃中，有早熟、大果、耐贮运的品种"红灯"等（刘桂林等，1988）。

（6）化肥、农药"双减"技术

果树生产中的化肥、农药"双减"技术也获得明显成效。在果业生产中，为了追求果品产量，化肥和农药被过度施用，导致果园土壤理化结构改变、肥药利用率日渐低下，也给农业生产、生态环境和人类健康带来了严重影响。近年来，根据不同作物需肥规律、土壤供肥特性及其肥料效应，果树生产的减肥增效取得明显成效，包括优化氮、磷、钾及中微量元素以及有机肥施用，包膜肥养分释放的控释技术等。如由华南农业大学樊小林教授带领的科研团队完成的"植物源油脂包膜肥控释关键技术创建与应用"获得 2019 年度国家科学技术进步奖二等奖。该成果针对包膜肥膜材难降解、释放不可控、包膜效率低、溶剂污染环境、肥料配伍技术落后等难题，创制了可降解植物源油脂包膜材料，创建了可调控包膜肥养分释放的控释技术，集成高效、节能连续化包膜肥制造工艺，研发同步营养肥新产品和新技术。该产品获得我国首个缓释肥料正式产品登记证，实现了包膜肥在香蕉等热带、亚热带果树上的大面积应用。此外，通过采取物理防控、生态调控、生物防控与精准施药相结合技术，积极推进农药减量控害，促进农药减量增效，取得了明显成效。

（7）病虫害控制技术

我国果树病虫害防控技术在多个领域取得重要进展。一是针对危害十分严重的香蕉枯萎病，抗病育种取得重要突破。香蕉枯萎病自1996年在中国广州市番禺首次发现以来，其传播速度迅猛，广东、海南、福建等传统香蕉产区受到重创，三地超过一半以上的传统香蕉产区遭受灭顶之灾（邓秀新等，2018）。广东省农业科学院经过十多年的潜心研究，选育出中抗、高抗和不感枯萎病中蕉系列优质高产香蕉新品种"中蕉4号""中蕉6号"和"中蕉9号"，分别为不同发病程度的蕉园提供了适种品种。同时，开展了香蕉抗枯萎病的细胞生物学机制、激素及信号传导途径、抗病基因分离鉴定以及基于多组学挖掘香蕉抗枯萎病基因的策略等方面的研究，为进一步揭示香蕉对枯萎病的抗性机制研究奠定了一定基础（邵秀红等，2018）。

二是针对威胁柑橘产业的黄龙病，完成了其传播媒介柑橘木虱（亚洲种）线粒体全基因组测序及其基因型、木虱种群流行学分析。首次观察到甜橙中黄龙病菌前噬菌体颗粒，推测我国有2个病原起源中心；明确了柑橘木虱在我国发生与潜在适生分布区及其成灾规律，发现传媒新种柚喀木虱；提出了屏山雷波阻截带等有效防控方案。在疫区试验"三板斧"+防风林模式和"三板斧"+集中化学消杀模式，取得了良好的示范效果。

三是围绕毁灭性重大害虫橘小实蝇持续控制的基础理论和关键技术，展开了一系列深入系统的研究。分析了果蔬重大害虫橘小实蝇的生物学生态学特性，明确了广东省橘小实蝇种群动态与为害规律，揭示了该虫暴发成灾的主要机理，探讨了监测技术并制定了监测调查及预测预报技术方案，提出了橘小实蝇在阳桃和番石榴上的经济阈值、防治指标及防治适期，引进了天敌寄生蜂并研究其生物学、生态学及繁殖应用技术，明确了橘小实蝇对杀虫剂的抗药性增长规律及机理，评价了多种控制技术对橘小实蝇种群的控制作用，在此研究基础上创建了持续控制技术系统并大面积示范推广。

（8）机械化技术

除果树生长的生物技术外，果树种植配套的机械化技术也取得重要进展。随着果园种植规模的不断扩大，传统果园生产技术普遍存在水果栽培方式与机械化作业不配套、农艺与农机结合不完善等突出问题，严重制约我国水果产业的经济效益，成为制约我国果园现代化发展的重要因素。近年来，我国果树生产管理及各个作业环节的机械化现状，尤其是如下主要领域：果园土壤与植被管理，包括节水灌溉、机械化施肥和割草；病虫害防治（施药方式与技术）、冠层花果管理（机械化修剪、机械化疏花疏果）、水果采收（采收方式与技术）、智能信息管控技术，包括果园环境在线监测系统和数字农业云平台等，都取得了长足的进步。果园生产管理环节的关键技术与装备已经具备，部分地区正在推广与应用，果园的宜机化改造初见成效。

未来，我国将进一步围绕推进农机农艺深度融合，构建现代果园全程机械化生产技术模式开展技术创新和融合。通过深入信息感知、定量决策、自主导航、智能控制、精准作业等方面研究，集成互联网信息交换和智能作业管控技术，未来在地面管理、树体管理、花果管理等果园生产全过程作业机械上实现高度自动化、智能化（陆华忠等，2020）。

（9）采后保鲜技术

近年来，果树采后保鲜技术获得五项重要研究进展。一是果实采后绿色防病保鲜关键技术。田世平等人的"果实采后绿色防病保鲜关键技术的创制及应用"针对我国果实采后腐烂严重、防病困难和保鲜期短等关键问题和技术难点，通过十几年系统研究果实采后病害发生规律、病原菌致病机理、果实抗性应答机制等基础理论，通过生物源和天然抑菌物质来控制果实病害，以及利用植物信号分子来提高果实自身免疫能力，抵御病原菌侵染，为确保果实病害防控的有效性、环保性和安全性提供了理论依据和技术支持。由此，创制了以生物源、天然源防病为核心的果实采后绿色保鲜关键技术，为提高病害防控的环保性和安全性拓展了新思路，开创了新途径。该成果于2013年获得国家技术发明奖二等奖。

二是高值特色水果采后品质控制关键技术。中国科学院植物所、华南植物园和武汉植物园等多家单位合作开展的"高值特色水果采后品质控制关键技术与示范应用"针对面向出口和国内高端市场的高值特色果品（优质苹果、有机葡萄、带叶柑橘、猕猴桃）采后贮运销产业链中品质保持与病害控制等核心问题，深入解析品质保持与安全控制的生物学基础及调控技术，创制适合于高值水果产业化的关键技术，提升我国园艺产品采后科学与技术研究的国际水平和地位。

三是杨梅、枇杷果实贮藏物流核心技术。浙江大学陈昆松等完成的"杨梅枇杷果实贮藏物流核心技术研发及其集成应用"，在系统探讨杨梅、枇杷果实采后生物学特性的基础上，研发果实物流保鲜核心技术。建立了基于CIRG的杨梅采收成熟度指标；明确了转录因子MrMYB1调控杨梅果实花青苷合成的生物学机制；提出了EjCAD1是枇杷果实木质素单体合成关键基因，阐述了EjEXP和乙烯信号转导调控枇杷果实木质化的途径与机理。在源头基础理论创新的基础上，改进了杨梅果实采后预冷工艺；发明了基于乙醇熏蒸的杨梅果实绿色防腐新技术；实现了以GPRS技术为核心的物流环境参数的实时远程监控；建立了以LTC（5℃冷处理6天后再进行0℃周转物流保鲜）

为核心、1-MCP（5 微升 / 升）等处理为辅的红肉枇杷果实适宜温度管理新模式。项目成果可更有效控制产品损耗，显著提高果实商品性。该成果 2013 年获得国家科学技术进步奖二等奖。

四是柑橘采后绿色保鲜技术。华中农业大学程运江等"柑橘采后我国柑橘绿色保鲜的生物学基础与调控机制研究"科技成果针对柑橘果实采后品质保持、腐烂控制、分选效率低等柑橘产业采后关键问题和核心技术需求，坚持十余年研究，在柑橘保鲜机理、保鲜技术、分选装备关键技术参数研发、保鲜设施及综合管理相结合的保鲜技术集成等方面取得了系列成果，全面提升了我国柑橘采后商品化处理水平和生产能力，成效显著；使得我国的柑橘采后保鲜机制研究及油斑病控制技术等方面处于国际领先水平。该成果获得了 2021 年神农中华农业科技奖一等奖。

五是香蕉、荔枝贮运保鲜配套技术。华南农业大学在香蕉（香蕉贮运保鲜配套技术及其产业化研究）和荔枝（荔枝贮运保鲜技术工程）这两种水果的采后处理、贮运保鲜等方面具有长期的研究积累和明显的技术优势，已开发的一系列配套技术正在进行有效的产业化应用。

1.3.2.2 我国蔬菜科技的发展现状

（1）基因组学与功能基因研究

近十多年来，我国科学家先后完成了一系列重要蔬菜作物的基因组和变异组学研究，阐明了一系列决定蔬菜产量、抗性和品质等性状形成的重要分子机制，获得了多项国际领先的开创性研究成果，显著地提升了我国蔬菜学科基础研究的整体水平和对蔬菜产业的支撑能力。2009 年，由中国农业科学院蔬菜花卉研究所发起和主导的"国际黄瓜基因组计划"，完成和发表了第一个蔬菜作物——黄瓜的基因组框架图，揭示黄瓜基因组的主要结构特征及染色体演化路径。之后，由我国科学家主导，先后完成了大白菜、西瓜、中国莲、甘蓝、辣椒、芥菜、菠菜、印度南瓜和中国南瓜、花椰菜、不结球白菜、萝卜、茄子、香菜、丝瓜、冬瓜等 20 余种蔬菜的全基因组测序。2013 年，完成了黄瓜基因组变异分析，并构建了包含 360 多万个位点的全基因组遗传变异图谱，揭示了黄瓜驯化和种群分化的遗传基础。2014 年，完成了 360 份有代表性番茄种质的基因组变异分析，揭示了其果实变大的两个演化阶段，并提出人工选择带来的基因组代价。2016 年，完成了白菜和甘蓝类蔬菜作物代表材料的基因组重测序，构建了白菜和甘蓝类蔬菜的群体基因组变异图谱。2018 年，用来自三种生态类型的 194 个地理上不同来源材料的重测序数据完成了大白菜的基因组变异图谱，该研究对春大白菜晚抽薹性选择的遗传基础提供了有价值的见解，并促进了抗抽薹品种的育种研究。以 CRISPR/Cas 为代表的基因编辑技术连续突破，为实现精准、高效、省时、省力和安全的农业育种技术革命提供了新契机，也为蔬菜作物育种赶超跨国公司、实现弯道超越提供了新的机遇。基因编辑也是蔬菜作物的研究热点，我国已经在番茄、西瓜、甘蓝、白菜和黄瓜等多个作物的基因编辑上率先实现了技术落地。以上研究，确立了我国在蔬菜基因组和基因编辑领域的国家优势地位，为种质资源的育种应用创造了新理论框架和选择工具。

在蔬菜作物组学研究平台搭建完成的基础上，我国蔬菜研究工作者开始探索蔬菜基因功能和相关调控机制。在品质代谢方面，通过整合黄瓜组学大数据与传统生物学手段，阐明了黄瓜体内苦味合成的重要代谢通路，首次揭示了黄瓜体内苦味代谢基因簇表达的分子机制。通过大规模品尝实验、化学分析和基因组分析，确定了番茄风味 33 种重要代谢物和 49 个关键的遗传位点，构建了番茄果实品质研究的多组学平台，为风味育种提供了全新工具。另外，通过研究发现了抑制番茄果实中苹果酸积累的代谢机制。在产品器官形成和株型发育方面，发现了一个 30 千字符的拷贝数变异决定黄瓜全雌性状，先后克隆了黄瓜的全雄基因 CsACO2，果长基因 SF1、CsFUL1A，侧枝调控基因 CsBRC1，卷须的身份基因 CsTEN。在蔬菜作物抗逆方面，阐明了两个 NAC 类转录因子 JA2 和 JA2L，以及茉莉酸通路中核心转录因子 SlMYC2 在番茄抗病过程中的机理，发现了 JA 信号对抗病过程的精确调控机制。最近，对番茄抗盐遗传位点进行了系统的研究，并揭示了番茄 SlHAK20 基因通过离子调控参与抗盐胁迫的作用机理。

（2）育种技术与新品种选育

进入 21 世纪以来，我国蔬菜育种技术研究和新品种选育获得了长足的进步。克隆了蔬菜作物上一批重要农艺性状的基因或 QTL 位点，并开发出可用于育种的分子标记；建立了高通量、高效率的大白菜、甘蓝、不结球白菜、黄瓜、番茄等作物分子标记辅助育种技术体系；率先建立了甘蓝、大白菜、不结球白菜、萝卜、胡萝卜、辣椒等雄性不育育种技术体系；大白菜、甘蓝、不结球白菜、黄瓜、辣椒等作物以小孢子培养和未受精子房培养为核心的单倍体育种技术取得突破性进展，大大缩短了优良自交系选育时间；中国农业大学陈绍江研究团队首次建立了番茄单倍体诱导系统。基因编辑技术已初步应用于番茄、黄瓜、甘蓝、白菜、西瓜等优异育种材料的创制。中国农业科学院方智远育种团队利用世界上首次发现的甘蓝显性不育材料，成功率先实现了甘蓝杂交制种由利用自交不亲和向利用雄性不育的转变。经过从 20 世纪 80 年代开始的长期研究，建立了大宗蔬菜作物主要病害的人工接种抗病性鉴定技术体系。进入 21 世纪以来，在优质、抗新流行病害、抗逆育种方面取得了一系列重要进展，相继育成了一批抗根肿病和黄萎病、耐抽薹、耐热的大白菜；耐寒、耐热、耐抽薹的不结球白菜；早熟、耐抽薹、抗枯萎病的甘蓝；耐抽薹、不易糠心的萝卜；品质优良、耐低温性强、抗 8 种病害的黄瓜；早熟、抗病毒病、耐低温弱光的辣椒；抗黄花曲叶病毒、风味浓、耐低温弱光、耐储运的番茄；抗棉疫病和青枯病、耐低温弱光、商品性好的茄子；抗黑斑病、耐抽薹、口感好、耐贮的胡萝卜；耐热、耐贮、品质好的花椰菜；耐贮、花蕾细匀、高营养的青花菜等蔬菜新品种。目前，我国自主育成的品种在生产中占主要地位，国内育成蔬菜新品种占蔬菜播种面积 85% 以上。

（3）设施环境调控与栽培管理

应用设施高采光、高蓄热、高保温设计理论与方法，研制出新一代节能日光温室和新一代塑料大棚，太阳能利用率分别提高 8% 和 6% 以上，日光温室夜间内外最大温差可达 39℃ 以上，塑料大棚夜间内外最大温差可达 19℃ 以上。研制出设施高效双保温系统和高效蓄热系统以及基于统一物联网平台的设施综合环境监测与调控系统，研发出多通道的水肥精量施用设备。明确了主要设施蔬菜水肥需求规律，实现了土壤 – 环境 – 作物在线监测与预警，研发出了基于设施内环境、土壤水分和养分状况、蔬菜种类及生育阶段的水肥精准量化管理技术，平均节水 25% 以上，节肥 31% 以上。以有机肥为主要肥源，以作物秸秆为主要基质来源的有机生态型无土栽培技术在沙漠、戈壁等非耕地蔬菜高效生产中获得大规模示范应用。各种蔬菜的营养液配方和蔬菜作物营养调控技术得到系统性研究，可再生资源椰糠基质获得大规模应用，无土栽培蔬菜品质和产量进一步提高，番茄最高年亩产量达 3 万千克。针对设施低温弱光亚适环境，研发出 LED 精准补光配套产品及设施果菜低温弱光和盐碱诱抗增产技术与产品，显著提高了冬季和早春季节设施果菜对低温弱光的适应能力，显著提高设施果菜抗盐滞化土壤的能力，增产幅度达 10% 以上。研发出设施蔬菜基质无土栽培技术，显著促进了我国蔬菜产品的高品质生产，提高了蔬菜生产的现代化水平，在障碍土壤和非耕地有效利用方面发挥重要的作用。

（4）机械化技术与装备研发

创新了日光温室、塑料大棚果类蔬菜宜机化栽培模式，构建了包括株行距和垄形参数等的宜机化农艺方案，解决了非宜机化农艺限制农机作业难题，形成了日光温室耕整、起垄、移栽、植保、管理等关键环节的农机装备配套方案。突破了整排低损高效取苗、间隔有序投苗、有序夹持输送、自适应仿形等11项关键技术，创制了适合普通穴盘苗的全自动移栽机、悬挂式高速自动移栽机、轻简型叶类蔬菜无序收获机、叶菜有序收获机等多种机型，补齐了蔬菜种植、收获机械的短板，打破了国外技术壁垒。通过技术、装备集成，形成了设施蔬菜机械化生产模式整体解决方案，可使全程机械化率提升到50%~70%，作业效率较人工提高5~15倍。

（5）营养与水土资源绿色高效利用技术研究

创建设施蔬菜大、中、微量及有益元素精准平衡施用技术，以及有机肥替代化肥综合增效技术，明确了设施蔬菜不同生育阶段土体含水量阈值和适宜肥水用量参数，创建了设施蔬菜水肥协同精准管理技术体系，平均减施化肥三分之一，提高氮利用率16%以上，增产增效显著。针对设施果菜秸秆产出量多且处理难度大和严重污染产地环境的问题，研发了设施果菜秸秆原位还田技术，颠覆了蔬菜残株必须清除出田间的传统做法，每亩节本300元以上，并能改善土壤理化性质；建立了西北地区夏季露地蔬菜滴灌节水、提质增效技术，较传统灌溉方式节水47%~82%，省肥15%~20%，增产13%~21%，蔬菜品质得到显著提升；建立了能够显著减轻土壤病害、提高土地利用效率的交替轮作和共生间作栽培模式与技术。针对高山蔬菜生产中的水土流失问题，研发出沟厢改造与生物护埂、土壤保育与生态修复、防雨避雨与聚雨灌溉、废弃物原地生物转化等系列技术，减少土壤侵蚀量36%~43%，土传连作病害控制率达82.6%。

（6）土壤连作障碍克服技术研究

系统揭示了土壤连作障碍高发的成因与规律，研发出了物理吸附和微生物降解消除土壤连作障碍自毒物质的关键技术，建立了高温-高湿-生物质耦联土传病菌消毒技术，构建了基于土壤微生态化感调控的伴生栽培模式，创新了基于甾醇类化合物诱导系统抗性的蔬菜根部病害防控技术，开发出抗性诱导产品。在以上研究的基础上，构建了以障因消除、抗性增强、精准施肥减少土壤次生盐渍化的"三位一体"连作障碍防控技术体系，形成了相应的国家和地方技术标准。

（7）病虫害生物防治技术研究

蔬菜病虫害生物防控研究取得重要进展。首次发现了世界重大农业害虫烟粉虱通过水平基因转移方式获得植物源解毒酶基因BtPMaT1，并利用该基因代谢植物中的有毒酚糖。该研究还发现转基因番茄沉默BtPMaT1表达可以完全控制烟粉虱为害。创新与改进了蜡样芽孢杆菌、甲基营养型细菌、嗜硫小红卵菌、木霉菌、淡紫孢菌等为关键菌种的根结线虫高效生物防治技术与产品；开发了以芽孢杆菌、粉红黏帚霉和淡紫拟青霉为核心菌种的土传病害生物防治新产品；发现了沼泽红假单胞菌能诱导蔬菜广谱抗病毒病的特性和嗜硫小红卵菌可钝化病毒种传活性，研发出"沼泽红假单胞菌菌剂"和"嗜硫小红卵菌菌剂"新产品；获得了蓟马高效虫生真菌菌株，首次开发出防治蓟马的白僵菌可湿性粉剂。上述微生物产品通过了新生物农药或生物菌肥登记，在生产上开始推广应用。针对长期难以解决的韭蛆防控问题，开发出了高温覆膜防治技术。构建了"小麦-麦长管蚜-烟蚜茧蜂"和"小麦-麦长管蚜-短翅蚜小蜂"载体植物系统释放天敌防治蔬菜蚜虫新技术；研制出烟粉虱天敌昆虫海氏浆角蚜小蜂规模化饲养方法、工艺流程及专利产品蜂卡释放技术。建立了新型精量弥粉机配套的弥粉法施用防治技术。上述创新的技术和产品，促进了蔬菜绿色生产技术的提档升级。

（8）采后保鲜与加工研究

蔬菜采后加工安全与品质保持关键技术研发取得重要成果。研发了蔬菜安全快速检测技术及微生物防控技术，开发出了果蔬中260种农药同时定性定量的快速检测方法，研发了新烟碱类等农药快速前处理、检测技术及快速检测产品，提高了检测效率；揭示了黄瓜、生菜等蔬菜鲜切过程中，大肠杆菌O157:H7、单核细胞增生李斯特菌等主要食源性致病性微生物的定殖、增殖规律及侵染机制，建立了相应的防控技术。探究了蔬菜采后衰老、冷害和品质调控的分子机制；研发了蔬菜采后贮藏过程中黄化、褐变等品质劣变的控制技术；研制了高效产地预冷装备和保鲜装备，并提出了配套技术工艺；研发了蔬菜电商物流品质保持技术及设备，降低了大宗蔬菜采后不同流通模式下的损耗。开展了蔬菜加工产品品质维持及提高技术，阐明了影响鲜切马铃薯、黄瓜风味劣变的核心微生物和腐败标记因子，建立了低温-气调保鲜技术；明确了番茄、辣椒等鲜切蔬菜水渍化（软化出水）的机制，研发防控技术；揭示莲藕褐变、山药黄变、萝卜蓝变等色变关键因子，研发UV-C短波处理、关键酶靶点抑制、气体调控包装等防控技术；研发真空辅助护色剂浸入防控马铃薯褐变技术，提高了护色效率。上述保鲜及加工技术的创新及研发，从安全、风味、质构、色泽等各方面提高了蔬菜的质量安全，促进了产业发展。

（9）食用菌科技进展

菌种繁育技术取得重大进步。中国实现多种食用菌人工繁育，培育出市场多样化需求的适合工厂化栽培香菇品种。完成黑牛肝、羊肚菌等野生食用菌的人工栽培，为食用菌种类多样化生产提供了新的品种和技术储备。培育适合工厂化栽培、芽菇期采收的黄色金针菇新品种及与引自日本的主栽品种综合性状和产量性状相当的工厂化白色金针菇品种。随着生物技术、组学技术、生物信息学技术的快速发展，食用菌遗传与生理相结合的研究进展明显加快，为食用菌栽培和新品种选育提供新的技术途径。目前食用菌遗传学研究和遗传操作平台基本建立，大宗栽培种类的香菇、金针菇、灵芝，珍稀种类的白灵菇等遗传转化体系已经建立，基因过表达、基因沉默、基因编辑等方法基本建立。将遗传学研究用生理学指标和性状表达进行验证，将品质形成的生理代谢途径追踪到遗传调控机制。

栽培技术取得新进展。食用菌栽培技术多点开花，形成了食用菌栽培技术体系。液体菌种的生产技术不断成熟，已经在金针菇、杏鲍菇、黑木耳、香菇中成功应用；香菇菌棒高密度培养、保存技术攻破，使得设施化集中制棒成功，为生产模式升级提供技术保障；黑木耳临时覆盖和吊袋棚栽技术日趋成熟，延长出耳期，产品质量（洁净度、整齐度）明显提高；羊肚菌栽培技术实现突破，栽培规模迅速扩大；杏鲍菇、黑木耳等菌渣再利用栽培技术得到全国性推广，豆秸、花生壳、木薯茎秆、莲子壳、柠条、桉木屑、啤酒糟、甜菜渣等陆续开发应用，拓展了食用菌生产原料来源。

自动化和机械化生产技术取得重要进步。食用菌生产全程机械化已基本形成。木腐菌工厂化的瓶装、袋栽均形成流水线生产，配料、分装、消毒、接种、搔菌、采收、挖瓶、运输等绝大多数环节已实现机械化，有的环节实现了智能化，全程可视化。相关基料装填、液体接种、发菌培养三个关键环节技术装备实现完全自主研发，如香菇、黑木耳菌棒（包）自动装填、接种、上下架及网格培养技术，出菇前的各环节也基本实现了机械化，提高了基于菌棒的工厂化装备水平。草腐菌生产的发酵隧道、抛料机、菇床上料机、拉网机等基本实现了主要环节的机械化。工业化生产装备企业快速进入食用菌行业，快速提高了产业的装备与环境控制设备的产能和制造水平。此外，食用菌智能管控大数据平台初步应用。随着食用菌智能管控软硬件的不断升级和数据互联，融合了云计算技术、大数据技术、智能分析技术，通过在云端建立食用菌服务平台，提供食用菌大数据综合管控服务，为食用菌生产提供在线实时智能管控功能。

产品加工技术取得新成效。以食用菌为主要原料的主食、休闲类食品、饮品和膳食补充剂等产品开始研发。在大宗种类的香菇、金针菇、杏鲍菇等品种基础上，黑木耳、猴头菇、海鲜菇等逐渐成为加工技术和产品研究的热点。其主要研发产品有三大类：一是与五谷杂粮、茶叶和蔬菜等复配的主食和休闲类食品，平菇南瓜复合面条、平菇挂面、金针菇挂面、毛木耳挂面、平菇面包、杏鲍菇微粉桃酥、银耳酥饼；二是与植物源原料复配的食用菌饮品，如木糖醇金针菇酸奶、猴头菇苹果醋复合饮料、木耳羹；三是与其他特色原料复配的即时羹点，如添加枸杞、桂花的银耳速食羹、银耳燕窝。

1.3.2.3　我国西瓜和甜瓜科技的发展现状

（1）种质资源收集整理鉴定取得成效

中国西瓜、甜瓜中期库保存种质数量丰富，但与发达国家仍有差距。近几年科研工作者们仍不懈地从国内外收集、引进优异稀缺资源，丰富了我国西甜瓜种质资源库，保存种质数量超过4000份。不仅在西甜瓜遗传多样性分析、农艺性状鉴定和遗传表现上做过系统研究，同时也在种质抗病、抗逆等方面做了大量鉴定工作。此外，随着分子技术的快速发展，多种分子标记技术的应用加快了种质资源研究的进程，大量的优异资源被挖掘出来，并用于种质创新和品种选育。

（2）育种技术取得新成效

中国西甜瓜育种技术发展迅速，部分成果获得领先地位。目前，北京市农林科学院蔬菜研究所在高品质中果型与小果型西瓜育种方面处于全国领先。中国农业科学院郑州果树研究所、湖南瓜类研究所，广西农业科学院园艺所在无籽西瓜育种方面处于全国领先；西北农林科技大学在大果型抗病西瓜品种、优质品种选育以及西瓜雄性不育研究和利用方面处于全国领先，"西农8号"及其育种技术获中国专利奖金奖及联合国世界知识产权组织版权金奖；新疆农业科学院园艺所在甜瓜育种方面尤其是哈密瓜育种处于全国领先。

育种工作者在西瓜品质育种、抗病育种、倍性育种及分子育种等方面均取得重大成果，已育成一批丰产、优质、抗病、具特殊性状的西瓜新品种，实现了早、中、晚不同熟期、不同栽培方式（露地栽培、设施栽培、长季节栽培）、不同季节栽培的品种配套，基本上实现了品种专用化。随着无籽西瓜发芽率低、成苗率低、采种量低等"三低问题"的解决，无籽西瓜面积迅速扩大，我国已成为世界上最大的无籽西瓜生产和出口国家。

甜瓜育种方面，新疆是中国甜瓜新品种选育的主要地区。新疆农业科学院哈密瓜研究中心、新疆葡萄瓜果研究中心等科研单位培育出"含笑""皇后"系列、"西州密"系列、"金凤凰""红心脆""黄皮 9818"等新品种,"皇后"系列、"西州密"系列品种成为新疆厚皮甜瓜(哈密瓜)生产的主流品种。中国农业科学院郑州果树研究所、北京市蔬菜研究中心、中国农业科学院蔬菜花卉研究所、甘肃河西瓜菜研究所等育成了"郑甜"系列、"冀蜜"系列、"玉金香""众天"系列等厚皮甜瓜新品种,在生产中逐步替代"伊丽莎白""西薄洛托""状元""蜜世界""翠蜜"等引进品种而成为主流品种。薄皮甜瓜育成了"龙甜"系列、"唐甜"系列等优良新品种。尽管各种类型甜瓜新品种不断丰富,但仍然存在分布不均、抗病性单一、缺乏特色优质品种等问题。

(3)分子生物技术取得重要进展

利用转基因技术创制新种质的工作逐步开展,加速了种质创新进程。基因克隆及分子标记方面研究进展迅速,相继开发了抗西甜瓜枯萎病、白粉病、蔓枯病、西瓜皮硬度、西瓜瓤颜色、甜瓜瓤色等分子标记,开始在育种中加以应用。组织培养以及农杆菌介导的西甜瓜转基因技术逐渐成熟,为优异基因功能研究和分子育种奠定了基础。基因组学研究主要是在全基因组水平上研究西甜瓜基因组的结构、功能、进化及基因间相互关系等。北京市农林科学院蔬菜研究中心联合深圳华大基因研究院及其他国内外单位率先公布西瓜基因组(栽培种质 97103,V1 和 V2 版本,2013 年与 2019年),并完成了西瓜变异组图谱的绘制,定位了含糖量、性别、瓤色与枯萎病抗性等多个基因,并建立了西瓜分子标记辅助育种技术体系,应用于育种实践,培育出一批突破性新品种。2019 年,中国农业科学院郑州果树研究所联合其他研究团队完成了目前世界上数量最大、涵盖类型最全(1184 份)的甜瓜种质资源(近缘种、野生种及栽培种)全基因组重测序,构建了世界上第一张甜瓜全基因组变异图谱;揭示了甜瓜的三次独立驯化历史,通过表型精准鉴定获得 10 余万个表型数据,全基因组关联分析(GWAS)定位了 200 余个与甜瓜品质、形态等重要农艺性状相关的基因和位点,为基因挖掘和分子辅助育种体系的建立奠定了坚实的基础。

(4)栽培技术取得新成果

随着设施农业的发展,西甜瓜设施栽培不断发展。近年来,中国西甜瓜产业与科学研究以前所未有的速度发展,并在一些重要领域取得了显著突破,走出了一条具有我国特色的设施栽培发展模式。西甜瓜育苗已逐步从传统家庭育苗走向集约化、工厂化育苗。在砧穗组合筛选、嫁接方法、砧木种子引发、砧木播种密度以及嫁接过程中病虫害的防控方面均进行了系统研究,基本构建了完整的西瓜工厂化嫁接育苗技术体系。在灌溉技术方面，膜下滴灌、膜下渗灌等微灌技术与肥水一体化技术大规模推广应用。随着西甜瓜产业发展规划在各地的稳步落地，规划中明确的"八大模式"也得到了广泛的示范应用，即西北露地厚皮甜瓜高效优质简约化栽培模式、西北压砂瓜高效优质简约化栽培模式、北方设施西甜瓜早熟高效优质简约化栽培模式、北方露地中晚熟西瓜高效优质简约化栽培模式、南方中小棚西甜瓜高效优质简约化栽培模式、南方露地中晚熟西瓜高效优质简约化栽培模式、华南反季节西甜瓜高效优质简约化栽培模式城郊型观光采摘西甜瓜栽培模式。

（5）机械化生产技术快速发展

中国西甜瓜生产机械化技术起步较晚，发展水平相对较低，但近年来有较快发展。目前，西甜瓜的机械化作业技术虽然主要应用在耕整地和田间管理环节，其中耕整地环节主要采用铧式犁、旋耕机、起垄机、开沟机、铺管铺膜机、微耕机等通用型耕整地机械；但膜下滴灌及水肥一体化设备已在设施西甜瓜产区大面积推广应用；除背负式手动（或电动）喷雾器、背负式喷雾喷粉机、担架式机动喷雾机等传统植保机械外，喷杆喷雾机、植保无人机等高效植保机械在新疆、甘肃等地西甜瓜病虫害的规模化防治中开始应用；籽瓜捡拾脱籽联合收获机在新疆、内蒙古等地已有少量应用。

1.3.2.4　我国花卉科技的发展现状

花卉是现代高效农林业的重要组成部分。国家统计局近几年数据表明，花卉在12大类农作物中产值排名第六、单位面积产值位居第一。从"十五"开始，中国对花卉育种和产业化技术研究加强了资助力度，花卉研究首次列入了国家主体科技计划（"国家攻关计划""国家支撑计划""863"计划、"公益性专项"及"国家重点研发计划"），在花卉种质资源、花卉育种、基础研究、高效繁育、栽培及采后等关键技术方面获得了大量成果，培育了具有自主知识产权的花卉新品种1800余个，获国家技术专利3000多项。2007年以来，中国花卉科研成果获国家科技进步奖二等奖6项、国家技术发明奖二等奖1项。

（1）花卉种质资源收集、评价

没有种质资源就没有花卉产业的发展，这是世界范围内花卉工作者的共识。荷兰等世界花卉强国十分重视花卉种质资源的收集和研究，尤其是商品育种中的关键性花卉种类。花卉种质资源相对匮乏的花卉大国还特别重视从国外引进新的花卉作物，一些种类经过花卉工作者的培育已成为市场中重要的大宗花卉产品，如福禄考、紫菀、洋桔梗等。如今，中国对国内重要商品花卉和传统名花种质资源广泛开展了收集保存工作，在多个花卉物种（类群）的资源收集、评价方面上处于国际领先地位，收集重要观赏植物的种质资源 7000 余份。在资源评价收集的基础上，建立并完善了各种花卉表型性状结合生理、生产性状和抗逆性状的综合鉴定与评价技术体系，以及以分子标记技术为基础的遗传多样性评价体系，筛选出一批观赏性好、抗性及实用性强的关键种质。截至 2020 年，国内高校、科研院所和企业已获批国家花卉种质资源库 70 个，建立健全了花卉种质资源管理体系，提高种质资源的管理水平和应用效率。

新花卉的开发应用在中国具有重要意义，已经成为花卉研究的一个热点领域。中国经过近十年的新花卉开发，目前在兜兰属、石斛兰属、马樱花杜鹃、羊踯躅、杜鹃红山茶、红花玉兰、滇丁香、地涌金莲、小报春、巨紫荆、岩白菜、紫荆及北方一二年生花卉、宿根花卉等方面取得一定突破。

国际登录权是一种鉴别、判定花卉植物知识产权（发现权和培育权）的母权，是现代花卉园艺产业中最重要的基础之一。自 1998 年 11 月，陈俊愉院士及其负责的中国花卉协会梅花蜡梅分会，被国际园艺学会命名与登录委员会和国际园艺学会执行委员会及其理事会授权，成为梅的国际登录权威。这是中国第一次获得国际植物品种登录权威的殊荣。截至 2020 年，共有梅花、蜡梅、木犀属（桂花）、莲属（莲花）、竹属、枣、海棠、姜花、山茶属、牡丹、秋海棠 11 个国际植物品种登录权威机构或登录权威专家落户中国。

（2）花卉种质创新与新品种选育

国际上，传统的种质创新技术如远缘杂交、诱变、体细胞变异依然是行之有效的种质创新手段，商业育种的主要方法以杂交为主，分子生物学技术逐渐成为拉动花卉种质创新的强大引擎。国内外利用常规育种技术与现代生物技术相结合，快速聚合多种优良性状，提高育种效率。开发并利用多种分子标记技术进行杂种后代鉴定，辅助表型、细胞学、孢粉学等手段，建立杂种鉴定技术体系。国外培育出了绝大多数花卉新品种，部分品种已被引入中国。近年来，中国以优质、高产、多抗为育种目标，通过整合资源评价、亲本选配、远缘杂交、胚拯救技术、体细胞胚再生技术和分子标记辅助鉴定等多项育种技术，自 1999 年中国加入国际植物新品种保护联盟（UPOV）以来，培育花卉新品种 2800 多个，获中国植物新品种权的花卉新品种 1800 多个（截至 2020 年 1 月 1 日），包括木本的梅花、月季、牡丹、紫薇、山茶、玉兰、丁香、桃花、杜鹃、红枫、石楠、悬铃木、桂花、栾树、榆叶梅、连翘等，草本的菊花、八仙花、兰花、非洲菊、香石竹、荷花等，主要集中于中国传统花卉的育种。

（3）重要观赏和抗逆性状的形成机制

目前，中国花卉方面的应用基础研究主要集中于花色、花香、花期、花型、株型、采后寿命、耐寒、耐热、抗病等重要性状的形成机理及遗传规律，研究种类主要集中在梅花、牡丹、月季、菊花、百合、报春、紫薇、香石竹、矮牵牛、安祖花等花卉种类，克隆了一批调控观赏性状的基因；通过正向和反向遗传学的手段对花卉重要抗逆性状进行了调控机制研究，如月季白粉病、黑斑病，梅花抗寒性，菊花的耐涝性等。在花卉基因组方面，梅花、荷花、小兰屿蝴蝶兰、铁皮石斛、睡莲、蜡梅等30余个花卉基因组被破译，牡丹、月季、大花香水月季、菊花、玫瑰、紫薇、大花紫薇、兜兰、香荚兰、墨兰、建兰、蕙兰、樱花、三角梅、多种蔷薇等花卉基因组学研究正在进行中，未来这些工作的完成将为花卉育种研究奠定坚实的基础。

由于花卉作物遗传背景复杂，基础研究较弱，还未能实现有效的聚合育种和分子设计育种，国内外研究集中在重要性状相关的分子机制及关键基因的发掘方面，尚未实现商业育种。目前，中国主要针对中国传统名花开展研究，通过传统杂交，建立了多个花卉物种适于遗传连锁分析的分离群体，采用 SSR、SNP、SLAF-seq 等技术，在牡丹、梅花、月季、菊花、兰花、荷花、桂花、紫薇、矮牵牛、康乃馨等花卉中构建了遗传连锁图谱，开发了一批与重要性状紧密连锁的分子标记，为植物基因定位、辅助基因组组装、比较基因组学、基因克隆、分子标记辅助育种等提供参考。中国对花卉基因工程育种重点集中在改良花色、花香、花型、株形、花期和抗性等性状上，花卉基因工程育种已成功应用于菊花、康乃馨、玫瑰、兰花、唐菖蒲、百合等多种重要花卉。

（4）花卉高效繁育栽培技术研究

目前，中国花卉繁殖与栽培生产已经部分实现标准化、集约化，信息技术、图像处理技术的使用推动花卉生产实现了机械化和智能化，包括生产环境精准调控、水肥精准调控、病虫害生物防治、产品质量控制等环节。在月季、唐菖蒲、香石竹、菊花等方面建立了种苗繁殖的标准化生产技术体系，推动了花卉种苗生产的发展，包括容器（穴盘）育苗、新型光源（LED、CCFL 光源）在组培苗生产、温室种苗生产中的应用、容器大苗栽培技术等，提高了种苗的品质，缩短了生产周期；在牡丹、茶花、石榴花、仙客来等研发了利用先进技术及植物生长调节剂控制花期、株型及应用于疏花、疏蕾等；研制出多种能够替代泥炭的环保型新基质，减少了园艺生产对自然资源和生态环境的破坏。

花卉作物的栽培技术一直持续不断发展。目前在花卉微繁殖、作物株型控制、基质及肥水精准供应、连作障碍致病机理及绿色防控、轻简化栽培研究方面有较明显的进展。目前，通过校企强强联合，陆续建立一系列花卉低耗高效组培繁育技术，包括通过宿根花卉原种高效脱毒和离体保存，采用高效诱导培养百合小鳞茎的方法、满天星微型扦插、非洲菊瓶内离体叶片高效繁殖等低耗高效组培繁育相关专利，实现了紫薇、山茶、榆叶梅、樱花、女贞、三角梅等嫩枝扦插繁殖与穴盘育苗技术，初步解决了自主知识产权品种在组培生产中增殖率低、污染控制难、玻璃化严重、过渡移栽成活率低等技术难点以及成本消耗大、批量上市难等关键共性技术难题。

（5）采后与流通技术研究

月季、百合、菊花、唐菖蒲为世界四大切花。在中国，月季销售额位列四大切花之首，中国常见的切花种类还包括香石竹、牡丹、马蹄莲、红掌、文心兰等。目前，已建立了适合中国国情的鲜切花、盆花的采后与流通技术，同时为了提高鲜花采后的观赏品质，现今的保鲜技术正在逐渐从单一方面转向多角度全方位的复合保鲜模式过度。目前，在切花采后理论研究方面，主要围绕月季切花采后乙烯生成和失水引起花朵开放的产业问题，开展了月季切花乙烯生物合成、乙烯受体、信号转导基因克隆及功能验证；实现了在牡丹、蜡梅、绣球、菊花、百合对其进行预处理，采用物理保鲜或添加复合保鲜剂的方法，维持切花体内的水分及有机质平衡，从而延长切花寿命、提高观赏价值及经济效益。聚焦盆花流通过程中存在叶和花褪色、脱落，花苞不能绽放，病虫害扩散以及各种机械损伤等问题，研究了不同贮运温度、不同贮运时间、乙烯活性抑制剂的使用等对盆花流通的影响，率先实现了蝴蝶兰、大花蕙兰、凤梨、红掌、仙客来和一品红等盆花在流通过程中的包装设计和保鲜技术的突破。

综上所述，中国在花卉育种和产业化研究方面总体上与世界先进水平存在较大的差距，主要体现在中国特有种质资源挖掘利用不够，突破性品种数量有限，高效栽培技术还未能实现全方位的标准化和规模化，多数花卉种类基因组学等基础研究薄弱等，限制了前沿育种和生产技术研发的进度。

1.3.3　园艺科技对产业的作用

（1）促进产业的布局优化及产品周年供应均衡

通过早中晚熟园艺作物配套品种的育成，延长了产品上市供应期；通过栽培技术，特别是设施栽培技术的创新，扩大了园艺作物的栽培区域，延长了作物一年中的收获季节。新品种、新技术和新设施的推广应用促进了园艺产业布局和结构的不断优化，使园艺产品供应的周年均衡情况不断得到改进，也使产品的多样性不断增加。例如，通过品种自主选育结合筛选引进与栽培技术创新，使我国柑橘产业发生了翻天覆地的变化，鲜果上市时间由原来的9月至翌年1月延长为7月下旬至翌年6月，基本实现了柑橘鲜果周年供应。我国柑橘有记载栽培以来，至少有3000多年的历史，在不考虑贮藏和进口的情况下，规模化实现柑橘鲜果供应，鲜果一年首尾相援，这还是第一次。根据南亚热带不同的生态条件，研发创新了"两代同堂""两代不同堂"等多种模式的葡萄熟期调控优质栽培技术体系及相关的基础理论，突破了南方为葡萄非适宜栽培区及葡萄一年一收的传统。在桂、滇、粤、闽、琼、湘、沪、浙推广应用，建成多个葡萄一年两收新产区，形成了我国葡萄产业新格局，将葡萄鲜果供应期由4个月延长到10个月。新品种、设施设备以及栽培技术的不断创新促进我国蔬菜产业形成了覆盖全国跨越全年的六大优势生产区域，保障了蔬菜市场的全年均衡供应。设施栽培技术的不断进步和专用品种选育水平的不断提高，支撑我国设施蔬菜产业快速发展，彻底改变了以前北方冬季蔬菜长期依靠南菜北运供应的局面。研发出的生态安全、多样高效的高山蔬菜生产模式及生产技术，推广普及18个省70多个县区，支撑高山蔬菜产业实现健康发展，从根本上解决了蔬菜夏秋淡季问题。我国园艺作物育种虽然起步较晚，但改革开放以来发展很快。据统计，1978—2018年育成了各类果树品种1952个。1978—2013年育成各类蔬菜品种5234个。大量新品种的育成改变了以前品种单一、种类单一的局面，提高了产品的多样性。

（2）支撑园艺产业向优质高效模式转型发展

创新的矮化栽培、高光效整枝、花果精准管理、肥水耦合管理、病虫害综合防控等技术，使水果的品质不断得到提升。设施栽培技术的不断创新和推广促进了设施果树产业的发展，显著地提高了果树的生产效益，优质、多抗蔬菜新品种和优质、绿色、安全栽培与病虫防治技术的推广，促进了蔬菜产业的优质、绿色发展。例如育成的早熟甘蓝品种质地嫩脆、口感好，广受市场欢迎，栽培面积占到春甘蓝生产面积的60%以上。育成的优质黄瓜、白菜、番茄、辣椒等新品种的栽培面积也不断扩大，以新技术为支撑的优质蔬菜生产基地越来越多，遍布各个主产区。全国蔬菜良种普及率达到了95%。蔬菜安全质量不断得到提升，近几年蔬菜产品农残检验合格率都保持在97%以上，未出现重大蔬菜质量安全事件。

（3）支撑园艺产业稳产保供能力不断增强

园艺生产分布范围广，周年都有栽培，因此病虫害多，遭遇的灾害性天气也多。近年来由于抗病品种、抗逆与保护性栽培技术、病虫害防治技术以及减灾技术的创新与推广，显著地提高了园艺生产抵御各种自然灾害的能力。例如，由于北方大力推广第三代日光温室、南方大力推广避雨栽培技术，显著增强了早春蔬菜和越夏蔬菜的稳产保供能力。近几年虽然经历了多次严重的灾害性天气，与以前相比受灾程度明显减轻，灾后生产都能得到快速恢复，蔬菜供应均未出现大的问题。

（4）促进园艺产业不断提质增效

园艺科技的发展提高了产业发展质量，提升了农业农村的生产力和生产效率。第一，运用现代科技可以实现机械化耕种，病虫害的有效防控，抗病且多样化的优良品种的培育。不仅可以减少人力、物力和财力的无效耗用，还可以大幅度提高园艺作物的产量，实现园艺产业的节本高量发展。第二，优良作物品种可以有效抵抗病虫等灾害，减少化肥和农药的使用量，在保证安全的同时又满足了人们多样性的需求。因此，利用科技发展智慧农业，可以同时实现园艺产业的高量和高质发展。

第2章

我国园艺产业与科技发展的经验与存在的主要问题

2.1 我国园艺产业与科技发展中的主要经验

2.1.1 我国园艺产业发展的主要经验

（1）政府重视、支持、引导是园艺产业健康发展的基础

园艺产业对农民增收、农业增效、改善生态环境和提高城乡居民生活水平具有重要作用，产业的发展离不开政府对园艺产业的重视、支持和引导。一是不断加强对园艺产业方向的引导，促进园艺产业的可持续发展。相关部门深入贯彻可持续发展理念，采取化肥农药减量增效、绿色替代、种养循环、综合治理等措施，坚持园艺产业绿色发展的大方向。二是支持主要园艺作物产区的基础设施建设。通过对农田基础设施、灾害防控设施、推广与培训服务设施、农业生产配套设施、市场信息与流通服务设施的建设，不断提高园艺产业水利化、机械化和信息化水平。三是重视对园艺产业从业人员的相关培训。通过举办园艺知识讲座，基础技能培训提升园艺产品种植大户、示范户、合作社、龙头企业的生产经营能力和综合素质。四是加大财政支持力度，实行积极的信贷扶持政策。增加小额贷款规模及贴息，引导金融机构加大对园艺产品生产大户、专业协会、农民合作经济组织和信誉度高、带动面大、对农民增收贡献大的龙头企业的支持力度。五是加大对园艺产业科研的投入力度。通过对育种、耕种、施肥、病虫害防控技术的研发，提高各生产环节的技术水平，促进园艺产业高效、优质发展。六是注重园艺产业市场的培育和建设。根据不同历史时期的不同情况确定不同的发展重点，先后经历了兴建生产基地、完善市场体系、发展产加销一体化经营、发挥基地龙头示范作用等阶段。

（2）科技创新为园艺产业的健康发展提供了持续动力

科技的支撑和不断创新对园艺产品生产、流通、储运过程均发挥重要作用，为产业的健康发展提供了持续动力。一是重视良种的培育。在"种子工程"和"农业综合开发"专项中，加大对良种繁育中心、工厂化育苗中心建设的投资力度，强调水果、蔬菜新品种的引进筛选试验，为园艺产业健康发展筑牢了根基。二是改善栽培、耕种技术。设施园艺和农业机械化的发展改变了传统农业的耕种方式，减少劳动力的使用，使园艺产业能够逐渐标准化、规模化生产，提高了园艺产业的效率。三是不断研发新的施肥技术和病虫害防控技术。园艺产品生产者以往通过大量施肥和施农药来获取高产，"水肥一体化""测土配方施肥""粘虫板""杀虫灯"等技术的推广，促使施肥和病虫害防控更加精准和绿色。四是加强产品采后处理、保鲜、包装、储运技术的研发，使得园艺产品采后保鲜得到极大改善。

（3）"优质、生态、绿色"的协同发展理念成为共识

园艺产业在发展过程中根据市场需求的动态变化，逐渐形成了"高产、高效、优质、生态、绿色"的发展理念，"优质、生态、绿色"的协同发展理念成为共识，提高了园艺产品的品质，为园艺产业发展注入了新的活力。一是管理部门的大力推进。整个"十三五"期间，减肥减药成为园艺产业发展的主题，政府注重对产地土壤、水、空气等的保护，逐步健全产地环境质量监测网，深入推进化肥农药减量增效，生产企业、种植户也积极响应，采用配套技术设施，不断降低化肥和农药的使用量，实施绿色防控替代化学防治行动，为优质产品上市提供了新的保障。二是消费端的反作用。随着生活水平的提高，人们在消费园艺产品时，对产品质量安全的要求越来越高，优质安全的园艺产品在市场上更具竞争力，进一步促进了生产者对产品质量安全重要性的认识，另外产品从生产环节到流通环节的安全性检测体系，以及食品可追溯系统的建设，消费者对园艺产品品质有了更强的监督能力，也促使生产者在产品品质上不断提升。

（4）品牌建设是园艺产业发展的重要抓手

园艺产品具有高度的同质性，消费者区分难度大，"质优价高"难以实现。推进园艺产品品牌发展是提升园艺产品附加价值、促进园艺产业高质量发展的必然要求。一是政府支持地方以优势企业和行业协会为依托打造区域特色品牌，并引入现代要素改造提升传统名优品牌。其中，独特的区域自然资源禀赋使得公用品牌具有优秀的区域品牌形象光环，能够提高区域品牌农产品在消费者中的识别度和知名度。二是加强

原产地追溯工程，强化品质监管。重视有机产品认证、绿色认证、地理标志产品认证等体系的建设，规范相关认证标准，建立品牌目录制度和评价体系，对于滥用认证标志、以次充好的现象予以打击，从而保障品牌品质。

（5）因地制宜、特色发展是园艺产业发展的路径

我国幅员辽阔，气候环境、资源禀赋多样，有效推动了各地特色园艺产业的发展。一是明确和发展本地特色园艺产品。2019年"中央一号"文件指出：要加快发展乡村特色产业，因地制宜发展多样性特色农业，倡导"一村一品""一县一业"。政府支持各地聚焦优势特色主导品种，打造各具特色的全产业链，培育一批优势特色产业集群。其中，果菜茶、林特花卉苗木等园艺产业是特色农业中的重要组成部分。例如，新疆瓜果、寿光蔬菜、六安瓜片、云南花卉都成为当地的地标产业，对于带动当地经济、提升就业、推动全国园艺产业链的发展具有重大意义。二是注重特色园艺产品的宣传。举办特色园艺产品推介会，吸引相关投资，鼓励企业与地方合作，进一步提高了当地特色园艺产品的知名度。

2.1.2　我国园艺科技发展的主要经验

（1）政府支持是园艺科技发展的前提

政府支持科技的创新与发展是推动园艺科技发展的重要前提。一是引导与鼓励各级科研机构、大专院校和科技人员，配合地方政府共同进行区域经济技术的研究和开发。二是设立各种科研和科技推广专项。例如，"948"技术引进专项、丰收计划、优势农产品重大技术推广项目、"种子工程"、农业综合开发专项、"旱作节水农业"等，使得园艺产业良种培育、病虫害防治、优良栽培模式的研发和推广等有了较大的改善。三是给予资金上的支持。主要包括以下几个方面：①在重大项目方面。通过中央财政科技计划（专项、基金等）对符合条件的农业科技活动进行支持。如积极支持国家重点研发计划"七大农作物育种""智能农机装备"等重点专项。②在技术体系方面。财政部同农业农村部通过现代农业产业技术体系建设专项资金，支持建设以产品为单元，以产业为主线，从研发到市场各个环节紧密衔接、服务国家目标的现代农业产业技术体系。③在资金引导方面。实施国家科技成果转化引导基金，综合运用设立创业投资子基金等方式，吸引社会资金、金融资本进入创新领域，支持包括农业领域在内的科技成果转移转化。

（2）产学研融合是园艺科技发展的重要手段

我国在园艺科技的发展过程中逐渐形成了产学研深度融合的管理机制和运行机制，成为园艺科技发展的重要手段。一是解决了科研与生产脱节问题，促进科技成果的转化。2012年"中央一号"文件强调：要面向产业需求，着力突出农业重大关键技术和共性技术，切实解决科技与经济脱节问题。产学研深度融合在微观层面加强企业、科研院所、高校之间的联系，企业作为技术需求方，院校作为技术的提供方，双方直接的合作与沟通增强了信息透明度，科技合作协作平台也有效促进相关技术的转化与推广。二是利用产学研平台，均衡科技创新资源。科技创新资源是科技创新能够实现的基础，包括物质资源、人才储备、信息资源、知识体系和资金投入。通过产学研的合作平台能够有效实现科技资源的合理配置，让科技资源在不同科技创新主体、不同科学领域和不同地区之间流动，实现科技与经济协调创新发展。

（3）人才队伍建设是园艺科技发展的基础

园艺产业科技的发展离不开人才的培养，我国注重园艺产业科技人才队伍的建设。一是改革开放以来，形成了完整的园艺学科人才的培养体系，园艺一级学科博士授权点20余个，每年毕业的硕士2000余名，博士200余名，不断输送到园艺相关产业。二是各部门的研究平台和产业一线培育壮大科技创新人才。依托农业科技创新工程、科技专项、基本科研业务等，加大了农业科技创新领军人才、青年骨干人才和创新团队建设。组织实施农业科研杰出人才培养计划，在全国建立起一支6000多人的高层次农业科研人才队伍。三是注重科技人才的引进来和走出去。据农业农村部统计，目前全国农科院系统中有220多人在国际学术组织担任高级职务。依托国家外国专家局引智专项，引进370多位外国专家来华工作。全国农科院系统单位累计引进外国科学家超过600人次。四是重视实用人才培养。据农业农村部统计，通过分层分类培训，高素质农民队伍总量超过1700万人，涌现一大批技能型人才。

（4）国际交流合作为园艺科技发展注入了活力

加入世界贸易组织（WTO）以来，我国实施积极的对外开放战略，加强与国际园艺产业合作。一方面，积极利用国际园艺市场的技术、资金和人才，充实我国园艺科技的基础力量，补充园艺产业发展中的技术短板。通过国际交流与合作引进国外技术、管理经验。20世纪80年代以来，我国与80多个国家和地区开展了科技合作交流，与其中19个国家签订了农业科技合作协议，并同联合国开发计划署、联合国粮农组织、国际农业磋商小组下属的13个国际农业研究中心签订了正式合作协议。另一方面，通过这些合作项目，培养了一批能够紧跟国际前沿的科技人才，引进了一批先进设备，学习了先进的方法，使科技水平得到了整体提升。

2.2 我国园艺产业与科技发展中存在的主要问题

2.2.1 我国园艺产业发展中存在的主要问题

（1）生产组织化程度低

1）家庭经营规模偏小。我国农业的生产主要以家庭为单位，经营规模偏小。据中国农业信息网公布的信息，我国户均农地经营规模 0.6 公顷，仅相当于韩国和日本的 1/3、欧盟的 1/40 和美国的 1/400（图 2-1）。以上数据反映，我国园艺产业的种植规模偏小，难以同农业科技进步和生产手段改进程度相适应。在我国工业化、信息化、城镇化和农业现代化发展进程中，农村劳动力大量转移，农业物质技术装备水平不断提高，发展适度规模经营具有重要意义。

2）从业人员整体素质有待提高，优质劳动力短缺。改革开放以来，农村劳动力出现大量转移，导致园艺产业从业人员人力资本积累不足。根据《中国统计年鉴》

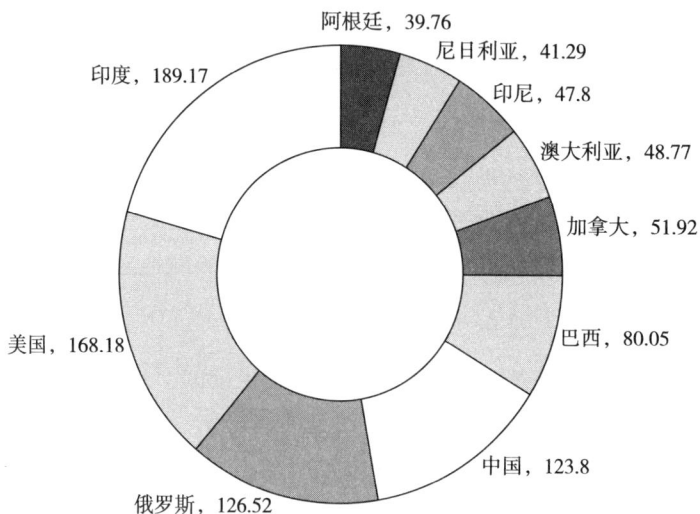

图 2-1　2020 年世界各国耕地面积（万平方千米）

资料来源：《CIA 世界概况（2020）》，CIA 即美国中央情报局。

（2020年）公布的数据，乡村人口中从事农业的人数在逐年下降，从2010年的27931万人下降到2019年的19445万人，下降达30.38%（图2-2），而从事农业的人数在乡村总人口的比例也从2010年的67.4%下降到2019年的58.5%（图2-3）。

此外，农业生产经营人员教育程度依旧不高。据国家统计局报道，农业生产经营人员的受教育程度相比十年前有所提升，但没有改变农业从业人员技能水平偏低的现象。2016年，初中文化程度的农业生产经营人员占比为48.4%，比2006年提高3.3个百分点；高中或中专文化程度的为7.1%，提高3.0个百分点；大专及以上的为1.2%，提高1.0个百分点。初中文化程度依旧是农业从业人员整体教育水平，难以快速适应

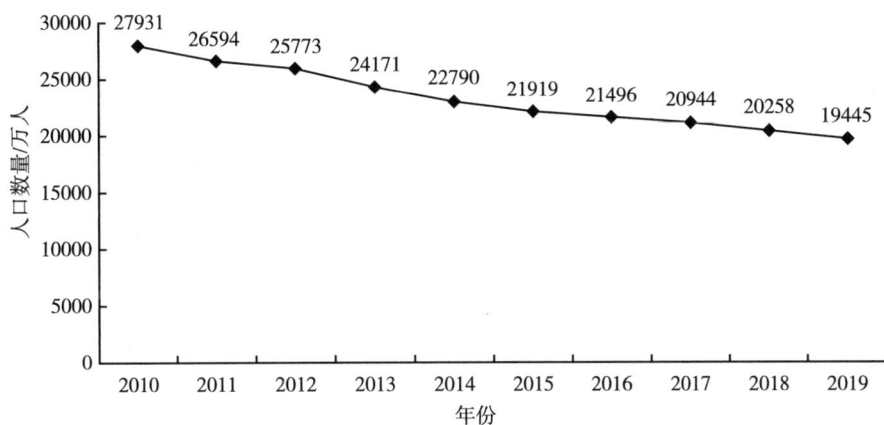

图2-2　乡村人口中从事农业的人数

资料来源：《中国统计年鉴》。

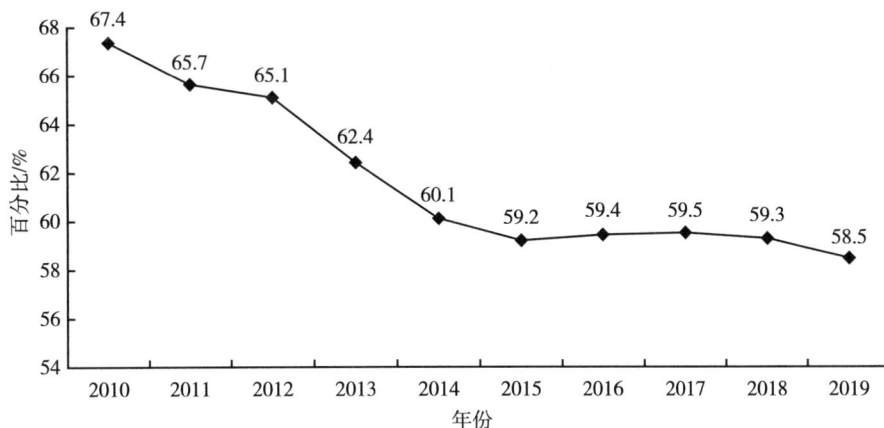

图2-3　从事农业占总乡村人口的比例

资料来源：《中国统计年鉴》。

现代园艺产业的专业技术要求，且青壮年劳动力大量转移、种植户年龄偏大，进一步降低了园艺产业的专业化生产经营程度。

3）新型农业经营主体数量偏少、经营能力有待提升。2012 年，中央农村工作会议正式提出培育新型农业经营主体，促进农业产业化经营及龙头企业发展。我国农业经营主体由改革初期农户家庭经营主导的格局转变为现阶段多种经营并存的格局。据国家统计局发布的数据，我国家庭农场的数量已经达到一定规模，截至 2018 年底，进入农业农村部门家庭农场名录的有 60 万家，是 2013 年的 4 倍多；龙头企业的数量 8.7 万家，与 2012 年相比有所下降；农村合作社的数量呈现大规模增长，截至 2018 年共有 217 万家，是 2008 年的将近 20 倍（表 2–1）。

表 2–1　新型农业经营主体的数量变化（单位：万家）

年份	2008	2012	2014	2016	2018
家庭农场	—	—	87	—	60
龙头企业	—	12	12	13	8.7
农业合作社	11.1	68.9	140	179.4	217

资料来源：国家统计局；"—"表示数据缺失。

从量上可以看出，我国新型农业经营主体已发展到一定的规模，但大多数仍处于起步阶段。特别是农业合作社虽然数量多，但带动能力还很弱，主要体现在以下四方面：一是规模小，大部分合作社都只是局限于单一地区或者是局限于单一产品，很难扩大经营实现规模生产；二是效率低，存在着生产方式粗放、技术简陋、销售渠道单一、合作社内部管理不规范等问题；三是融资困难，农民专业合作社往往是村民自发创办的，在准备完前期工作后，流动资金所剩无几，因此很容易发生资金链断裂，不利于合作社的正常运转和扩大生产；四是支持力度不够，目前许多乡村受财力所限，在资金扶持、科技支持、管理服务、人才培训、政策补贴等方面力度仍不够。

（2）产品质量有待提升，安全隐患仍存

1）生产过程仍然存在不合理使用化肥和农药的现象。2015 年以来，农业农村部组织开展化肥农药零增长行动，目前也取得一定成效，经测算，2020 年三大粮食作物的化肥农药利用率均有所提升。但在园艺产业中还存在部分种植户、农业企业使用化肥农药过量的现象。2018年，我国大中城市蔬菜生产每亩投入的化肥、农药成本分别是481.76元和181.24元（图2-4），相比2009年化肥、农药的投入成本分别增长了92.33%、81.13%，增长近一倍。蔬菜生产过程中每亩化肥的投入量从2016年开始大幅上升，2018年每亩施肥61.08千克，比2009年每亩多18.35千克（图2-5）。据统计，2018年，我国苹果每亩施肥成本达到454.12元，比2009年增长（图2-6），而农药的开支较为平稳，每亩苹果的化肥投入量也保持在较为稳定的水平（图2-7）。在生产过程中的绿色生产还有待加强，以继续推进园艺产业化肥农药的减量增效。

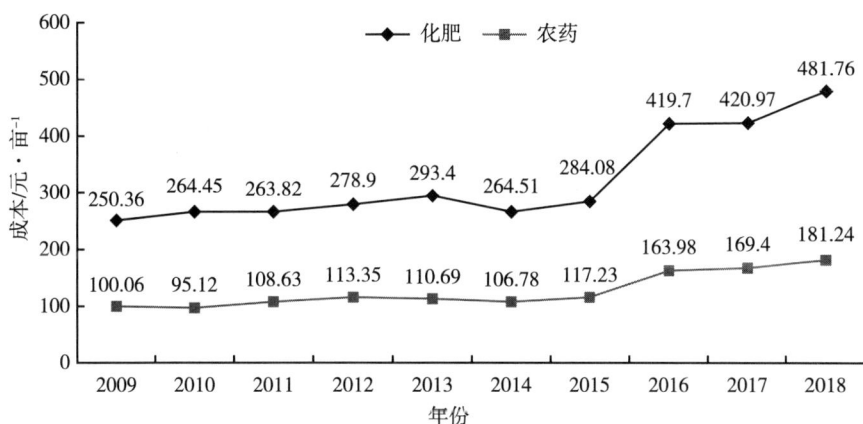

图2-4　我国大中城市蔬菜生产每亩投入的化肥农药成本

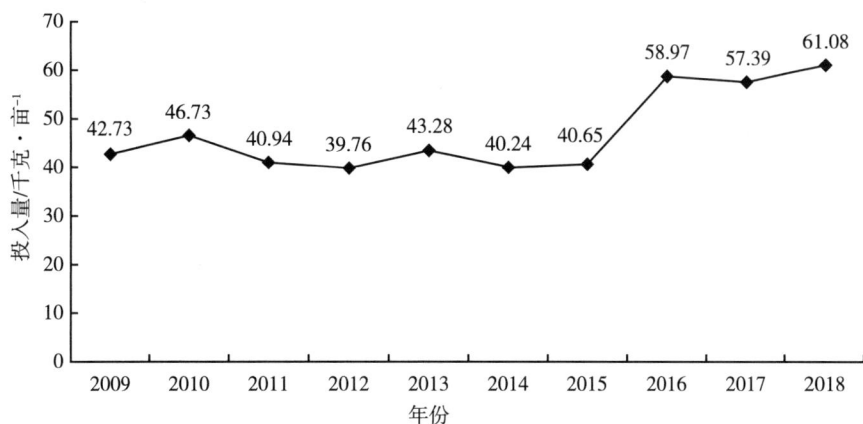

图2-5　我国大中城市蔬菜生产每亩投入的化肥量

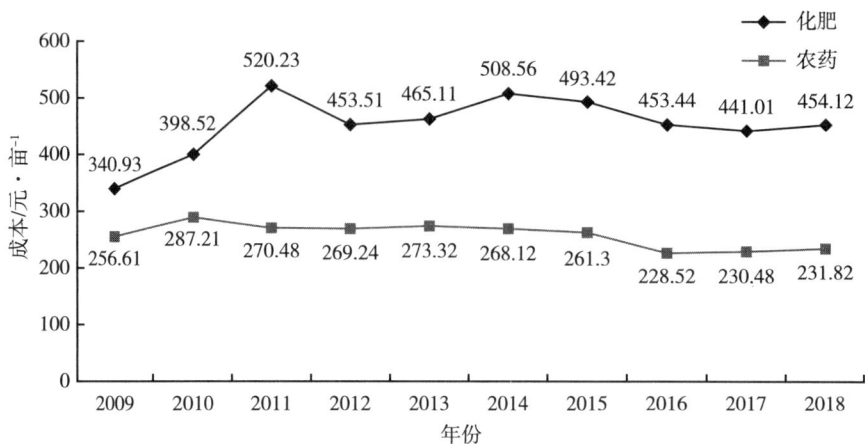

图 2-6　我国每亩苹果生产投入的化肥农药成本

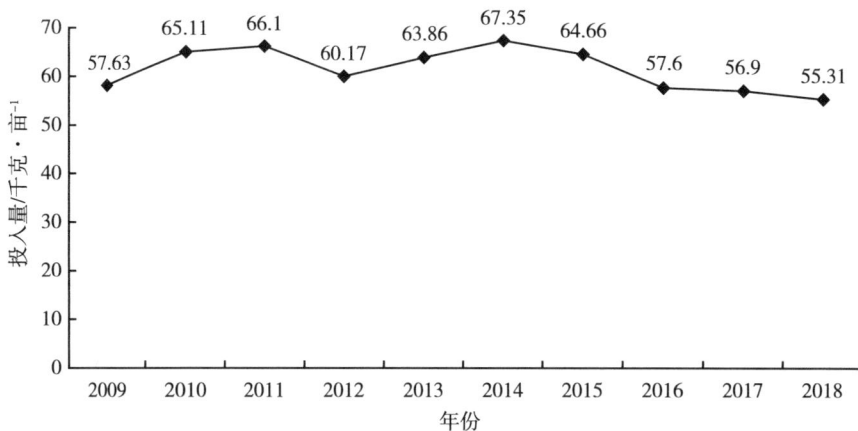

图 2-7　我国每亩苹果化肥的投入量
资料来源:《全国农产品成本收益资料汇编》。

2）农户"绿色、安全、健康"的生产理念有待提升。受教育程度和经济效益的影响,"绿色、安全、健康"的生产理念仍需进一步加强。一是由于我国农户受教育程度普遍偏低,目前对于绿色生产、质量兴农的宣传还不到位,农户接触和吸收信息的能力有限,对于新的生产理念的认知水平还处于较低的程度,并且容易受到以往种植习惯的影响,导致新的绿色生产理念运用不强。二是农户容易受到直接利益的影响,环境意识淡薄。以往的种植经验使大部分农户过于依赖化肥农药增加产量,从而忽略对产地环境包括土壤、水、空气的污染防治,更没有意识到产地环境对于园艺产品长远发展的重大意义。尽管新的生产方式可能会带来不确定性的收益,农户出于风险的规避也很难改变以往的观念。

3）质量安全监管仍需加强。我国不断推进农产品质量安全监管体系建设，并取得一定成效。2003 年，卫生部开展食品安全行动计划，初步建立食品污染监测网络与食源性疾病预警体系；2004 年，"中央一号"文件提出"扩大无公害食品、绿色食品、有机食品生产和供应"；2005 年，"中央一号"文件指出"建立规范有序、安全高效的农产品零售体系"；2006 年，"中央一号"文件强调"积极发展特色农业、绿色食品和生态农业"；2007 年，"中央一号"文件指出"建立农产品质量可追溯制度"；2010 年，国务院设立食品安全委员会取代卫生部成为更高级别的综合协调机构，强化多部门分段监管模式；2019 年，"中央一号"文件指出"实施农产品质量安全保障工程"，促进食品优质供给与美好需求相匹配。

质量安全监管体系也存在诸多欠缺。由于政府监管的治理成本高，生产者主体分散、流动性强，消费者食品伤害事件滞后性显著等引发食品安全信息不对称加剧，监管存在盲区。一是食品安全供应链环节长，关键控制点增加，食品安全风险在食品原料生产、加工处理、运输配送、第三方认证等关键控制点方面面临质量安全标准差异，认证信息可信度低，追溯召回机制不成熟等窘境。二是食品安全风险隐匿性强，信息不对称明显。为提高经济效益，生产者制假售假、以次充好，批发市场蔬菜准入检测缺失重金属、微生物检测项目，经营主体食品标签保质期、营养成分等信息虚假等问题层出不穷，食品供应链信息共享机制不畅通。三是我国社会诚信氛围、食品企业诚信档案建设、食品安全信息披露制度、食品安全可追溯体系等有待进一步完善。

（3）抗灾能力不强，生产不稳定

农业是人类利用自然环境条件，依靠生物的生活机能，通过劳动，控制或强化生物体的生命活动过程，以取得所需要的物质产品的行业。由于农业生产受到自然环境变化的影响较大，因此农业被认为是天生的弱质产业，生产具有较强的不稳定性，产量受自然环境变化的影响较大。与大田作物相比，园艺作物种植区域相对更为偏远，所受重视程度相对较低，基础设施建设相对更为薄弱，设施装备整体水平不高，具有一定规模的生产基地虽然拥有管棚、机械、冷库等基本设施，沟渠路也相对较为完善，但离高标准生产仍存在较大差距，非规模化基地设施装备水平更差；各地设施建设标准不一，实际建设过程中更是差别巨大，设施设备不配套。如遇洪涝干旱、高温热害、低温冰冻、大风雨雪等自然灾害时防灾抗灾能力不足，因此受自然环境变化的影响更大，发生自然灾害时对产业的冲击也更大。2021 年 7 月以来，河南、湖北、山西等地先后出现强降雨，使蔬菜即期上市量减少，影响了即期市场供应。据相关资料，仅 2021 年 7 月中旬以来强降雨灾害性天气，造成河南省蔬菜绝收面积 80 万亩左右；9～10 月辽宁、内蒙古、山东、河北等部分北方蔬菜主产区阴雨天气偏多，一方面造成了一定直接损失，另一方面由于气温下降速度较快，寡光、低温、高湿导致病虫害严重、在田蔬菜生长速度减慢，影响了产量和上市期。供给减少使得蔬菜价格呈现快速增长的势头，寿光蔬菜指数网数据显示：10 月 1～25 日，蔬菜日价格综合指数涨幅为 40.87%。其中，菠菜涨幅为 157.65%，白萝卜涨幅为 98.36%，结球甘蓝涨幅为 72.51%，西红柿涨幅为 45.81%，引起了社会的广泛关注和政府的高度重视。

（4）机械化生产水平不高，"用工难、用工贵"现象加剧

由于经营农业效益较低，有知识、有文化的青壮年农民大多外出务工，留在农村从事农业生产特别是园艺作物生产的农村劳动力大多是老、弱、妇、幼，而且人数有限，农村劳动力缺乏已成为制约园艺产业健康发展的重要因素。由于劳动力教育程度不高，知识结构存在缺陷、学习能力不强，满足不了农业信息化、智能化、机械化对人的要求，制约了园艺产业机械化的发展。同时，受地形、地块、规模化及农机装备能力限制，使得我国园艺产业机械的推广使用受到了限制。以蔬菜产业为例，近年来，我国蔬菜生产管理的机械化和现代化水平有一定提升，但机械化、智能化水平依旧不高，国际前沿的生产模式尚未在我国应用推广。尽管我国节能日光温室结构、材料、栽培以及配套装备等关键技术不断取得突破，但在实际应用中，以日光温室蔬菜生产为代表的设施蔬菜生产依旧是我国蔬菜重要的栽培方式，劳动生产率低，劳动强度大，智能生产管理更是处于实验室研究阶段。截至 2016 年，全国设施种植综合机械化率已达 31.5%，露地蔬菜生产综合机械化水平达 25%，但均远低于农业机械化发展初级阶段的相关指标。

相关资料显示：我国园艺产业机械化率仅为 30%～40%，远远低于大田作物的 60%～70% 的水平，尤其是用工较多的采收环节，机械化水平更低。用工多、机械化率低导致劳动力工价上涨甚至请不到工的现象在一些主要的蔬菜产区普遍存在。据了解，在湖北长阳火烧坪，高山背菜工的工价每天高达 400～600 元/人，仅此一项成本就占到了当地萝卜生产成本的 30%～40%。据统计，大中城市蔬菜种植每亩人工成本从 2015 年的 2596.74 元上涨到 2018 年 3156 元，增长 21.53%，人工成本在总成本中的占比一直是 57% 以上。由于经营农业效益较低、机械化率低的局面短期内难有根本

改变，农村劳动力外流的情况仍在继续，用工贵、用工难现象有进一步加剧的趋势。

（5）消费者需求升级与产品同质化的矛盾突出

随着国民经济的发展和人们收入水平的提高，城乡居民对园艺产品的需求呈现升级的趋势和分层的特点。一方面，整体而言，城乡居民对园艺产品的需求出现了升级的趋势，表现为在消费时对园艺产品的质量要求越来越高；另一方面，高收入群体在消费园艺产品时对产品品质的要求更高，整个消费群体出现了分层的特点，出现了明显的高层次消费者和一般消费者，因此优质的园艺产品在市场上广受欢迎，而一般产品的需求则逐渐降低。从园艺产品的供给来看，产品同质化问题没有明显改变，同一区域不同生产者生产的同一品种的产品几乎没有差异，不同区域生产者生产的产品品种上虽然有所不同，但差别并不明显。从产品质量层面看，普通产品偏多，优质产品占比较低，难以有效满足消费升级和分层的需要。以蔬菜为例，首先，有机蔬菜、绿色蔬菜等优质蔬菜在市场上的占比较低，整体份额不超过20%；其次，由于蔬菜质量具有"内隐性"的特点，消费者难以从外观上判断蔬菜产品质量的高低，绿色标识和有机标识由于具有公用属性导致出现了一定的"滥用"，消费者对使用绿色标识和有机标识的产品并不完全信任，选价成为蔬菜市场上消费者决策的最重要的依据，优质的蔬菜产品难以实现优价，从事有机蔬菜、绿色蔬菜生产的企业大部分经营都比较困难。

（6）流通体系不健全，采后损耗大

1）冷链物流建设滞后。园艺产品多为新鲜植物产品，含水量较高，属于易腐性的农产品，在流通过程中极易受到储藏和运输条件的影响，加快冷链及物流建设能够减少园艺产品在采购、加工、储藏、运输、销售等各个环节的损耗。尽管我国果蔬、花卉产量均位列世界第一，但由于缺乏高效、实用、节能、安全的保鲜技术和装置，尤其是缺乏产地预冷装置和冷藏运输设备。我国80%以上的果蔬以常温物流或自然物流为主，导致果蔬的采后损失严重，到消费者手上时品质下降较多。据中国农业信息网报告，我国果蔬产品在物流全过程中平均损耗率约25%，比发达国家果蔬产品损耗率平均高20%（比美国高24%）。目前我国果蔬冷藏运输率为15%，冷链流通率仅为5%，而欧、美、加、日等发达国家和地区蔬菜、水果冷链流通率均达到95%以上。由于起步晚、基础差等原因，我国果蔬冷链物流的建设相对滞后，已不能满足日益增长的园艺产品的冷链需求。

2）流通环节多，流通成本较高。我国园艺产品流通大部分仍延续着传统的物流模式，导致流通成本高。以果蔬产品为例，从生产端到消费端，产品流通需要经过4～5个流通环节，包括：农民生产、走村串户的经纪人、集市果蔬收购贩运户、城市批发商、零售商等诸多环节，且每一次流通的流通成本将反映到最后的零售价格中，导致园艺产品的高成本、低收益。从物流成本来看，我国农产品"从田间到餐桌"，农产品流通成本占终端销售价格的50%～70%，其中粮食物流成本在整个成本构成中占40%，鲜活产品则占60%以上。而美国的粮食物流成本一般控制在10%～20%，蔬菜水果等鲜活产品也只有30%左右，仅为我国流通成本的一半。

3）销售模式面临革新。互联网的发展改变了传统的生活方式，园艺产品的销售模式也面临巨大革新。与传统以批发市场、农贸市场和零售企业为中心不同，通过电商平台销售减少了中间环节，突破了时间、空间的限制，进而能够降低流通成本，提升效率。在新冠疫情的催化下，生鲜电商发展迅速，社区生鲜零售业态吸引了巨额资本进入市场，例如美团旗下的美团优选、拼多多旗下的多多买菜、淘宝开设的淘宝买菜，在满足顾客差异化消费需求的基础上，推动了生鲜零售线上线下加速融合。目前生鲜电商平台还存在一定的问题，一是生鲜产品保鲜期短，品类多且杂，损耗率高，对运输条件和物流配送速度等要求较高。二是冷链建设滞后，我国C端（客户端）冷链物流起步较晚，目前覆盖区域主要集中大城市。三是线上购买方式加重了园艺产品的质量内隐性，图实不符，降低了消费者网购信任度。

（7）部分园艺作物对国外品种依赖性较高

种子是农业的"芯片"，是产业核心竞争力的关键。开展高端园艺产品品种自主选育，能够促进园艺产业发展，为人们提供更多类型丰富、优质营养的园艺产品，并且有利于保障园艺产品的周年供应，满足消费者对于类型丰富、优质营养、绿色安全的园艺产品的需求。随着人们收入和生活水平的提高，消费者更加注重食用园艺产品，尤其是蔬菜的营养品质、风味口感、外观品质，高端蔬菜产品的消费需求日益增强。

多年来，我国在育种方面取得了多项成果，但与国际种子公司相比，在产量、商品品质、抗病和抗逆等方面还有一定的差距。以蔬菜为例，虽然我国蔬菜品种完成4代改良更新，培育出了一大批优质品种，但长期以来我国蔬菜育种目标以早熟、抗病、优质为主，而在耐低温弱光、周年生产等性状上与国外存在差距，使得蔬菜产品品质提升的后劲不足。如欧美发达国家从20世纪40年代起就开展了针对高端蔬菜抗病、抗逆、高产、优质品种的选育工作，如瑞克斯旺公司育成的"37—74""37—79"等长羊角形辣椒品种耐低温性突出，连续坐果性强，特别适于日光温室越冬栽培。

从我国园艺产品种子市场的分布情况来看，国外种子在市场上的占比较高，国内种子竞争力需要加强的情况一直存在。经过园艺育种专家们的不懈努力，这种情况较以前有所缓解，但部分园艺品种对国外品种依赖性仍然高。据了解我国目前种植的苹果60%~70%是来自日本的"富士"。优质的柑橘品种中"爱媛28"、优质的葡萄品种中"阳光玫瑰"均成为近年市场的新宠，果实价格较高。蔬菜情况也大致如此，据《新京报》报道，常见的大宗蔬菜，如甘蓝、白菜、黄瓜、辣椒、萝卜等，但涉及设施栽培的品种，进口依赖度较高，一些品种的进口比例甚至超过90%，如青花菜对外依赖度达到95%，杂交胡萝卜、菠菜、洋葱等进口依赖度90%以上。来自国外的种子往往占据着高端市场，外资企业以20%左右的市场份额占据着50%左右的厂商环节利润。如一颗"夏日阳光"樱桃番茄种子在市场上按颗论价，最高时一颗种子售价曾高达8元。部分花卉种类品种对外依赖性更高，月季、百合、康乃馨等主要花卉品种国外种子的占有率均接近90%。

（8）产品品牌建设弱

实施品牌兴农战略是推进农业标准化生产、开拓农产品市场、提高农产品附加价值的重要途径。目前我国园艺产品的品牌建设尚处在初步阶段。一是品牌转化率低，占全部商标注册总量较少，部分国内农产品的质量虽然已经达到了国际标准，但缺乏深加工，包装宣传力度不够，营销手段滞后，大部分品牌的影响力较弱。二是品牌运营水平低，缺乏有效的管理机制。品牌认知没有反映市场和消费者的选择，后续管理不到位，忽视品牌产品的营销与维护，不利于树立品牌形象。据《2019中国果品区域公用品牌价值评估报告》，在获得有效评估的125个果品区域公用品牌中，品牌价值在100亿元以上的果品品牌共计2个，即烟台苹果和库尔勒香梨，其中库尔勒香梨品牌价值首次突破百亿元；品牌价值居于50亿~100亿元间的品牌共计6个；品牌价值在10亿~50亿元的品牌数量最多，共计71个，可见大部分果品的品牌价值还处于较低的水平。消费者并未形成对农产品品牌的忠诚度，经测算2017—2019年的果品品牌忠诚度均呈下降趋势（图2-8），可见品牌后期还需进一步的维护和管理。

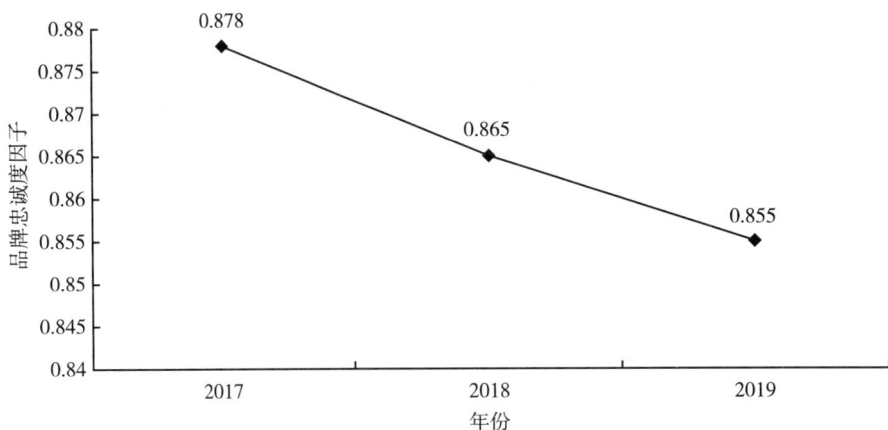

图 2-8　2017—2019 有效评估果品品牌的平均忠诚度因子比较

资料来源：2019 中国果品区域公用品牌价值评估报告。

2.2.2　我国园艺科技发展中存在的主要问题

2.2.2.1　园艺科技存在的主要问题

（1）原始创新能力不强

我国园艺产业科技的发展起步较晚，主要按照技术引进、跟踪模仿、自行消化吸收的模式发展。这种发展模式一方面可以缩短发展历程，节省发展时间，在较短的时间内迅速提升园艺科技水平，实现园艺科技的跨越式发展；另一方面，由于遵循引进－模仿－吸收的发展路径，容易形成路径依赖，导致园艺科技研究一直以跟随为主，园艺科技创新的力度不足。园艺科技创新的问题集中表现在以下三个方面：一是基础理论研究薄弱，园艺产业科技创新普遍缺少应用机理、设计理论的研究，存在重实用轻机理的现象，不利于科技创新的持续推进；二是原始创新匮乏，研究深度、广度不够，尤其是一些专用品种、材料、设备数量少、对外依存度高，专用设施设备需要进口，存在投资大、运行成本高、设施不配套等一系列问题；三是操作管理研究限于个体而推广基本停顿，装备与其他技术紧密配合的综合性研究很少，操作的复杂性将影响到相关技术在实际生产中的运用。

（2）研究同质化现象严重

园艺科研中同质化现象较为严重，集中表现在两个方面：一是园艺产业科研资源在不同研究领域的配置不太均衡，育种领域的资源较为集中，而种质资源等基础性研究领域科研资源则相对较少；二是省级项目与国家级项目、不同省份的省级项目甚至来自不同管理部门的国家级项目在研究内容上存在一定程度的交叉甚至重叠。造成园艺科研中同质化现象较为严重的原因主要有三点：一是由于遵循引进－模仿－吸收的发展路径，在引进－模仿－吸收的过程中又缺乏统一协调，导致不同研究机构、不同研究团队、不同研究人员的研究重点可能会出现重复；二是由于现行的科研评价体系中，论文是最重要的评价指标，因此大量的研究资源进入相对易出成果的研究领域，研究资源在不同研究领域的分布极不均衡，在易出成果的领域研究资源大量集中，而冷门领域则往往无人问津，所从事的研究项目和做出的研究成果虽有一定的创新性，但总体来说同质性的问题非常突出，从最初的"低水平重复"到现在的"高水平重复"；三是由于我国科研经费存在着一定的多头管理问题，各级政府、不同部门都掌握着一定的科研经费，部门间缺乏有效的沟通机制，不同管理部门在科研立项时论证的专家也不尽相同，因此不排除不同层级政府、部门所立科研项目出现研究重叠的现象。

（3）研究与生产脱节的问题尚未完全解决

改革开放之后，我国园艺科学技术取得了长足进步，也取得了一些重要的研究成果，但很多科技成果并未真正转化为现实的生产力，很多研究成果束之高阁。据了解，目前我国农业科技成果的转化效率仅为 41%，真正形成产业的还不足 20%，而世界发达国家的农业科技成果转化率已经达到 65%～85%。农业科技成果的转化效率不高直接影响了科技对产业发展的贡献率。以蔬菜为例，根据国家大宗蔬菜产业技术体系经济研究室的计算，我国蔬菜科技进步的贡献率增长率并没有保持在较为稳定的水平，2007 年、2010 年、2016 年及 2017 年均出现了负增长。2011 年的增长率最高，为 12.5%。近十年的科技进步贡献率增长率的均值仅为 0.4%（表 2-2）。

表 2-2　我国蔬菜科技进步贡献率增长率（2007—2017 年）

年份	增长率（%）	年份	增长率（%）
2007	−5.70	2013	2.10
2008	7.50	2014	5.90
2009	5.00	2015	0.60
2010	−6.90	2016	−13.20
2011	12.50	2017	−0.70
2012	0.20	均值	0.4

资料来源：国家大宗蔬菜产业技术体系经济研究室计算。

造成研究与生产脱节主要有以下几个方面的原因。一是研究导向问题。长期以来形成的科研评价体系导致研究者往往以出成果、发论文为研究导向，在研究时往往从技术层面对研究的前沿性、创新性考虑较多，而对研发出来的经济可行性考虑较少，导致部分农业科技成果与实际应用脱节，无法应用到具体的生产过程中，以及部分特定的仪器难以为生产服务。二是成果推广问题，目前我国农业是以国家投入为主体的科研体制，研发、推广、应用分别由科研单位、推广部门、农业企业和农民完成，三者之间缺乏有效的衔接，导致研究产生的技术、专利缺乏后续的资金、渠道推广，最终无法形成产业效益。三是立项机制存在不足。我国农业科研主要以政府投入为主，而生产主体主要是农户，该研究什么，产业需要什么样的技术，科技主管部门和科研工作者不一定把握得准，也导致一些研究脱离产业需求实际，成果必然束之高阁。因此，需要建立和不断完善产学研相结合的科研协作机制。

（4）技术推广体系薄弱

我国农业技术推广体系较为薄弱，成果转化的中枢作用不强。一是现有农技推广队伍力量不足，技术推广进展缓慢。据农业农村部相关统计，目前全国各级农技推广人员约为 51 万人，特别是基层农技推广从业人数较少。基层艰苦，人少事多，部分农技推广人员甚至身兼数职，影响了在本职工作上的投入，导致推广的进度较为缓慢。二是农技推广人员科技水平不高，降低了技术扩散的质量。据农业农村部农村经济研究中心课题组调研，全国推广人员中具有所从事的推广活动相关的专业学历不到55%，接近一半的推广人员没有受过与所从事工作相关的系统教育，导致技术推广人员本身在学习、交流、传递农技知识等方面均有折扣。三是农技推广部门大量的时间忙于非专业的事情，少数地方的农技推广还存在滥竽充数的情形，有人员，但不是学农的。

2.2.2.2　园艺产业科技政策存在的问题

（1）还未形成符合现阶段发展的园艺科技政策机制

目前，我国还未形成符合现阶段发展的园艺产业科技政策机制。一方面我国针对园艺产业的科技政策并不具有系统性和专一性，大多是在农业科技政策提出后进行的细化。另一方面科技政策计划周期习惯于 5 年一个计划，比如：科技支撑计划、"973"计划或者"863"计划。园艺作物特别是果树类的作物周期长与研究计划的短周期的矛盾影响了有积累的科技成果的产生。很多科技研究刚开始有成果，就面临下一轮的立项申请和竞争，科研工作者需要将大量的精力投入项目申请上。此外，后期得不到科研经费的支持也会导致相应研究中断，造成先前投入资源的浪费。在这种矛盾的科技项目运行机制下，必然驱使研究者做一些短平快的项目，或者因得不到持续的支持，看似研究了几十年，但却总是在原点。

（2）科技支持结构有待优化

1）园艺科技基础和应用研究的政策支持力度明显偏弱。我国对园艺产业科技发展的不同环节投入的结构并不合理，对于基础和应用研究的政策支持力度明显偏弱。基础研究注重一般知识、普遍原理原则的建立，形成和发展基本理论，有利于开发和探索新的科学研究领域，对于园艺科技创新至关重要。而应用研究运用基础研究得出的一般原理、原则，将基础研究具体化，提出具有针对性的应用原理和方法，有利于实现相关科技成果的转化，解决生产生活中的实际问题。据统计，同时期国外农业科技的经费支出比例，基础研究：实验研究：应用研究是1∶1∶3；而我国的基础研究：实验研究：应用研究是0.5∶8.5∶1。反映了我国对于农业基础和应用研究的重视程度不够，科技政策的制定还有待优化与调整。

2）园艺产品追求多样性，科研立项抓大放小，涉及的品种少。园艺产品种类，仅农业农村部重点监测的蔬菜价格的品种就有32种之多，水果、花卉同样种类繁多，常见的水果20多种。随着人们生活水平的提高，消费者对园艺产品需求的多样性越发彰显，新奇的园艺产品在市场上大受青睐。园艺产品科研也得到管理部门的重视。近年，尽管园艺领域资助的项目增多，经费增加较快，但我国园艺作物的体量大，研究方向和领域众多，项目资助的覆盖度和强度仍有较大的不足，部分小众的品种和新兴的品种难以得到资助，必然导致这类小众品种需要依赖国外，例如空心菜种子主要从泰国进口。

3）对园艺产品采后、保鲜的研究支持少。园艺产品采后商品化处理和加工保鲜具有保持产品品质的重要作用，同时也是产品增值的重要环节。园艺产品采摘后依旧是"活体"，仍具有"呼吸作用"等，但失去了母体供给水分营养，会快速衰老，失去商品或食用价值。我国园艺产品商品化处理和加工保鲜与国外相比差距巨大。以蔬菜为例，美国、日本等发达国家蔬菜采后商品化处理率达90%以上，净菜和鲜切菜量占80%以上，蔬菜采后保鲜处理与商品化处理技术、冷链物流技术、蔬菜加工技术等已广泛应用于该产业，并建立了系统的信息化管理追溯体系。蔬菜采后经商品化处理和加工可增值2~3倍。从我国实际情况看，园艺产品采后商品化处理和加工保鲜的研究支持较少，急需加强。

（3）科技政策实施的监测和绩效评价制度有待完善和加强

除了制定方向正确、能够引领推动产业发展的政策以外，对于科技政策的落实也至关重要。政策实施的保障措施应是主体责任明确，监测和绩效考核指标清晰，操作性很强的具体条款，目前我国对于园艺产业科技政策实施的监测和绩效评价制度还不到位。其具体表现：在一方面缺乏政策落实的相关数据指标，负责资金投入和绩效评估的单位或主体不清，政策实施监测指标、监测部门、监测时间、监测的手段与方法、监测结果的公示等都未作详细规定；另一方面对于政策是否落实、执行好坏的奖惩制度还不明确。

第 3 章

我国主要园艺产品的供求研判

3.1 我国主要园艺产品的需求预测

3.1.1 果树产业的需求预测

（1）国内需求

我国水果消费尤其是农村居民的水果消费将呈进一步增长趋势，水果损耗则会进一步下降。根据联合国粮食及农业组织数据显示，2014—2018 年，平均有 86% 的水果用于消费，损耗高达 9%，其他用途有 5%。在水果消费结构上，可将水果品种结构划分为柑橘类、香蕉类、苹果类、葡萄类和其他。2014—2018 年，柑橘类水果平均需求占比 22%，香蕉类水果平均需求占比 8%，苹果类水果平均需求占比 22%，葡萄类水果平均需求占比 7%，其他类水果平均需求占比 41%。

进一步比较我国水果消费的变动趋势。从 2013—2019 年，我国城乡居民干鲜瓜果及鲜瓜果的人均消费量均呈现上升趋势（图 3-1），并在 2019 年分别达到 66.8 千克和 43.3 千克，且城镇居民干鲜瓜果和鲜瓜果的人均消费量均超过农村居民干鲜瓜果和鲜瓜果的人均消费量。目前，城镇居民的水果消费基本接近国务院办公厅《中国食物与营养发展纲要（2014—2020 年）》指出的人均年水果消费量达到 60 千克的标准，但农村居民仍有约 16.6 千克的空缺。因而在未来，城镇居民的水果消费将逐渐保持稳定，而农村居民的水果消费将进一步增长，成为我国水果需求增加的重要组成。

在水果消费结构上，基于历史数据可知，我国传统优势水果如苹果、柑橘消费增长主要来源于农村居民，而国内冬季稀缺水果如热带水果、车厘子等在城乡均有增长动力。2014—2018 年，我国柑橘类、香蕉类、苹果类、葡萄类和其他类水果每年的消费量维持在相对稳定状态（图 3-2，图 3-3）。由前文分析可知，城镇居民水果消费量

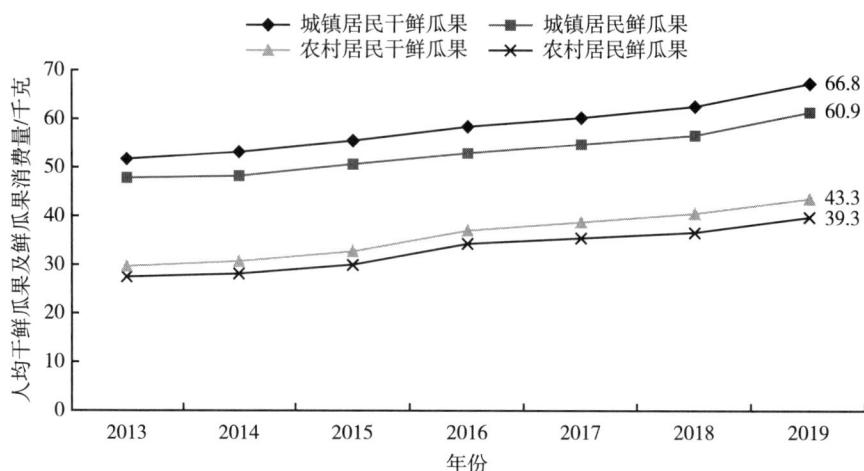

图3-1　2013—2019年中国城乡居民人均干鲜瓜果及鲜瓜果消费量
资料来源：中国统计年鉴。

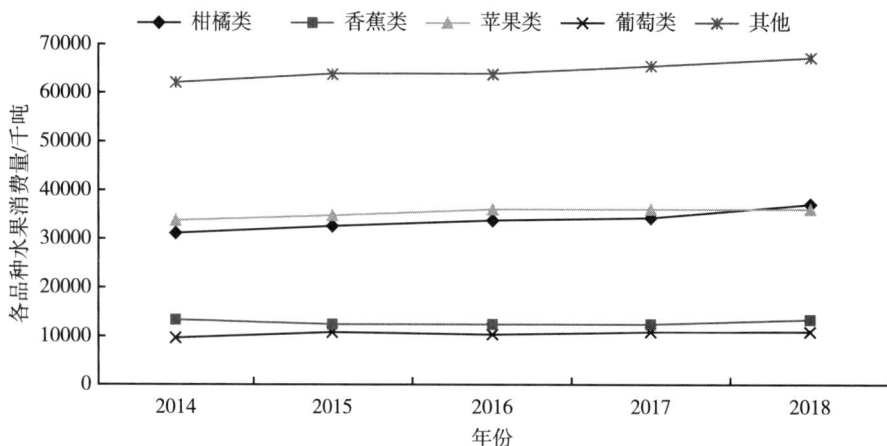

图3-2　2014—2018年水果各品种消费量

已达到《中国食物与营养发展纲要（2014—2020年）》目标值，农村居民尚未达到，随着中国农村居民收入的提高，对于水果的消费量，尤其是传统大类水果的消费将会进一步提高；而随着水果消费种类的丰富，对于国内相对稀缺的水果品类依然呈向好势头。

（2）出口需求

受国际环境和国内水果产量上升的影响，未来我国水果出口份额可能遭遇小幅下滑，但依旧会保持3%的水平以上。根据联合国粮食及农业组织数据，1995—2018年我国水果出口量占水果总产量的比例为3.29%～4.84%，水果年平均出口率为3.85%，

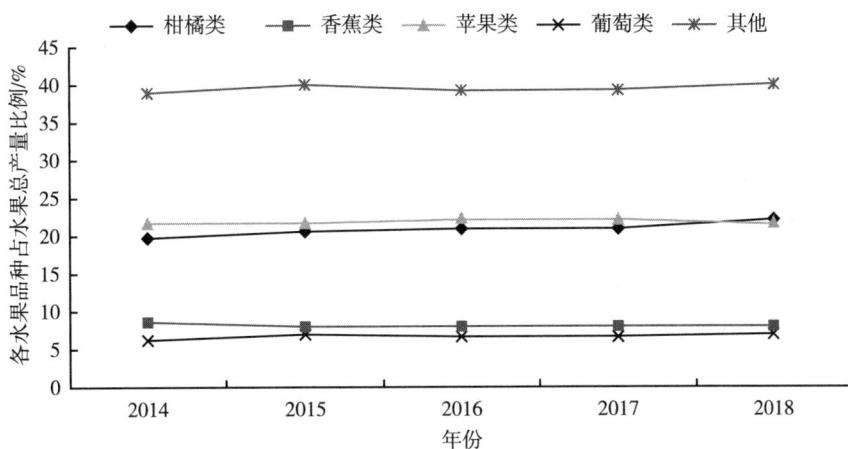

图3-3 2014—2018年水果各品种占水果总产量的比例

总体趋势呈小幅下降走势，年均降幅约为0.06%，且在多个年份出现水果出口份额负增长（图3-4，图3-5）。主要原因在于我国水果产量总体呈上升趋势，但水果出口市场相对较为稳定，且第三方水果出口国进一步挤占部分市场，导致我国水果出口遭遇不利，出口份额走低。

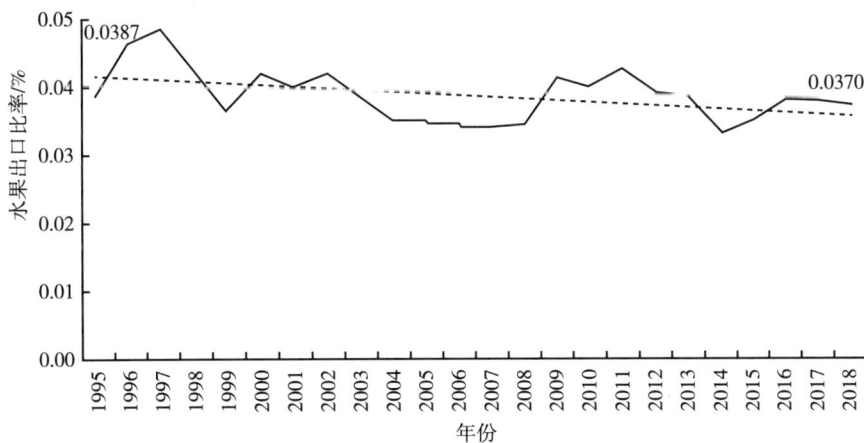

图3-4 1995—2018年水果出口量占国内产量份额

3.1.2 蔬菜产业的需求预测

我国蔬菜需求主要来源于国内消费和蔬菜出口，其中国内消费主要包括食品消费、饲料以及蔬菜损耗。因此，对我国蔬菜产业的需求预测也主要来源于对国内和国

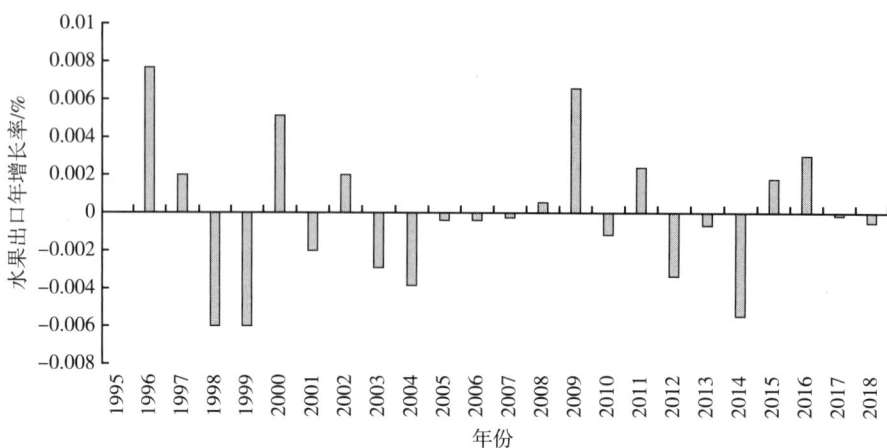

图 3-5　1995—2018 年水果出口年增长率

际市场的预测。

（1）国内需求

基于历史消费数据，食物消费未来依旧是我国蔬菜消费的重头，蔬菜损耗将进一步降低。根据联合国粮食及农业组织 2014—2018 年的数据显示，我国国内消费蔬菜中，80.34% 用于食物消费，10.04% 用于饲料，蔬菜损耗约为 7.52%，其他用途仅有1.17%（图 3-6）。因而食物消费依旧是我国蔬菜消费的重点部分，且将持续保持在蔬

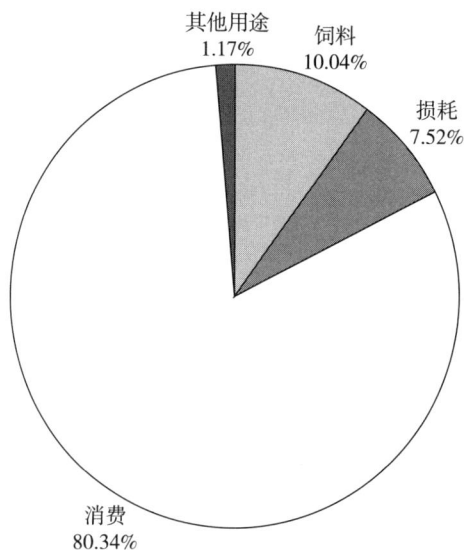

图 3-6　2014—2018 年中国蔬菜各类需求份额平均占比

菜消费的80%以上，但随着蔬菜物流、保鲜技术的发展，以及大数据技术的需求引导，我国蔬菜损耗将逐渐靠拢国际水平，下降至3%左右。

在蔬菜食物消费品种结构上。按照联合国粮食及农业组织食物平衡表（图3-7），可将蔬菜品种结构划分为根菜类、茎菜类、果菜类和其他，2014—2018年根菜类蔬菜平均需求占比8%，茎菜类蔬菜平均需求占比14%，果菜类蔬菜平均需求占比7%，其他蔬菜平均需求占比71%（图3-7）。具体到各蔬菜上：茎菜类蔬菜年平均消费量为104781.2千吨、根菜类蔬菜年平均消费量为57280.6千吨、果菜类蔬菜年平均消费量为53888.8千吨及其他类蔬菜年平均消费量为520518千吨。

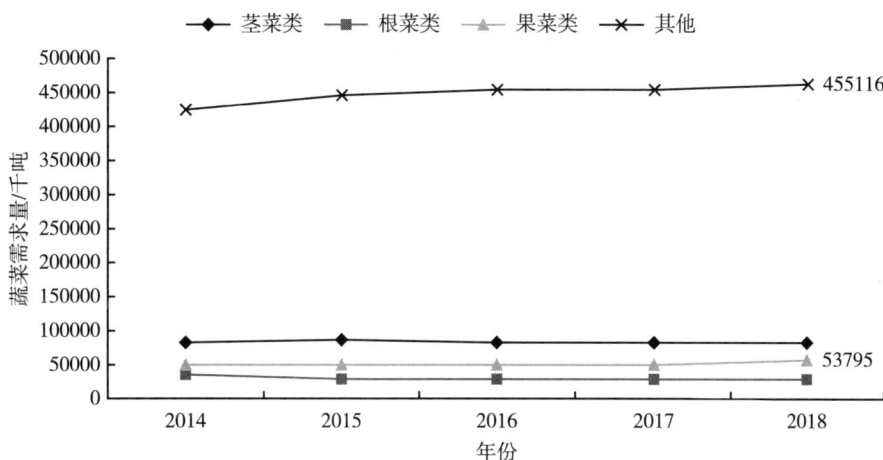

图3-7 2014—2018年中国蔬菜各品种结构消费需求量

在变动趋势上，果菜类蔬菜和其他类蔬菜有小幅度增加。果菜类蔬菜消费年均增长率为5.17%，其他类蔬菜需求年均增长率在2.02%，主要原因在于我国设施蔬菜的不断发展，有效增加了果菜（西红柿、茄子、青椒、黄瓜）的冬季供应，从而推动了果菜消费量的增加。随着蔬菜种植、保鲜技术的成熟，各大众蔬菜的需求将保持较低幅度的波动，但具有营养、保健等多重功能的蔬菜如秋葵、芦笋等会有更大的消费需求。

具体到蔬菜食物消费中，城乡居民蔬菜食物消费总量较为稳定，但乡村居民蔬菜消费仍有增长空间。中国统计年鉴数据显示（图3-8），2013—2019年，我国城镇居民人均蔬菜及食用菌消费量为105千克，其中鲜菜为100千克，农村居民的人均蔬菜及食用菌消费量为90千克，城镇居民人均蔬菜及食用菌的消费量保持相对稳定的水平，但城镇居民的蔬菜消费量始终高于农村居民。鉴于城镇居民蔬菜消费保持相对稳

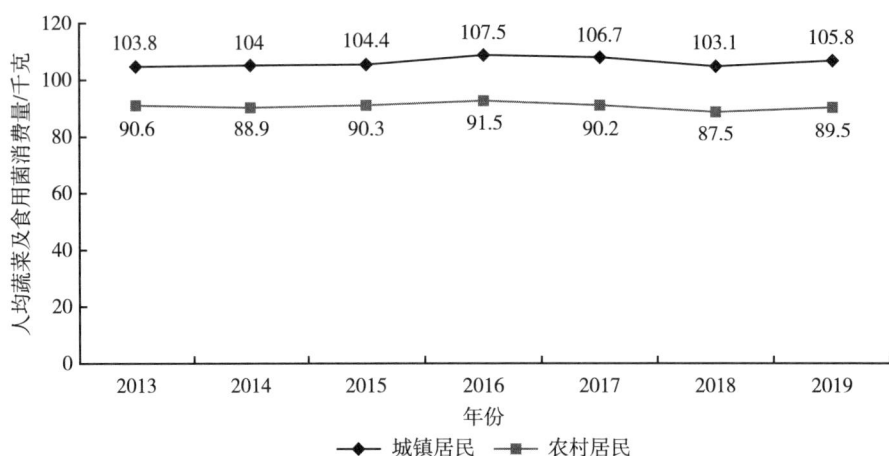

图 3-8　2013—2019 年中国城乡居民人均蔬菜消费量

资料来源:《中国统计年鉴》。

定,未来城镇居民蔬菜消费仍旧可以保持平稳;而随着农村居民生活水平不断提高、食物营养摄入理念转变,未来农村居民蔬菜消费将会进一步提高。

相比于食用蔬菜,饲用蔬菜的需求未来依旧不高。基于 2014—2018 年数据可知,我国蔬菜饲料使用量保持在 75000 千吨上下,仅在 2015 年蔬菜饲料使用量上升,达到 78577 千吨,占比 10.52%(图 3-9)。进一步观察近五年蔬菜饲料使用量占蔬菜总产量的比例大致呈稳定状态,年平均占比为 10.05%,我国蔬菜产量维持在相对稳定水平。在饲用蔬菜消费结构上,根菜类蔬菜和其他类蔬菜是饲用蔬菜的主要组成部分,其中,根菜类蔬菜饲料使用量占根菜类蔬菜总量的年均比例超过 42%(图 3-10、图 3-11)。

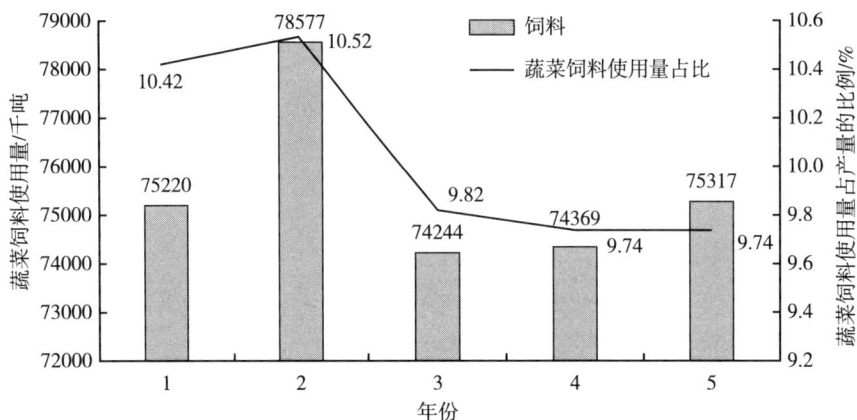

图 3-9　2014—2018 年中国蔬菜饲料使用量及比例

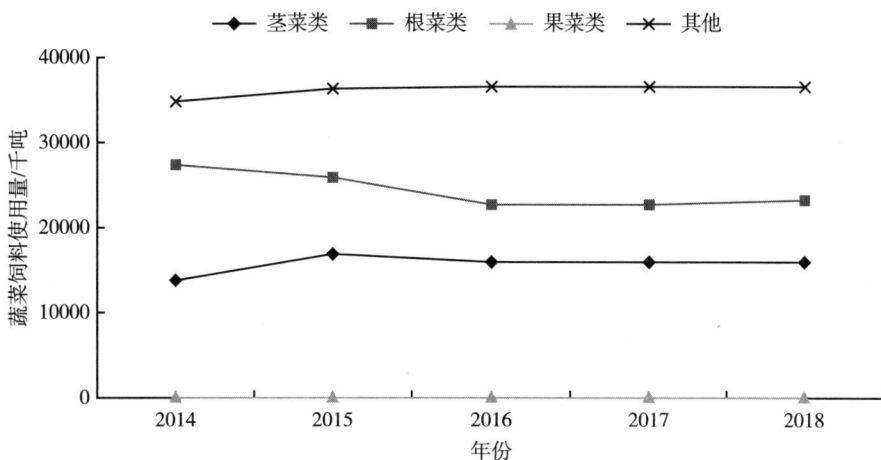

图 3-10 2014—2018 年中国蔬菜饲料使用品种结构

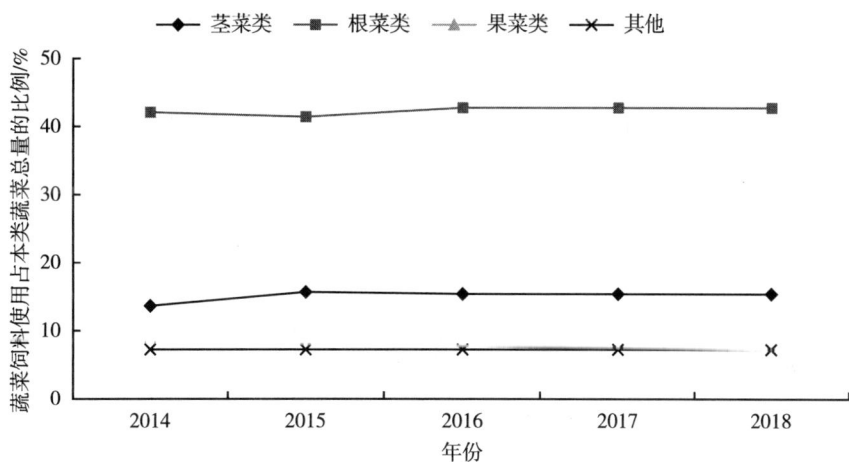

图 3-11 2014—2018 年中国蔬菜饲料使用占本类蔬菜总产量的比例

随着物流和保鲜技术的发展，蔬菜损耗的比例将会进一步下降。基于 2014—2018 年蔬菜损耗数据可知，我国蔬菜损耗率大致在 7.5% 左右，并且呈下降趋势，在 2018 年下降至 7.17%（图 3-12）。因此，随着相关技术的发展，我国蔬菜损耗的比例将会进一步接近国际水平。

（2）出口需求

蔬菜出口是我国蔬菜产业市场需求的重要部分，且出口具有进一步增长的潜力。根据国家统计局数据显示，2001—2019 年我国鲜菜出口量占中国蔬菜总产量的比例为 0.67%～1.4%，且呈不断上升的趋势，其中鲜或冷藏蔬菜是我国蔬菜出口中的重要

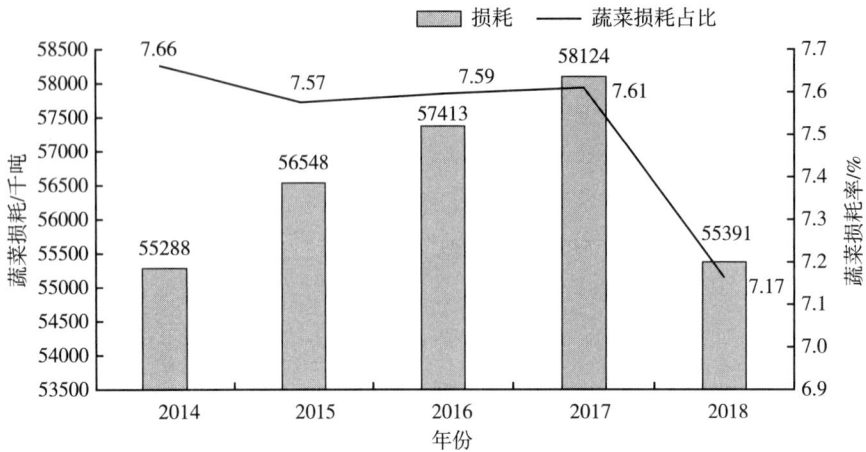

图 3-12　2014—2018 年中国蔬菜损耗量及比例

部分（图 3-13）。尽管我国蔬菜出口在整个蔬菜生产中的份额较低，但具有较高的经济价值，因而成为我国重要的出口创汇产品。蔬菜是劳动密集型产业，可以有效吻合我国的资源禀赋特征，且随着我国蔬菜配套技术的不断完善，蔬菜生产产量、品质均可不断提升，从而可以进一步提升我国蔬菜出口份额。

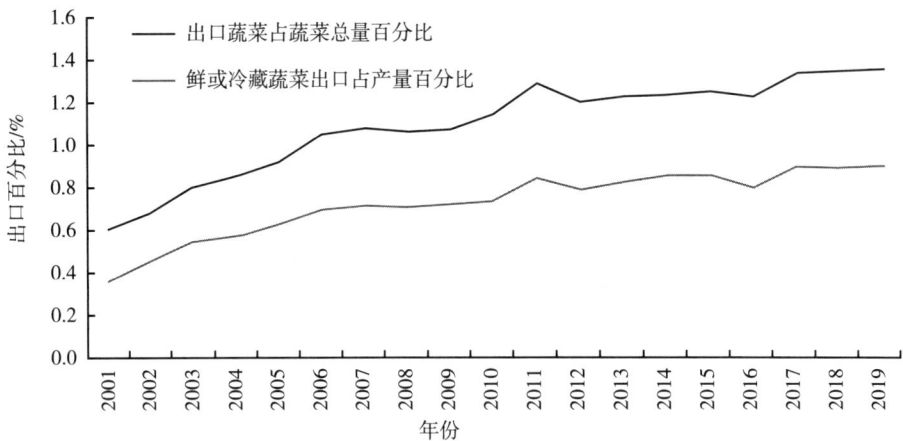

图 3-13　我国蔬菜出口占产量的份额

3.2 我国主要园艺产品供给潜力及保障水平研判

3.2.1 水果产业供给潜力及保障水平研判

我国水果产业近25年保持良好发展态势，水果生产面积和单产均呈显著上升趋势，其中，水果生产面积增长潜能逐渐饱和，但水果单产仍有增长潜力。1995—2019年，我国水果种植面积不断增加（图3-14），由1995年的8097.6千公顷增至2019年

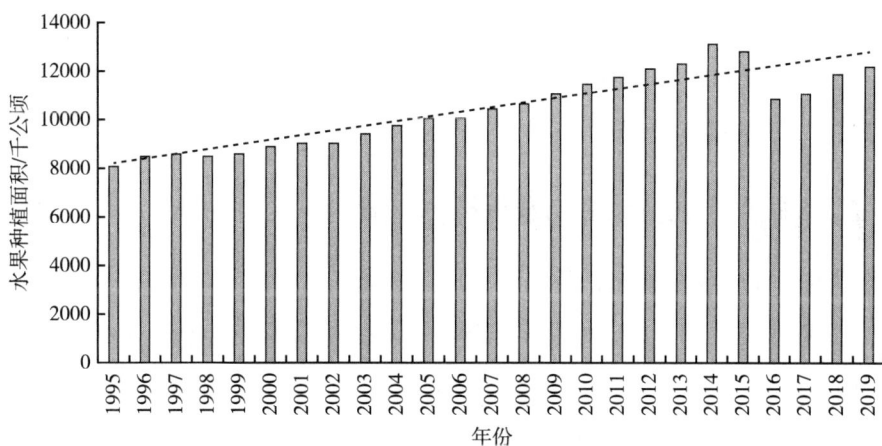

图3-14 1995—2019年中国水果播种面积

数据来源：《中国农村统计年鉴》。

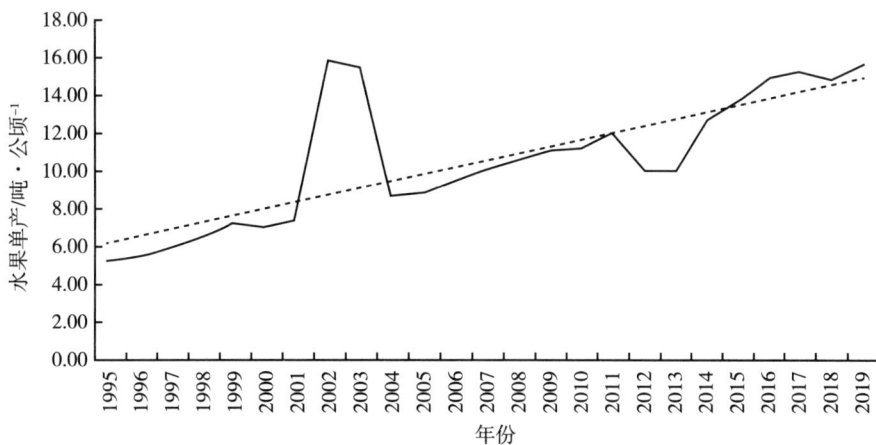

图3-15 1995—2019年中国水果单产

的 12276.7 千公顷，平均涨幅为 1.8%，增长幅度以每年 4% 的涨幅在缓慢增加，但水果种植面积在 2015 年遭遇下滑后逐渐恢复。与面积相比，水果单产呈现更快的上升趋势（图 3-15），由 1995 年的 5.2 吨 / 公顷增至 2019 年的 15.51 吨 / 公顷，其中，2002—2003 年单产出现激增的情况。2003 年之后，水果单产降至趋势线附近，水果单产年度涨幅也大致平稳，平均涨幅为 4.3%，增长幅度以每年 1% 的涨幅在缓慢增加。

与蔬菜类似，水果的种植面积也会由于土地资源限制和国家粮食安全等政策影响而难以大幅继续扩展。可见水果面积难以大幅上升，水果单产量的增加仍未停滞。截至 2019 年，我国果园面积为 12276.7 千公顷（约 1.84 亿亩），按照农业农村部 2 亿亩果园的计划目标建设，未来我国水果生产面积将在 13000 千公顷时开始饱和。但是，水果总供给的增加依旧可以通过单产量的增长实现，根据水果单产增长趋势预测，未来 15 年，水果单产量有望达到 25 吨 / 公顷，水果总产量将有望达到 32500 万吨。

3.2.2   蔬菜产业供给潜力及保障水平研判

"菜篮子"工程实施以来，我国蔬菜产业迅速发展，蔬菜种植面积不断增加，蔬菜供给及保障水平不断提高。如图 3-16 所示，我国蔬菜种植面积近 25 年保持平稳增长，由 1995 年的 9515 千公顷增至 2019 年的 20863 千公顷。蔬菜生产面积的增长速度逐渐变缓，并趋于平稳。除生产面积外，蔬菜单产总体上也呈现波动中缓慢上升趋势，2011—2019 年每公顷产量在 34.5 ~ 35.7 吨波动上升，并在 2014 年以后单产量逐

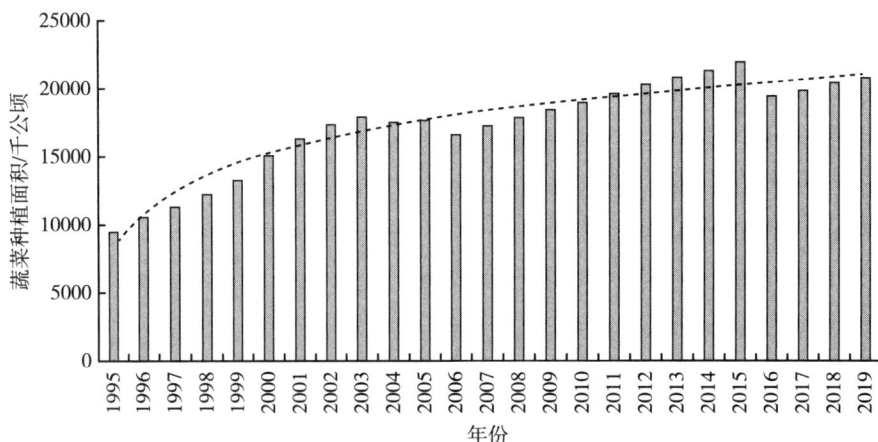

图 3-16   1995—2019 年中国蔬菜播种面积

数据来源：中国农村统计年鉴。

渐趋于平稳（图 3-17）。

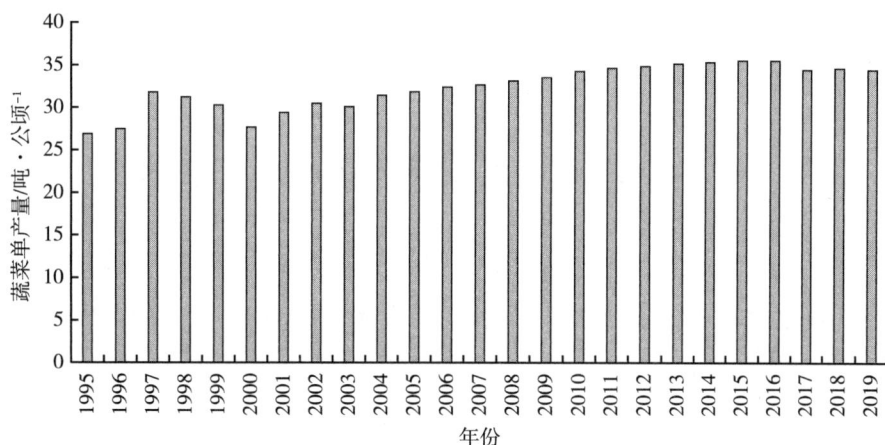

图 3-17 1995—2019 中国蔬菜单产量

随着蔬菜生产面积的饱和，未来我国蔬菜供给的增长潜力点将主要依赖蔬菜单产量的增加。《全国蔬菜产业发展规划（2011—2020 年）》中指出中国蔬菜种植面积在一定时期内应保持基本稳定，基本确定我国蔬菜面积增长潜力有限。根据 2011—2019 年中国蔬菜实际种植面积，去除异常值后可知蔬菜种植面积的增长幅度以每年 0.5% 的降幅在缓慢增加，蔬菜种植面积上限为 22105.17 千公顷。

采用具有最高上限的 Logistic 曲线估计对 2021—2035 年的蔬菜种植面积进行预测（图 3-18）。假定预测时间至 2035 年，种植上限为 22021 千公顷。尽管蔬菜单产量在 2014 年以后逐渐已趋于平稳，但随着育种技术及其配套栽培、种植管理技术的

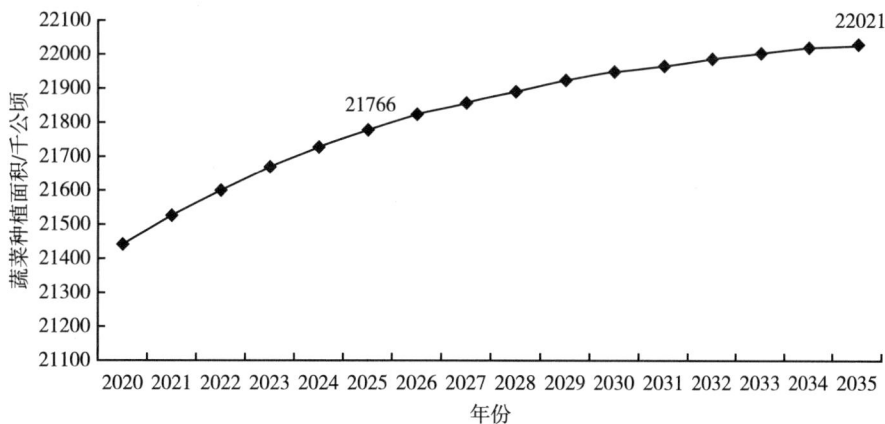

图 3-18 2021—2035 年蔬菜种植面积预测

提升，蔬菜单产增长仍有潜力，进而推动我国蔬菜总产量的增长。如果假定 2021 —
2035 年，我国蔬菜每年单产量均保持现有单产量的最高值 35.7 吨 / 公顷，结合蔬菜种
植面积可预测到 2035 年全国蔬菜总产量最高可以达到 7.86 亿吨。

3.3 我国园艺产业科技发展需求

综合上文分析，我国园艺产品产量目前能够满足我国居民生活消费和出口需求，
同时满足饲料需求等其他用途。随着我国居民对美好生活的向往，对消费的要求日益
提高，从"吃得饱"向"吃得好"转变，对园艺产品的种类要求也更加丰富。我国可
供园艺产业发展的土地相对量小，且土地质量不高，亟须农业科技工作者在有限的土
地上生产出更高产出和更高质量的园艺产品。

首先，促进园艺产品增质增效。我国居民人均水果消费量呈现上升趋势，城镇
居民开始追求水果种类多样，对季节性较强、产量相对低的水果消费需求增加，农村
居民对水果的消费也逐年增加，在保障水果总量的同时，要增加对产量少且不易种植
的水果优质品种的研发，使之能更好适应温度、水量等自然要素的变化。其次，专注
开发本地优质特色园艺产品。我国蔬菜目前处于供大于求的阶段，每年蔬菜消费总体
稳定，但随着对美好生活的向往，居民将会越来越倾向于消费绿色蔬菜，对蔬菜产地
的关注度也逐渐提高，各省市在本地园艺产品发展中，要因地制宜，开发适宜本地生
产的特色蔬菜。最后，绿色发展可持续。园艺产业可持续发展离不开对自然资源的保
护，在园艺产品尚能满足需求的情况下，需进一步研发能适应恶劣资源环境的园艺产
品品种。

3.3.1 果树科技发展需求

（1）果树种质资源精准评价与新品种选育

果树种质资源是种质创新和新品种选育的基础。果树种群多样性为人类提供了丰
富多彩的鲜果及其加工品，为种质创新和新品种选育提供了取之不尽的基因源。但我
国对大部分果树种质资源尚缺乏系统深入的研究和挖掘利用，常由于果树种质资源的
收集不及时或保护不当，导致资源流失严重。因此，加快资源收集与保护刻不容缓。
2020 年初，我国农业资源保护与利用纲领性文件《国务院办公厅关于加强农业种质资
源保护与利用的意见》正式发布。通过加强种质资源保护，并进行标准化、精准化的

评价与利用，以解决种质资源流失、生产品种综合性状欠佳、特色品种缺乏等问题，已成为我国果树产业发展重要的科技需求。其主要包括：

1）种质资源精准评价与重要性状功能基因挖掘。我国果树种质资源的收集与评价及基因组学研究目前取得重要进展，需进一步加强国家级种质资源圃之间的资源鉴定评价与基因发掘平台共享。

2）高效育种技术研发与应用。开发全基因组选择技术，探索建立高效的基因编辑技术体系，实现目标基因的高效编辑，开展分子设计育种，提高育种效率。

3）熟期配套及特色新品种培育。培育综合性状优良的极早熟及极晚熟品种，以延长鲜果供应期，培育红肉及富含功能性营养的特色品种，满足消费者对果品的多样化需求。

（2）果树优质高效标准化、智能化栽培模式与技术创新示范

由于我国果树传统生产模式落后，老龄低效果园比例大，生产用工成本高，难以实现标准化、机械化和智能化生产，阻碍了果业的高效可持续发展。因此，解决生产关键问题，引领优质高效标准化、智能化创新发展是果树产业的当务之急。重点应围绕以下方面开展关键技术研究与示范。

1）果园生产机械化、智能化技术研究。以标准化果园为对象，研究优质丰产的树相指标、群体指标、农艺结合模式和数据采集技术，研究适合于机械化、智能化管理的果园种植模式，建立果园智能化管理技术体系。

2）果园土肥水优化管理模式研究与示范。围绕提升果园土壤肥力、提高果品质量、减少化肥使用量，重点开展培肥地力、精准施肥、水分调控、废弃枝条堆肥等技术及新型专用肥料研发；研究增施生物有机肥定向培育高效的根系构型，揭示根系构型与树形、产量和品质的关系。

3）果树优质高效标准化栽培技术研究与示范。针对不同生态区、不同生产模式果园，开展花果发育生物学特性、营养生长与生殖生长互作关系研究，研究不同主产区花果管理、整形修剪等树上管理标准化技术，构建适宜大面积推广应用的优质丰产标准化技术体系。

（3）果树病虫害区域性生态治理技术创新集成与绿色防控产品研发

目前，果树病虫害防治上存在的主要问题是大多数地区仍单一地使用化学农药，加之果树生长周期长，病虫害的发生和危害呈现上升态势，果园化学农药的施用量难以减少。大量化学药剂的使用，容易导致环境污染、农产品中的农药残留量超标、有

害生物抗药性的产生以及杀伤天敌与生物群落及多样性破坏等问题，危及生态和食品安全，增加农业生产成本，严重制约产业的可持续发展。因此，研究和推广果树病虫害监测预警与生态治理技术、开发绿色防控产品等已成为当前的研究热点和产业急需。其主要包括：

1）果树病虫害成灾机制及监测预警技术研究与应用。探明果树主要病虫害的成灾机制，并对各主产区新发病虫害进行系统鉴定，为开展果树病虫害防治新技术研发提供基础；研究或优化集成果树主要病虫害监测预警技术，为建立果树主要病虫害动态监测预警信息平台和流行区域预测提供技术支撑。

2）果树病虫害生态治理技术及绿色防控产品研发与应用。创新果树种植模式，筛选适宜复合种植的农作物种类、种植对害虫及传病媒介有趋避或诱集作用、或对天敌有保护作用的植物种类；改变或优化果树栽培方式，研究可提高果树抗病虫能力及改变病虫害生境的农业防控技术；研发或优化天敌防控和物理防控新技术与新产品；开发新型生物源活性农药；研发或优化 RNAi 干扰防控和作物免疫调控新技术与产品，研发或优化无病毒种苗培育新技术与产品。

3）果树病虫害区域性生态治理技术集成与示范。集成不同生态区域果树病虫害生态治理技术，建立相应技术规程，形成可复制、可推广的技术模式，为开展果树病虫害生态治理提供技术支撑。

（4）果树非生物逆境应答机制及防灾减灾技术研发与示范

近年来，随着全球城镇化、工业化以及极端天气的频繁出现，冻害、干旱、盐碱化等非生物逆境极大影响了果树的产量与品质。进行果树非生物逆境应答机制研究，建立有效的防灾减灾技术体系，对于降低各种非生物灾害对果树生产造成的危害，促进果树产业健康发展、稳产保供具有重要意义。

1）果树抗冻机制研究与防冻减灾技术研发。开展不同生态条件下果树花期、幼果期冻害气候成因分析；开展冻害抗性品种资源评价与利用；深入研究果树抗冻机制，研发防冻减灾技术措施；开发防霜机、防雹网等实用装备设施；制定各主产区果树低温冻害预测预警与防控应急预案。

2）果树抗旱机制研究与节水栽培模式研发。以保障产量、提高品质为目标，系统研究水分管理方式对果树生长发育的影响；研究果树需水特性和抗旱机制；探索果园节水栽培技术，集成适宜不同生态区、不同果树的节水栽培模式。

3）果树耐盐机制研究与大棚连作障碍绿色防治。研究果树在盐碱土壤中的耐盐性及生理生化响应机制；开展耐盐碱品种资源评价与利用；加快耐盐砧木的筛选和培育；开展大棚果树连作障碍的成因、危害与绿色防控技术研究。

（5）果品采后贮藏保鲜与加工减损保质增效技术

当前，果树产业正处在高速增长向高质量发展的转变阶段，水果等鲜活农产品逐渐成为生活必需品，果品的安全、新鲜、营养与品质也越来越受到消费者的关注。贮藏、加工作为现代农业产业链条必需环节，是市场经济条件下实现农民增收、农业增效的重要途径。2020年，"中央一号"文件提出启动农产品仓储保鲜冷链物流设施建设工程。果品贮藏保鲜与加工技术正逐渐成为产业科技聚焦的热点。

1）果品贮运保鲜技术体系建立。开展果实贮藏期和货架期品质维持与提升技术研究，包括精准气调冷藏技术参数、不同果品小包装自发气调保鲜技术、果品电商物流保鲜与包装技术等，完成果品贮藏和货架期预判特征指标筛选与模型构建；制定鲜果分等分级及包装标准；研发果实成熟度及品质无损检测的装备与技术。

2）果实采后生理失调监测预警及绿色防控技术研究。与采前管理相结合，深入开展采后果实生理失调发生机制研究，例如，鸭梨的虎皮病、黄冠梨的黑心病等；建立果实后熟障碍预警监测、防控技术体系；研究果实采后真菌病害发病机制及绿色防控关键技术。

3）低耗能、营养型休闲果品加工产品研发。深入开展果品资源精深加工和高值利用关键技术开发研究及产业化应用；深入挖掘与评价果品功能性成分，如多酚、多糖、生物碱等，并进一步开展基于生物药效评价的研究，开发水果食疗功能加工产品；制定梨膏等传统加工产品的质量标准及标准化生产技术规程。

4）果品品质评价与溯源技术体系创新。重点开展特色果品溯源鉴别，由简单的标签溯源研究转向基于农产品本身特征的化学生物指纹图谱特征溯源研究，研发基于稳定同位素、多元素、光谱、特征生物标志物等指纹图谱技术的果品内外品质的准确快速评价与化学生物溯源技术，在此基础上进一步开发物码合一的溯源技术及装备等。

3.3.2　蔬菜科技发展需求

面对土地资源有限、生态环境压力等严峻现状，要求我国蔬菜产业必须在保持环境可持续发展的前提下，通过构建节能、高效、环保的蔬菜产品选育、生产与加工技术体系，实现蔬菜产品安全、稳定、均衡供给，以满足城乡居民日益增长的物质、文化和精神需求。为了达到上述目标，蔬菜科技发展工作正面临新的重大需求。

1）依托日益完善的多组学联合鉴定技术，实现蔬菜作物种质资源的深度挖掘：异源优异基因高效挖掘与利用成为资源创新研究的重要途径，近缘野生种基因资源和跨物种基因资源的挖掘与利用已逐步成为基因资源研究的重点。

2）通过增强蔬菜作物性状大数据解析能力，实现品种分子设计育种：基因组学研究正在推动育种技术研究进入全基因组定向选育的新阶段，随着全基因组选择的关键环节和技术障碍的突破，分子设计育种将逐步应用于实践。

3）根据消费与市场需求的变化趋势，实现蔬菜作物种类的多样化以及育种目标的多元化：随着人民生活水平的提高、消费方式的改变以及产品出口贸易的发展，对蔬菜产品种类的多样化以及品质性状提出了更高的要求。蔬菜产品供给在保证周年供应的基础上，需要实现供应种类的多样化，不仅要求外观品质，更需要营养品质，同时还要兼顾耐贮运以及不同用途等其他商品品质。

4）基于飞速发展的信息与智能技术，改造升级蔬菜栽培模式，实现蔬菜生产智能化：未来 10～15 年，在实现蔬菜作物生产全程机械化的基础上，需要将环境智能控制系统、物联网技术、全球定位系统（GPS）、地理信息系统（GIS）、遥感系统（RS）等数字化信息技术进一步整合应用到蔬菜作物生产中，实现蔬菜作物生产的信息化、智能化。

5）建立高效、环保、安全的蔬菜产品生产技术体系，以及安全质量控制与风险评估技术体系：面对城镇化和老龄化带来的农村劳动人口急剧减少，以及日益增加的资源与环境压力，节本、省工、高效的机械化、轻简化生产方式，以及提高水肥利用率，降低化学投入品的环境友好型生产技术越来越受到重视，建立高效、环保、安全的蔬菜产品生产技术体系，以及质量安全全程控制及风险评估技术体系将成为未来蔬菜产业发展的重大需要之一。

6）针对人们对蔬菜产品及其加工品日益增加的消费需求，需要加强蔬菜产品采后保鲜和加工技术的研发：未来我国城乡居民对蔬菜产品及其加工品的消费需求将呈现出新鲜化、多样化、方便化、营养化、安全化等特点，采后加工科技发展将以满足上述要求为目标。在采后保鲜技术方面，需要加强智能分级技术、包装与保鲜技术、品质与安全预测技术、智能物流技术、无损检测技术等研发；在加工方面，需要加强非热力杀菌技术、节能加工技术、节水技术、废弃物综合利用加工技术、智能加工技术与装备等研发。我国食用菌产业的发展存在大而不强，区域和产业发展不均衡，科研、生产、销售不充分，重复建设导致产能浪费严重等问题，需要解放思想，开放思路，强化产品意识，促进一、二、三产业融合发展。其中基础研究、菌种、基质、智能制造、精深加工技术是食用菌产业未来发展的主要需求。

7）加强食用菌学科的基础研究，培育具有自主知识产权的食用菌种源：食用菌一直是一个大产业小科研、育种靠运气、栽培靠经验、只知其然而不知其所以然的产业。将现代生命科学和生物技术应用于食用菌基础研究，指导育种工作，拓宽基质来源，使食用菌产业迈上一个新的台阶。实现食用菌生产中一些大宗食用菌的种源自主化，加大珍稀品种的驯化选育和示范推广工作，选育适应不同栽培模式、不同品质需求、不同加工需求的多元化、个性化品种，增大高附加值菇类的比例。

8）构建以工厂化生产方式为主要载体的现代化食用菌生产体系。按照专业化分工、集约化生产、全产业链、颠覆性创新等方面进行攻关，促进食用菌生产组织方式从手工劳动、分散劳动向机械化劳动、规模化劳动转变，构建以工厂化生产方式为主要载体的现代化生产体系，实现生产的数字化、智能化、标准化；全面深化食用菌产业供给侧结构性改革，进一步引导传统农业从资源消耗型生产向资源循环利用型生产方式转化，加快产业新旧动能转换，推进循环农业发展、推动生态文明建设、保障食物供给安全，从而在持续巩固拓展脱贫攻坚成果和接续推进乡村全面振兴中发挥更加重要的作用。

3.3.3　西甜瓜科技发展需求

虽然我国已收集保存了大量的西甜瓜种质资源，但与国外相比仍有一定差距，应继续加强国内特殊种质、濒危材料的收集和保护，加大对国外种质资源的引进力度。继续加强现有保存的种质资源的性状鉴定评价；根据育种和生产需要，构建核心种质资源库；立足育种和生产目标，积极创新种质，丰富资源类型；构建以信息共享为先导，实物共享为目标的种质资源共享平台。利用现代生物技术开展重要性状基因组重测序、比较基因组学和重要功能基因挖掘等领域的研究，针对重要的农艺性状，大量开发分子标记，建立核酸指纹标准库和核心基因库等。虽然以子叶为外植体的西甜瓜再生体系已比较成熟，但西甜瓜组培受基因型的限制较大，不同类型的品种需要不同的再生体系。农杆菌介导的转染法转化效率仍然较低，通用性强、转化效率较高的转化体系仍需进一步开发。

当今世界西甜瓜育种的主要目标是抗病、优质和特色育种。虽然我国西瓜品种资源丰富且已基本实现了专用化，但品种的经济性状、生态环境适应性和综合抗病性等还不能适应高速发展的市场及消费者多样化的需求。品种的优质与高产、广适与高产、抗性与品质的矛盾还没有很好解决，致使近年来西瓜品种繁多，但主导品种少。同样，市场上甜瓜品种单一的局面与人们的消费需求极不相符，多样化的甜瓜品种成为种植者及消费者的共同需求。因此，结合传统育种与现代生物技术，构建高效育种技术体系，加快育种速度，培育具有优质、抗病、丰产、广适、特色等优良综合性状的西甜瓜新品种，加速品种更新换代，是西甜瓜产业持续健康发展的迫切需求。

栽培技术方面，西甜瓜的枯萎病等重要病害的防治还没有彻底解决，新兴病害对当前我国西甜瓜生产的危害日益增大。因缺少抗病品种，栽培中为防治病害而频繁施用农药，已经严重影响产品的食用安全和出口创汇的声誉。与发达国家相比，我国西甜瓜生产的机械化程度仍有很大差距。随着人工成本的不断升高，加强研发适用于我国嫁接、移栽、采收等西甜瓜生产环节的机械装备，加快机械化、自动化进程，解放劳动力，是西甜瓜生产的迫切需求。

采后处理及贮藏加工研究方面，应加强西甜瓜采后处理、保鲜及冷链的建设，减少采后损失、改善其质量与安全。制订出相应的与国际接轨的采后处理、保鲜标准，并实现产业化应用推广。重视保鲜技术与装备研究，以进一步降低采后损失，改善产品质量与安全。加强西甜瓜果实成熟机理与采后生理研究，加强西甜瓜内部品质在线无损检测的技术和检测方法的研究，研制开发比较完善的西甜瓜内部品质在线无损检测系统。

3.3.4　花卉科技发展需求

中国花卉产业经过40多年的发展，已经成为世界花卉生产面积最大的国家，在国内初步形成较为合理的区域布局，以及适于不同区域的花卉生产技术体系，部分花卉实现机械化、自动化生产，培育了一批具有自主知识产权的花卉新品种。但目前中国的花卉产业与发达国家相比，仍存在诸多问题：一是培育的花卉品种较少，多样性不丰富，多数品种的商品性较差，缺乏市场竞争力，生产中所用的商业花卉品种大多数被国外品种垄断；二是花卉生产技术比较落后，尚未形成适应于不同气候区域的花卉生产技术体系，生产效率较为低下，绝大多数花卉生产没有实现机械化、自动化、智能化；三是花卉生产配套的栽培基质、肥料、农药、试剂、机械设备等缺乏，大多产品依赖进口；四是花卉"药食妆养"等高附加值健康衍生产品开发有待挖潜。

基于以上问题，目前中国花卉产业科技发展的需求包括：一是需要大量的具有市场竞争力的花卉新品种，尤其是培育适应性强、抗逆性强的露地花卉新品种和生产性能优良、符合市场需求的温室花卉品种。为实现这一目的，需要建立适合中国国情的高效的花卉育种技术体系，积累大量的种质资源和育种中间材料。二是研发适合中国不同气候区域的花卉高效、机械化、智能化、标准化生产技术，全面提升中国花卉生产水平。要实现这一目标，需要在深入理解花卉生长发育规律和生态习性的基础上，将花卉生产与机械化、信息技术、设施技术等紧密结合，开发高效的花卉生产技术。三是大力开发和利用花卉商品化生产配套的基质、肥料、农药、保鲜剂等，大大提高中国花卉生产的效率。四是加强花卉重要性状形成机理及遗传规律等影响花卉育种技术开发的基础性研究，以及花卉生长发育规律和生态习性等影响花卉高效生产技术体系开发的基础性研究，为育种新技术和生产管理新技术开发奠定重要基础。五是加强与"药食妆养"相关学科交叉融合，开发相关产品的同时，加强相关次生代谢产物等衍生物合成机理研究，培育高产、优质的专用加工类品种。

第4章

发达国家园艺产业与技术发展的经验

4.1 发达国家园艺产业发展的经验

4.1.1 美国苹果产业发展的经验

华盛顿州的苹果产量位居全美之首。19世纪初，美国早期拓荒者定居并发现这片土地上生长的果树病虫害较少，且味美甘甜。1889年，商业果园已有雏形，逐渐成为美国西北地区苹果重要产区。经过历史的积淀，华盛顿州现有苹果收获面积6万多公顷，年产量180万吨左右。苹果品种类型丰富，品质和品牌在全球具有很强的影响力，其产业发展的成功经验可以归纳为以下几点。

（1）区域分布合理，高规格建园

苹果生产区域土壤疏松但不肥沃，灌溉水源充沛但生长季气候干燥无雨，年降水600毫米左右，主要集中在晚秋11月至翌年春季4月。昼夜温差大，日照充足，是苹果生产最适生态区。苹果种植集中分布在以下5个区。

1）奥克纳根（Okanogan）。奥克纳根地处华盛顿州北部，周围有狭长的梅索山谷（Methow Valley）和较宽的陡峭奥克纳根山谷（Okanogan Valley），果园分布在梅索河两岸。此地较短的生长周期和凉爽气温适宜种植大多数苹果品种。尤以喜欢冷凉气候的蜜脆苹果品质极佳。

2）奇涟湖（Lake Chelan）。果园围绕奇涟湖岸边而建，温和小气候特征明显。由于地势稍平缓，果园规模适中，苹果品质、风味、质感、色泽和外形俱佳，商品果比例较高，为出口产品主要产区。该产区内有部分梨树种植。

3）韦纳奇山谷（Wenatchee Valley）。韦纳奇山谷是华盛顿州苹果产区的核心产区。这里的果园毗邻哥伦比亚河和韦纳奇河，灌溉极为方便，苹果果实色泽鲜艳、清脆美味。大量新引种的苹果品种率先试栽于该区域。

4）哥伦比亚盆地（Columbia Basin）。广袤的哥伦比亚盆地位于哥伦比亚河和蛇河之间。营养丰富的火山土壤和哥伦比亚河流的清凉水源为广阔果园提供条件。得益于成长季节较长，盆地出产的大苹果和晚季品种声名远扬。

5）雅基马山谷（Yakima Valley）。宽阔的雅基马山谷周围的山峦连绵起伏，完善的灌溉条件打造出一片苹果乐园。从纳奇斯（Naches）一直延续到三城（Tri-Cities），这里是华盛顿州最大的苹果产区。雅基马山谷地区的各种苹果质量上乘，不仅早季上市，还有较长的生长周期。红元帅（Red Delicious）品种占比较高，而且风味浓郁。

华盛顿州苹果园的平均大小为40公顷左右，但也有超过了1300公顷的大型农场。一般果园通常雇佣为数不多的全职工人（整个生长季或全年），依据果园规模大小不同，每百亩果园平均雇用1~2个长期工人，负责果树修剪、花果管理、灌溉施肥、果园割草以及农机和灌溉设施维护等工作，植保作业由专业公司负责。采收均雇用季节工，根据品种类型、产量和采收窗口期，每百亩果园需要季节采收工35~45人/天。

为了提高劳动效率，减少劳动用人工，美国华盛顿苹果园建园规格与欧洲略有不同，欧洲许多国家单产高于美国，除了精细管理水平较高以外，树高更高、防灾保护设施较好、土地利用率较高也是重要原因。反观美国，土地成本较低、土地资源较丰富，建园时强调"排灌自如、机械通行无障碍"，果园通行道路设置较宽，果品装运周转空间较大。甚至有的种植者高调提出果园机械作业（割草、喷药、运输等）"非必要不减速"。果园环境的改良，生产效率的提升，尤其是劳动用工成本的严格控制，是华盛顿州苹果园保证综合效益稳定的秘诀之一。

（2）科技引领，让产业发展无忧

科技对产业的引领与带动，使华盛顿苹果产业经久不衰。提及助力产业发展的科研机构，有三家功不可没。

1）果树研究推广中心 - 华盛顿州立大学（Tree Fruit Research and Extension Center - Washington State University，TFREC-WSU）。20世纪初，随着华盛顿州苹果种植规模扩大，华盛顿州学院（Washington State College）和美国农业部（U.S. Department of Agriculture）一些专家经常到产地进行科学研究，但是没有固定的住所和设施。1921年，韦纳奇果农向州政府提出诉求建立试验站，1936年华盛顿州园艺协会开始（Washington State Horticultural Association）游说州立法会，1937年2月25日州政府签署法令，征用华盛顿州学院60亩果园和几处农用房产，同时拨付62500美元启动果树研究推广中心建设，拨款列入州年度财政预算。随后历经三次基础设施建设和试验的规模扩张，目前拥有功能齐全的三个综合实验室、其中一个租借给美国农业部农业研究机构（USDA-ARS），试验地分设在三个不同地点，果园总面积已经达到1000多亩。

经过近百年发展，目前果树研究推广中心（以下简称"中心"）隶属华盛顿州立大学，机构编制31人，其中专职研究人员16人，行政管理人员（含兼职）3人，秘书2人，田间管理人员6人，设备、网络和基础设施维护人员4人。16名专职科研人员组成园艺学（栽培、育种）、植物生理、土壤科学、收获及储藏、植物病虫害防控等团队，研究内容涵盖了苹果产业链各个环节，"中心"每年招募20名左右硕士研究生、博士研究生、博士后以及留学生和访问学者参加科学研究。除此之外，该"中心"还与同院的美国农业部农业研究机构（USDA-ARS）专家合作共享设备和研究资源，成为苹果产业新品种、新技术和新工艺的重要输出源，为华盛顿州苹果产业保驾护航。

2）美国农业部农业研究机构（USDA-ARS）。总部设在华盛顿特区，全国分设5个机构，岗位设置800多名专家承担18项国家重大研究项目，每年项目聘用近万名博士后或科研工作者，年经费超过15亿美元。其中美国农业部农业研究机构（USDA-ARS）西太平洋区域研究机构（Pacific West Area）设在有"苹果之都"之称的韦纳奇，与果树研究推广中心 – 华盛顿州立大学（TFREC-WSU）同院。该研究机构重点研究苹果产业技术，其中也涉及生物育种、生物芯片、基因组学、试剂盒等方面的基础研究。

3）华盛顿州果树研究委员会（Washington Tree Fruit Research Commission，WTFRC）。该委员会1969年创立，设立5个专业委员会，分别是苹果采后（AHP）、苹果植保（ACP）、樱桃（Cherry）、技术装备（Technology）和核果类（Stone Fruit）。各专业委员会不仅有专家参与，还包括种植者、水果仓储包装厂、果品销售人员等，为了确保研究内容覆盖全产业和适应全区域，成员组成中还要兼顾全州不同区域和不同规模的果园。总之，专家委员会成员构成多元，技术用户占主导。

委员会得到州立法委员会授权，从果农果品实际销售额中提取专用研究经费，设立研究基金，苹果是基金的主要来源。受市场波动影响，每年筹措基金额度有所变化，一般年份基金额度稳定在300万~400万美元。

项目管理严格，目标性极为明确。每年年底申报翌年项目，项目来源有两部分组成：一是专业委员会提出的问题清单，二是研究人员实地调研发现的问题。项目申请人不仅限于华盛顿州的大学和科研单位，还接受其他州的申报，甚至国外的申请。项目申报人提前数日递交申请书，交由评审组成员审核，最后环节是申请人答辩，陈述时间很短，提问和答疑时间较长，答辩结束时当即投票。所有申请人均可以当天得到最终结果，即是否资助，资助额度是否调整以及研究内容的补充或修改建议。委员会承诺经费最迟一周内到账，研究者要做的就是递交满意的作业！

项目资助周期一般3年，可以续研，但项目实施期间年度评估较差者，会被出示黄牌，必要时会终止资助。委员会项目管理颇受研究者和技术用户的欢迎，究其原因有两点，一是评审专家中果农占比较高，基金是他们集资的，一定要用在刀刃上；二是委员会创立的愿景是"科学研究—专注于解决果树产业创新和效益"（science-based solutions for an innovative and profitable tree fruit industry）。具有这样务实的目标，农业应用技术研究可以少走很多弯路。这是让产业无忧的最接地气的顶层设计。

（3）围绕产业高质量发展做好全方位服务

苹果是华盛顿州的重要支柱产业，生产效益近10亿美元，其产业综合产值突破20亿美元。鲜食果品行销60多个国家和地区，"华盛顿苹果"品牌享誉全球，这一切源于对产业的全方位服务。

1）提高品质，唱响品牌。早在1915年，华盛顿州设立全国首个苹果等级标准。执行8年后，美国农业部将其采纳为全国苹果等级标准，但华盛顿州等级标准在执行中较国家标准更为严格。目前，华盛顿苹果可按照华盛顿州标准或美国标准进行封箱。苹果等级标准由高到低的序列是华盛顿特优级、美国特优级、华盛顿优级、美国优级、美国一级和美国二级。美国的鲜苹果标准属强制标准，其中不同品种的可溶性固形物含量和果实硬度两项指标极为严苛，以此确保品种的风味和口感，未达标果品不得进入鲜食市场。稳定的果品质量培育了一批忠实消费人群。在保证果品质量的前提下，品牌打造显得尤为重要。

华盛顿苹果委员会（Washington Apple Commission）就是一个专门从事华盛顿鲜苹果进行广告宣传、推广促销、教育培训和市场开发的机构。1937年，应苹果行业协会请求，州议会批准成立该委员会，成为美国历史上最早的商业委员会之一。法定授权监管鲜苹果运输环节，并开展宣传及品牌维护活动。其工作经费从果农包装后的苹果中收取，从1937年每箱苹果提取1美分开始，先后13次调高提取比例，到2003年提高到每箱（42磅）40美分。2003年由于受到国内外经济形势衰退和苹果市场疲软双重影响，过高提取费引发果农诉讼，结果是委员会进行重组，提取费调至每箱 3.5 美分。尽管委员会在实际运营中出现过问题,但对于华盛顿州区域品牌的打造、宣传推介以及品牌维护作出了巨大贡献,"华盛顿苹果"(Washington Apples)家喻户晓,"地球上最好的苹果"(The Best Apple on the Earth)口口相传。据考证,华盛顿州苹果种植者 40 年前纷纷"造品牌",韦纳奇博物馆收藏的苹果商标名牌就达 200 多个。由于"华盛顿苹果"公共品牌的打造,美誉度带来很大的溢价空间,目前全州有近 70 个苹果包装仓储工厂,其中只有 26 个具有销售资质和企业品牌,即使是占有绝对市场地位的销售企业,也无一例外使用"华盛顿苹果"品牌,加注企业标识。该做法值得我国苹果产业借鉴。

2)技术推广的隐形抓手。华盛顿州尽管生产了全美一半以上苹果,占据了全美 90% 的苹果出口额,但是苹果总体种植规模依然有限,每个经营个体面积相对较大,加之从业种植者,尤其是农场主受教育水平普遍较高,技术推广难度大幅降低。几乎所有农场主,既是老板,更是技术能手和产品推销员。还有一批技术能手,受雇于果品包装厂,频繁穿梭于几个果园间,义务指导农事管理,提出风险预警(天气、虫害等)提示,建议最适采收期等,这些人的额外收入为鲜果包装厂组织货源,每木箱(Bin,350 千克)收取一定提成,远高于底薪数倍。他们最爱学习新技术、最熟悉产业,活跃于每年的果树年会和不定期的现场技术培训,是技术推广的隐形抓手,因为他们坚信知识能够带来财富。

3)全民营造爱苹果氛围。华盛顿州的韦纳奇苹果花节(Wenatchee Apple Flower Festival WA)到 2021 年已经成功举办了 102 届,每年恰逢苹果花盛开时节,4 月下旬最后一个星期六开始,一般持续一周。这个活动不单单是赏花,每天都有好玩有趣的活动,比如赛跑、苹果派烘焙工作坊、吃蛋糕大赛、艺术品拍卖、古董汽车展、美食节、娱乐表演、手工艺品展销和盛大的游行。每届都要评选出"苹果小姐",入选标准包括热爱苹果产业、从事相关志愿者活动、答题苹果知识等,被评选出的"苹果小姐"佩戴皇冠,乘坐游行花车,韦纳奇博物馆展厅中悬挂历届当选"苹果小姐"的照片。

中小学生每年法定果园农事体验周,学生们分组参观果园、冷库、包装厂、实验室等场所,老师和科研单位及大学派出人员讲解,和学生们一起讲与苹果科普知识相关的故事、做游戏等,从小培养孩子们喜爱苹果的兴趣。

另外,慈善人士邀请音乐、歌唱团体演出,推出苹果休闲食品,甚至借此开展消费者新品种品鉴等活动。从进入城市看到的地标,到下水道井盖标识;从餐桌台布,到餐盘餐具；透过旅游景点纪念品橱柜，到处可见诱人、夸张的作品，进入这个号称"苹果之都"的韦纳奇，仿佛多了一个魂——苹果！

4.1.2　以色列园艺产业发展的经验

以色列位于地中海东南海岸，人口约900万，是一个地域面积狭小，水资源极度匮乏，农业劳动力短缺，且自然条件恶劣的国家。据2019年世界发展指标统计，以色列的农业用地约62万公顷，约占土地面积的28.7%。然而，以色列园艺生产的年增长率远高于世界平均水平，只借助全国3%的劳动人口就实现了水果、蔬菜、花卉等园艺产品的自给自足甚至是大量出口，取得了举世瞩目的成就。据以色列农业和农村建设部统计，2017年以色列农产品总产量中水果和蔬菜产出价值占比47%。以色列的园艺产业之所以能在其1948年建国后短时间内蓬勃发展，以下四个方面的特色和优势是重要的支撑条件。

（1）科技创新的政策引导与支持

科技创新是以色列园艺成就背后的主要驱动力。通过政府政策支持科技创新体系，营造创新发展氛围，鼓励军事技术向民用转移，助推了高科技企业的腾飞，确保了以色列园艺产业的高效发展。

在20世纪80年代中期，以色列进行了重大的农业经济政策改革，通过减少价格补贴、开放农业贸易和取消果蔬生产配额等一系列措施，使农业部门发生了结构性变化，包括农场数量大幅减少、农场规模扩大、向水果和蔬菜等高价值作物的生产转移，以及种植模式多样化，同时也出现了为园艺产业服务的新私营企业。在过去的几年中，平均每年大约有5亿美元投资于以色列的农业技术产业，对农业科研投入的密度和集中度在全世界位居前列。

为了加强竞争力和创新性，政府通过制定法律法规来鼓励科技创新和保障研发人员的权利，建立完善的创新管理体制，保障科技发展战略规划的可持续发展，注重国际科技合作和吸引海外人才归国，同时通过设置全国农业科技管理委员会统一管理的科研体制，以国家农业部、农业科技推广体系和农民组织三模块为主体，制定全国农业科技政策、确定科研主攻方向、领域以及审批全国农业科技计划，使以色列园艺种植者生产的水果和蔬菜种类可以随着市场条件和新作物的发展而不断发生转变，得以持续以中高端产品获得良好的利润。

依靠政府的政策引导并不足以使以色列的园艺产业取得成功，政府的财政支持也是不可或缺的一部分。以色列国会于 1980 年通过了《农业投资法》，强化了政府对农业投资的补贴政策，予以经费支持。在 20 世纪 80 年代初期，以色列的农业补贴水平位于世界前列，甚至超过了欧美等发达国家。根据世界贸易组织数据，1995 年以色列农业补贴 2.91 亿美元，2010 年依然保持 2 亿多美元。1995—2008 年，以色列对农业的年度投资额在 2500 万~4500 万美元，农业信贷投放量也持续 15 年居世界前 20 位。除了政府外，以色列的很多园艺私营企业和社会组织在政策的引导下，也会进行科技研发，并从政府和高校购买科技研发服务，以获取知识专利。以色列闻名世界的滴灌技术就是社会和民间科技研发的典型事例：1930 年，犹太水利工程师布拉斯（Blass）在拜访朋友的时候意外发现他们家院子里的供水管出现破损渗漏，但是在那个位置生长的树木十分健壮，以此为契机，他开始进行相关研究，在 1959 年开发了第一套试验性质的滴灌系统。借助集体农庄（Kibbutz），以色列于 1966 年建立了世界上第一套具有商业用途的滴灌系统，为以色列园艺产业的发展贡献了巨大的力量。

（2）强化科技成果的推广与应用

通过创新获得的高科技要素进入生产经营领域并转化为实际生产力，需要有高效的成果推广与应用手段做支撑，将科技成果的供给和需求及时对接，提高园艺科技的转化率和应用，实现以色列园艺产业的持续高效发展。

为了推动科研成果的产业化，以色列政府设立了"三位一体"的高效推广体系，即在各大高校和以色列农业研究组织（类似于我国的农科院）进行基础和应用研究；建立一个由八个地区研究和开发中心组成并服务于全国各地种植户的网络；由 150 名左右的技术工人提供技术咨询服务，此外还有科技特派员队伍，帮助农民应对生产上遇到的困难。以色列政府每年都会给高校和研究所拨款，技术人员通过收集、核查与分析各种来源的园艺研究试验成果，再把基础研究人员驯化、栽培和培育成功的良种或研究成功的新技术传递到各区域的推广中心，同时进行较大面积的试验、示范，新品种、新技术迅速传递给农民，并及时向总部反馈推广效果和需要解决的问题。通过这种包含国家和地区多层次的完整组织架构，将园艺教育、科研和推广"三位一体"有机地结合起来，在政府、研发机构与农民之间建立了通畅高效的连接，使园艺科研能来源于生产，切实为生产服务，并能把最新的园艺科技以最快速度推广到生产领域进行应用。

以色列在全国设立了多个园艺教育机构，每年都会免费举办园艺专业知识的培训，由专业技术人员讲授种植、贮运和加工等方面的园艺专业知识，并在政府和企业的帮助下，以网络授课的形式对种植者的园艺技术进行远程培训。有时候，种植户遇到生产方面的问题还会直接与大学教授或其他专家取得联系。这些方法都有助于园艺科技成果的推广与应用。此外，以色列每三年还会举行一次国际农业技术展览会。这一国际活动吸引了许多园艺相关部门的技术人员、岗位专家和园艺从业者，以及成千上万的参观者。在 2012 年的展览会上，有超过 1.5 万人参观，在 2018 年 5月举行的第 20 届以色列国际农业科技展览会中，参观人数更是达到了 3.5 万（Tal，2019）。通过参观展览会，许多创业者和生产者可以看到园艺技术的最新发展，特别是在灌溉、肥水管理、干旱地区农业、集约型温室种植、新种子/新品种开发等领域，同时也为园艺研发机构和技术生产企业提供了来自世界各地的数千名潜在买家。不仅如此，以色列园艺科技部门也着力于加强以色列出口商与现有市场伙伴的关系与合作，并十分重视技术援助在外交中的作用，成立了以色列国际合作中心，专门负责对外技术援助，特别注重发展中国家的园艺产业发展需要，在非洲、亚洲和拉丁美洲的许多国家都进行了农业技术培训以及紧密的合作，促进其科研成果的推广与应用。

科技孵化器为科技成果的推广与应用提供了一个新的思路。在政府的支持下，技术孵化器能为园艺技术初创企业提供支持，创业者可以申请自己的项目入住孵化器，接受基金的资金和管理等。孵化器的设计目的是在新公司发展的初始阶段帮助和管理投资者，根据以色列政府采用的模式，新企业 85% 的资金由国家提供，剩余15% 由参与企业负责。孵化器所提供的时间相对充裕，创业者可以专注于发展而不需要有过大的偿还贷款的压力，创业公司允许留在技术孵化器两年，享受最高 85 万美元的直接财政援助，某些类型的项目还有资格再获得 12.5 万美元的资助。直到一个新的企业开始获得收入，它才需要开始偿还这笔从国家得到的钱，且利率远低于商业贷款（Tal，2019）。不仅如此，孵化器中的新兴企业还可以享受一个由顾问和园艺专业人士组成的支持团队，为他们正在进行的基础研究提供帮助。因此，孵化器作为园艺创业者成功的关键催化剂，对以色列园艺科技的产出、推广与应用十分重要。

在政府的支持下，以色列的高等学校允许在校的园艺学相关专业的教授为国营、私营企业担当技术顾问，并每周进行一次预先批准的咨询。这样的设置为知识与技术从学术界向产业转移提供了一条路径。以色列的园艺公司和私人农场也可以为农户提供有偿的技术推广服务，涉及新种子销售、技术咨询、设备提供等。与一般的商业行规一样，私人园艺科技公司对于属于附带性质的技术服务并不另外收费，比如在推广滴灌技术和设备中，相关的私营公司也和政府部门一样免费为农户提供持续深入的技术指导。2018 年 7 月，以色列政府通过了一项新决议：鼓励以色列企业在国际领域开展活动。虽然该决议没有特别提到"园艺发展"，但其内在含义已包括了鼓励以色列私营部门参与国际发展，以便拓展潜在市场。因此，许多以色列园艺公司都非常注重国际交流和合作。以园艺技术中的滴灌技术为例，以色列的 Auto Agronom 公司在世界很多国家开展业务，销售滴灌技术设备，既为当地的农户提高了园艺生产效率，又开拓了市场，增加了公司收入。

（3）产业的独特组织形式与出口促进

以色列在园艺产业的卓越成就离不开其独一无二的组织形式。以色列的土地归国家所有，通过实行土地有偿租赁，政府将土地集中连片出租，期限为 49 年，到期可以自动续租或转给下一个承租人，年租金相当于人民币 50～100 元 / 亩。设置租金的作用是促使经营者节约土地，防止弃耕摊大饼，也可以激发种植者希望提高单位产量获得更高利润的愿望（政府的租金收益用于农业科研支出与社会保障）。从建国至今，以色列园艺经营的组织形式主要包括集体农庄（Kibbutz）、合作社（Moshav）及个体农户（Moshava）（安萱，2020）。

集体农庄是一种公有化程度很高的农业合作组织，在组织内民主管理，人人平等，共享劳动成果。它既是以色列农业的一种极富特色的社会组织形式，也是一种园艺劳动生产方式，被誉为以色列资本主义社会内的"社会主义细胞"（达洲等，1991）。集体农庄的基本原则为：第一，所有生产资料、劳动产品和生产收入归集体所有；第二，实行个人生活必需品的供给制和按需分配，集体农庄内部没有货币流通、商品和市场；第三，权利平等，民主管理，个人加入和退出自由；第四，各尽所能，禁止雇工剥削。这些原则的建立标志着集体农庄是一种社会主义性质的农村生产生活模式（高放，1995）。随着以色列农业的发展和国家政治与经济形势的改变，今天以色列集体农庄的数量与建国初期相比已经有了很大的下降。

合作社是当今以色列数量最多的农业经济组织，以家庭为基本生产单元，合作社的基本特征是：土地和水资源所有权国家所有，组织内部实行民主管理，农户有经营权，并且坚持自己参加劳动，生产资料及收入均归农户。此外，以色列还有个体农户，他们以村为单位而不是合作社，农民各自经营自己的土地，包括犹太人和阿拉伯人。这三种经营主体的耕地占比分别为 35%、33% 和 32%，所创造产值分别占以色列农业总产值的 32%、46% 和 22%（宗会来，2016）。这三种组织形式既承担了园艺产业推广的功能，又在以色列对抗恶劣自然环境，实现园艺现代化过程中发挥了重要作用。

为了使以色列的生产者可以获得更高的经济效益，以色列政府不懈地努力减少园艺产品的进口和增加其出口。作为世界上重要的园艺产品出口国之一，以色列注重发展高质量的蔬菜、水果和花卉等出口创汇的产品和技术，其中果蔬出口占据欧洲市场超过 40% 的份额，花卉出口量仅次于荷兰（沈云亭，2019）。据以色列农业部统计，与 2016 年相比，2017 年以色列的主要鲜果出口总价值达 3.3 亿美元。其中，出口增长的水果包括柑橘、牛油果、椰枣和柿子，特别是柑橘，比 2016 年增加了 300 万箱，出口额达到 2.3 亿美元；主要蔬菜出口量虽然减少了 5 万吨，但总价值也高达 3.6 亿美元。许多园艺企业也通过注册商标品牌的方式，打造出具有地域品牌价值的园艺产品，采取有效的市场营销策略，根据园艺产品的特性选择最佳销售模式，大力推广现有的园艺产品，如除了百合、玫瑰和郁金香等欧洲市场喜爱的花卉外，还出口适合种植于沙漠的花卉。

一般来说，园艺产品出口需要符合进口国的各项规定，达到有关水、化肥、农药、植物保护、安全和劳动条件等复杂且经常变化的进口国政府要求。这对小型农场来说是个艰巨的挑战，如果他们想在国外销售，就必须成为大型合作社的一部分。为了解决这一问题，以色列的一家科技公司开发了云端生态农场管理系统（Agricultural Knowledge On-Line，AKOL），可以通过网络为农民提供不断更新的监管指南，目前已被以色列半数生产者使用，农业合作社也可以使用该平台协助和管理合作社成员的生产种植活动。AKOL 系统的诞生在一定程度上解决了以色列小型种植者的园艺产品出口困难问题。

园艺产品由于其独特的鲜活特性，很大一部分损失发生在零售和消费过程中。据调查，以色列 11% ~ 12% 的水果、蔬菜损失发生在超市，20% ~ 30% 的损失发生在消费者家中。为了解决这一问题，以色列园艺研究组织的技术人员提出了零售包装的方法，其主要优点在于：①提供物理保护，防止受伤和擦伤；②提供高湿环境，防止水分流失和皱缩；③提供延迟成熟和衰老过程的气体环境；④通过防止污染和裸手触摸促进食品安全；⑤允许标记产品信息和推荐的存储说明。针对不同的果蔬和花卉产品，以色列的园艺科研人员研发了不同的包装材料和材料的穿孔率水平，以控制包装内的气体环境、湿度和冷凝水的产生。密切结合出口和市场要求的园艺科研，对更好地维持园艺产品品质，提高园艺产品的出口量，增加果农的经济收入产生了积极的作用。

（4）园艺教育与多学科合作创新

以色列拥有许多先进的园艺产业技术，如育种技术、节水灌溉技术、水肥一体化技术和温室大棚技术等，而这些技术的开发仅靠园艺学科的知识是难以做到的，还需要依托于计算机科学和人工智能等非园艺学科的相关知识（沈云亭，2019）。

据统计，在以色列的园艺技术部门中，许多工作人员来自非园艺专业，如计算机编程、土木工程等，约40%具有生物或生物医学的学术背景，一半以上的园艺技术工作者是前军官（Tal，2019）。除了政府农业部门，耶路撒冷希伯来大学、巴伊兰大学、特拉维夫大学、魏茨曼科学研究院和本·古里安大学等高校和研究机构中有大约一千名学生在学习农业（包括园艺），其中600人正在攻读研究生项目。这大约占以色列学生数量的1%（Tal，2019）。以耶路撒冷希伯来大学为例，其下设的农学院除了有园艺学专业，还有农业经济与管理系、植物病理与微生物系、土壤与水科学系等专业设置，这意味着园艺教育与其他专业息息相关。

以色列农业研究组织大体上相当于我国的农业科学院，是农业科研成果产出的重要部门。以色列农业研究组织和以色列农业部以及隶属于以色列农业部的农技推广部门在同一地址办公，研发人员的实验室和试验田也都在同一区域，这是一个集管理、创新、展示、推广为一体的空间意义上和功能意义上的复合体，非常有利于农业部的管理和技术推广部门了解相关的科研进展，科研人员与农业管理和支持部门以及农业部的核心农技推广人员沟通，也非常有利于各个研究部门在同一块试验田上联合开展研究工作。

以色列农业研究组织的内部结构按照领域包括六个研发部门：土壤、水和环境科学、植物科学、植物保护、技术与贮藏、动物科学、农业工程。得益于以色列国家小、人口少等因素形成的较为特殊的人文环境，六个研发部门之间有密切的联系和沟通，比如：植物科学的育种人员和植物保护、技术与贮藏部门的研究人员，在园艺植物品种的选育过程中就同步开展了植保和贮藏的技术评估与配套，显著加快了园艺育种和品种推广的效率。此外，以色列农业研究组织与涉农大学也有良好的合作机制，以色列农业组织并不独立招收研究生，而是通过与涉农大学合作培养研究生的方式，做到了对园艺人才顶天立地式的培养，通过研究型大学提升研究生的基础研究能力，在以色列农业研究组织培养他们对产业和应用基础研究的认知，有力地为产业发展提供了人才保障。

在产业发展与创新实例上，以色列在园艺节水管理方面的经验具有启发性和代表性（Megeras and Abdulahi，2015）。众所周知，灌溉方式对于园艺产业的发展至关重要（Rejwan，2011），灌溉的最终目标是为整个种植地均匀供水，以便每个区域都有适当的水量（Andreas and Karen，2002），滴灌与喷灌相比，节水率高达50%（Lamont et al.，2002）。对园艺作物实施以滴灌为基础的水肥一体化技术需要园艺科学、计算机信息科学和土壤肥料学等学科的合作，才能通过计算机控制，由传感器传回土壤的数据，并通过远程监控进行检测与判断，最后以园艺作物的生长和生产结果作为技术实施的评价指标（Haman and Smaystria，2010；燕贵成，等，2016）。这种多学科、对不同作物有针对性的科研和推广协作使以色列的滴灌技术应用走在世界前列，又从应用中获得生产对技术改进需求的反馈，促进了多学科对滴灌技术的协同研发，使滴灌技术从出现至今不断改进，以色列也一直保持着滴灌技术更新换代和新技术原创的国际优势地位。

在园艺产业的发展中，各国都有降低成本、提高产量、质量和节约人力的实际需求，新技术、新领域和新学科为相应的合作研发提供了支持。以色列越来越多的园艺生产者开始借助智能农业机械和电子设备等科技手段进行田间管理。通过采收土豆的专用机械、番茄播种机和葵花播种机等机械的使用，大幅度减少了种植户在地里的工作时间，提高了工作效率，同时也降低了日益增长的人工成本。通过热成像摄像机、智能传感器、无人机、卫星图像进行技术监控，依靠大数据辅助决策系统，生产管理人员可以立即做出决定。通过智能设备执行这些决定，使生产者能在极端天气条件下将损害降至最低。这些新型智能体系综合了传统上非农业领域的技术，真正做到了打破学科界限，使以色列的园艺产业在极度缺水干旱的自然条件、人员成本高和国际市场竞争激烈的严酷现实下脱颖而出。

以色列身处恶劣的自然环境却创造出享誉世界的园艺奇迹，关键在于其能够针对本国园艺产业发展的自然环境特点、产业定位和市场需要，通过对科技创新的引导与支持、科技成果的推广与应用，解决园艺产业中的技术问题；针对国家发展和安全的需要，建立和实施了集体农庄、合作社和个体生产相结合的园艺产业组织形式和良好的出口支持系统；基于创新的需求高度重视园艺教育与多学科密切合作，使以色列的园艺产业成功走出了一条独具特色的发展之路。

4.1.3 法国园艺产业发展的经验

（1）法国水果和蔬菜生产

法国是欧盟第四大水果和蔬菜生产国，仅次于西班牙、意大利和波兰（数据来源：Agreste，Eurostat 2018）。此外，法国是世界新鲜马铃薯的主要出口国。法国的园艺产业非常多样化且充满活力，近年来受益于许多官方质量管理和跨行业协会协同管理。法国农业部和农业科学研究院对植物源农产品的行业管理主要由6个方面构成，分别是：粮食谷物，油料作物，豆类蛋白作物，水果、蔬菜和马铃薯，观赏园艺作物，葡萄和葡萄酒。以下我们先介绍果树蔬菜，随后再介绍观赏园艺。

2017年，法国蔬菜和水果生产总面积为45万公顷，其中蔬菜产业占地28万公顷，果树产业占地17万公顷。在2010年的农业普查中，有30800个蔬菜生产单位（20.2万公顷），其中包括6000个专门从事加工的蔬菜生产农场和8445个有机蔬菜农场（2.3776万公顷）；27600个水果生产单位（16万公顷）其中9196个有机水果农场，3.8657万公顷；19850个马铃薯生产单位，16.5万公顷。有机水果和蔬菜的产量近年来正在逐步快速增长。2017年，法国产出840万吨蔬菜和水果，其中包括560万吨蔬菜和280万吨水果，另外加上695万吨商品马铃薯。种植最多的蔬菜分别是番茄、胡萝卜和洋葱，其2017年产量分别是74.3万吨、55.9万吨和45.3万吨。在水果中，鲜食苹果（150万吨）在法国的水果产量中占主导地位，其次是甜瓜（27.8万吨）和桃类（22.1百万吨）（数据来源https://www.sitevi.com/SITEVI/Actualites-du-SITEVI/Chiffres-cles-de-la-filiere-fruits-legumes-）。法国产出的蔬菜和水果中约570万吨为鲜食果菜（Agreste，Ctifl），剩下39%的蔬菜产量和15%的水果产量供加工工业使用。豆类（菜豆、豌豆等），西红柿，食用菌李子和樱桃是加工的主要蔬菜和水果。法国水果和蔬菜加工工业严格基于专门用于加工的果菜生产，与鲜食用途的果菜是严格分开生产的，有不同的生产规程。法国水果和蔬菜（包括土豆）的价值占法国农业的11%，2017年蔬果和土豆的生产营业额（营业额）约80亿欧元，其中包括7亿欧元的加工产值（Insee，FranceAgriMer）。水果和蔬菜零售额达到170亿欧元（CTIFL，2017）。法国果菜产业出口率高。2017年法国水果产量的43%出口到国外，即130万吨，价值15亿欧元。出口的三大温带水果是：苹果（占出口值的46%），核桃（11%）和杏（6%）。法国还出口了310万吨新鲜蔬菜，总价值达16亿欧元（海关统计数值）。法国水果和蔬菜的购买网络：超级市场占58%（家乐福、欧尚、E.Leclerc

等大型超级市场占 34％），小超市 18％，专业商店 12％，其他 12％。法国近年来新鲜果菜消费略有增加，2016 年，法国平均每户购买了 84 千克鲜食蔬菜（比 2015 年增加 2％）和 85 千克鲜食水果（+1.4％）。法国人购买量最高的 5 种蔬菜为西红柿、胡萝卜、瓜、沙拉和西葫芦。水果排名前 5 位：苹果、香蕉、柑橘、橘子和桃油桃（FranceAgriMer）。根据法国国家统计局 2006 年资料，法国每户购买果菜（包括鲜食和加工的果菜）支出每年平均预算 638 欧元，占食物总消费（4590 欧元）13.9％，其中蔬菜类 384 欧元、水果类 254 欧元，分别占食物消费（4590 欧元）的 8.3％和 5.5％，相对比面包米面等主食消费 795 欧元，占食物总消费的 17.3％。

（2）法国观赏性园艺行业概况

法国观赏性园艺是农业中就业人数最多的部门之一，创造了 170000 个直接和间接工作，有 53000 多个生产和销售企业，该行业的总营业额约为 140 亿欧元（包括生产和营销）。其中出售苗木的营业额 27 亿欧元，观赏园艺的营销和园林造景营业额 113 亿欧元。观赏园艺生产在农业生产中占农场总数的 1.4％，占植物产品交付价值的 6.8％。目前法国观赏园艺行业有近 3600 家生产企业和农场，占地超过 16200 公顷。法国观赏园艺行业活动主要涉及法国国内市场，行业区域性非常明显，侧重于本地市场（特别是与许多生产者进行的直销有关）。半径小于 200 千米范围内的销售额合计占所有法国生产商销售额的 2/3 以上。法国观赏园艺部门的特点是行业和产品都非常多样化。观赏园艺部门出 4 个分支组成，分别是：切花（花和叶子）、盆栽和园林植物、花店苗木植物以及球根花卉植物。每个分支在生产和营销各个级别都有各自独有的特征。盆栽和园林植物的销售额约占全国植物总销售额的 38％，领先于花店苗木植物，后者占市场价值的 1/3。法国观赏园艺营销渠道有 20000 家专门从事花卉和观赏植物的分销和营销的公司（营业额 70.9 亿欧元），包括传统的花店、花木中心（面积超过 1000 平方米的商店，专门向个人出售植物以及开发和维护花园所需的所有用品、工具和材料、种子商店、市场里花卉苗木摊位）和 28600 多家园林和家政庭院苗木管理公司（园林造景承包商、草皮修剪者、庭院苗木修剪者等）。对于生产企业和农场，有多种营销方法（直接销售给个人、批发商、专业或一般零售商、风景园林市场……）。批发业务主要存在于切花领域，法国目前有 1020 家花卉和观赏植物及其种子的批发公司，其税前营业额累计为 14 亿欧元。零售分销商贸易约占观赏园艺花卉苗木零售总额的 90％，其余部分由种植者的直接销售提供。观赏园艺主要的零售分销商有花木中心和种子中心（2014 年有 1675 个销售点、净销售额为 29 亿欧元、有员工

20300 名）。花店的零售商专注于鲜花和植物的销售，主要有独立商店或市场上的摊位。他们有 15104 家公司，不含税的营业额估计为 19.7 亿欧元。另外一些非专业商店，例如超级市场、大型超市和农业自助服务（销售点为 1730 个），定期或不定期出售花卉、植物和 / 或观赏植物。

（3）法国园艺产业发展的主要经验

1）强调技术创新。在法国，园艺产业属于劳动密集型产业，该产业当前发展的目标是力图提高生产率和竞争力。因此，法国园艺产业当下力求试验和创新，以应对全球气候变化、经济危机和消费行为的变化。

法国果菜产业注重种植技术革新，提高机械化水平，注重高端品质果菜品种培育，从而提高产业国际竞争力。近年来组建的欧洲竞争力集群（Les pôles de compétitivité européens）（竞争力集群是法国为了促进本国产业与其他资源展开竞争而成立的集群，有政策上的扶持，比如税收和拨款等。该系统于 2004 年创建，是法国实施新工业政策的一部分，该系统允许公共补贴和针对分组活动的特定税收制度。其目的是在减少企业搬迁到国外的同时，提高经济竞争力，创造就业机会，将私人和公共研究结合在一起并发展某些地区。竞争力集群分三个等级，有 7 个国际竞争力集群、11 个准国际和 53 个国内竞争力集群。）领头带领果菜产业与法国研究中心和培训组织之间建立了合作伙伴关系和网络，以解决该领域优先的技术创新问题。其中的 Terralia 和法国科技文化组织联手组织"法国智慧型农业食品创新竞赛"（Le nouveau concours Smart Agri Food Innovation），奖励那些旨在使农业更加可持续和高效的创新项目。例如 2017 年法国 Sival 创新大赛奖励了位于图卢兹的创业公司 Naïo Technologies 创建的跨骑式机器人 DINO，可以独立地对蔬菜进行自动机械除草，特别适用于色拉等绿叶菜类作物的生产。法国还设置了水果和蔬菜行业技术中心（CTIFL）专门为果菜产业公司提供技术支持以提高其竞争力。例如，CTIFL 在 2015/2016 年评估了"高挂黄瓜"（把栽培的黄瓜挂在高挂的线上）创新栽培技术的潜力，确保该产业降低成本并提高产量。法国培育了高端高品质的苹果例如粉红淑女——阿丽亚娜（Pink Lady，Ariane），同时推动保质品牌管理（例如蓝鲸商标和南法商标）有力地提高了法国鲜食苹果出口，2016 年法国苹果出口量占全国总产量的 38%（海关数据）。

法国有十多个机构致力于观赏园艺产业的科技创新研究和技术革新，其中有法国农业科学研究院，法国科学院及大学共建的研究所和实验室，最重要的有法国农业科学研究院，法国 Agrocampus Ouest 和昂热大学共建的法国国立园艺和种子研究所（Institut de Recherche en Horticulture et Semences，IRHS，https://www6.angers-nantes.inrae.fr/irhs），还有一些专业致力于观赏园艺产业技术革新的机构，例如园艺技术学院（Institut technique de l'horticulture，http://www.astredhor.fr）和他们下属的分布于法国各地的创新技术实验站。他们设计并实施研究和创新计划，以改善园艺植物种质资源和园林公司的技术，帮助观赏园艺产业提高竞争力，提高经济和环境绩效。

2）重视质量标志管理。法国果蔬生产得到了官方质量标志有力的保护和扶持。法国果菜生产面积跟中国相比很小，但是在欧洲是果菜生产大国，特别是国土气候地形多样，其果菜生产的多样性丰富，各个地区的果菜生产特色明显。因此，在法国，有超过五十种正式的质量和原产地标志保护的果菜产品，例如阿让的西梅、塞维纳的甜洋葱、利穆赞的苹果等。法国目前有 18 个管控的原产地名称标签（Appellations d'Origine Contrôlée，AOC）23 个有特色的原产地保护标志（indications géographiques protégées，IGP），24 个红色标签果菜产品。根据法国第 2006-11 号法律，红标产品（label rouge）是法国质量保证的标志，拥有该标签的食品或农产品（包括水果、蔬菜、鲜花观赏植物）比当前同类普通的产品具有更高的质量，除此之外法国还实施了水果生产质量监控程序，例如整合式水果生产标签（production fruitière intégrée，PFI），拥有该标签的水果生产单位必须拥有高品质水果的经济生产系统、优先采用更环保的方法、最大限度地减少使用农药、减少不良副作用，以改善环境保护和人类健康。官方管理机构从三个方面评估水果生产单位是否授予该品质管理标签：水果的品质、保护环境和人类健康和经济运行能力。

法国观赏园艺生产和销售，同样受益于官方的质量管理标签，整合式生态友好生产标签和原产地标签保护。跟果菜行业一样，也有专门的跨行业组织法国园艺和景观产品促进协会（L'Association française pour la valorisation des produits et des secteurs professionnels de l'horticulture et du paysage）共同管理和协调观赏园艺各个不同部门之间的利益，帮助各个行业准确了解市场。

3）注重官方和民间机构的协调。法国水果和蔬菜生产受益于官方和民间一些机构共同管理和协调。最重要的有：鲜食水果和蔬菜行业协会（l'Association interprofessionnelle des fruits et légumes frais，Interfel），全国果蔬加工专业协会（l'Association nationale interprofessionnelle des fruits et légumes transformés，Anifelt），全国马铃薯跨行业委员会（le Comité national interprofessionnel de la pomme de terre，CNIPT），马铃薯跨行业增值专家小组（le Groupement interprofessionnel pour la valorisation de la pomme de terre，GIPT）。

鲜食水果和蔬菜行业协会（Interfel）是唯一被法国公共机构公认的全国新鲜水果和蔬菜行业间组织，也获得欧盟的认可。该协会汇集并共同代表了生产和分销新鲜水果和蔬菜专业的所有行业。Interfel 起草具有法律约束力的行业间协议从而进行行业的共同管理和协调，管理着法国 90% 新鲜水果和蔬菜销售。2017 年 10 月，法国政府要求跨部门组织为农业和农业食品部门制订发展和转型计划。与其他 34 个跨部门组织一样，Interfel 于 2017 年 12 月向农业部部长提交了鲜食水果和蔬菜行业部门的计划。该计划确定了六个优先领域，涉及：行业合同制、开发官方质量管理标签、减少对农药的使用、加强行业科学研究和创新、积极响应国家公共健康机构和教育系统的回应，为法国提供可持续的高品质鲜食果菜产品。Interfel 的成员是该果菜行业各个分支的国家级代表协会。他们分为生产方向和分销方向两个方向。生产方向有：农户联合体、农村协调会、法国果蔬观赏园艺合作联合会（FELCOOP）、全国果农联合会（FNPF）、果蔬经济治理协会（GEFEL）等；分销方向有：全国果蔬运输和出口商协会（ANEEFEL）、全国果蔬批发贸易联盟（UNCGFL）、全国果蔬和早期水果零售商联盟（UNFD）、风味商业会、直辖集体餐饮网络（Restau'Co）、国家集体饮食联盟（SNRC）、法国新鲜水果和蔬菜进口商联合会（CSIF）、全国果蔬进口商 / 出口商联盟（SNIFL）等。Interfel 的 2020—2022 年预算估计为每年 1974 万欧元，收入来自强制性征收和自愿捐款。

另外，果菜生产单位还可以从生产者组织（organisations de producteurs，OP），由一群提供相同产品的农民发起的组织，他们聚集在一起的目的是集中他们的资源，以重新平衡他们与下游行业的经济参与者的商业关系中获得的援助而受益，生产者组织力图加强其成员的农业生产，确保特定地区生产的可持续性，在严格遵守竞争法的框架内加强农业生产者的谈判能力，使成员更容易获得公共援助以及税收优惠。截至 2015 年底，法国共有 221 个 OP，分为 22 个生产者组织协会，其中 15 个是按产品专业化的国家生产者组织协会（Associations d'Organisations de Producteurs nationales，AOP）。联合国粮农组织认识到包容、高效的合作社和生产者组织在支持小型农业生产者以及青年和妇女等弱势群体方面发挥了关键作用。它们在经济和社会上帮助小型生产者，同时通过可抵御经济和环境冲击的商业模式创造可持续的农村就业机会。

法国政府设置了专业的机构指导果菜产业的经济分析。例如由农作物办公室管理的市场新闻网在其营销的各个阶段为新鲜的易腐产品制作、传播报价和市场信息。这种监控使得有可能对危机情况进行限定，并建立适当的危机管理机制。除此之外，FranceAgriMer 还发布了有关各种主要出口产品（包括西红柿、苹果、土豆、桃油桃、草莓等）的年度竞争性观察，以分析该产品的优缺点。评价法国农产品在世界市场上的地位，从而指导该行业参与者决定采取的行动。FranceAgriMer 与果菜跨行业团体共同出资，通过消费小组来监控法国人的消费变化，并直接开展市场研究，帮助调研相关的产品和市场，从而使各部门能够预测未来的发展。

4.1.4 日本园艺产业发展的经验

日本的园艺发展历史与其政治经济密切相关，在 20 世纪前，大多是以农业果蔬品种传统农家个人培育为主，只有少数的园艺爱好者培育个人园艺品种，日本对蔬菜生产和育种并不重视。进入 20 世纪后，随着日本资本主义和现代化的发展，日本大力引进西方的科学技术、生产、管理体制，积极开展园艺生产并引进欧美国家蔬菜品种，现代园艺发展迅速，园艺产业、育种理论和育种技术也发展很快。

日本土地资源有限，领土面积较小，园艺作物蔬菜和花卉苗木种植面积和产量不大，伴随工业、建筑和道路用地面积的增加，农业可耕地面积逐渐减少，加之劳动力相对不足、生产成本高等原因，日本国内园艺作物的种植面积、产量和产值总体呈递减趋势。对日本蔬菜生产调查发现，日本国内蔬菜生产能力日益弱化，蔬菜种植总面积和总产量逐年减少。1998—2017 年蔬菜种植总面积从 50.9 万公顷逐年减至 40.6 万公顷，降幅达 20.24%，年均减少 1.18%。当前日本约有 455 万公顷耕地，蔬菜面积约占 8.92%。蔬菜总产量出现长时段"阶梯式下滑"，1998—2017 年日本蔬菜总产量下降了 14.53%。近几年，日本园艺作物生产规模不断缩减，但其农业产值基本维持平稳甚至有所增长。日本是农业小国，农业产值只占 GDP 的 1%；但日本同时也是种子大国，其种子不仅能够满足国内使用，还出口世界 60 多个国家和地区，甚至很多从国外进口到日本的蔬菜、农产品，其实都是日本种子境外种植后返销日本的。日本园艺产业的迅猛发展，有很多成功经验值得我们借鉴。

（1）强调资源收集和利用

日本非常重视对品种资源、野生资源、近缘植物资源的收集、保存和利用。以草莓为例，白果草莓、红花草莓等珍贵资源都是在日本首先利用，并成功培育成草莓品种。在对野生资源和近缘植物的远缘杂交利用方面，日本也走在了世界前列。如葡萄中蓓蕾玫瑰和巨峰，是通过欧美种和欧亚种的杂交选育获得；很多草莓新品种也是通过栽培草莓与野生草莓资源杂交后获得。

（2）重视科研和育种，理念先进、技术发达

日本十分重视农业的发展，在全国建立了健全的科研体系，主要由科研机构、大学、民间企业三大系统组成，全国各地正大力普及各种先进的农业科学技术，真正做到了以科技武装农业，以科技推动农业发展。日本国内除了相关的公立大学科研机构外，民间的大小公司大多数也都建有研发组，用于各种园艺产品的开发培育。日本成功的企业和苗圃无一不是有着坚实的科技支撑，他们都有自己的科研机构，有自己的特色产品。日本历来是园艺优秀品种的出产地，如蔬菜品种中，日本是我国很多进口蔬菜种子的最大来源国；很多果树品种如柿子、柑橘、苹果、葡萄及各类花卉如蟹爪兰、百合等出口到世界各地。日本品种选育的理论及科研多处于世界一流水平。

日本由于其国土面积小，寸土寸金，所以其设施农业和育种技术非常发达。20世纪90年代末，日本开始引进欧洲发达国家先进温室结构与栽培经验，提高日本园艺设施配套设备水平，全面改进提高日本温室结构与性能。日本设施农业相对于我国的设施农业技术含量较高，运用了许多新型的技术。主要有以下特点：

1）温室建设大型化，日本的生产型温室多呈现大型化。大型温室具有投资小、土地利用率高、室内环境相对稳定、节能、便于作业和工厂生产等优点；

2）设施生产技术工厂化，室内作业机械化与环境调控自动化是工厂化农业的两个重要方面，日本利用农业机器人来代替人工，在设施农业中广泛使用多种机械装备，实现了从种植到收获的全面机械化，并且将无线传感器网络技术、现代通信技术、智能控制技术、计算机视觉技术、空间技术等高科技引入设施农业，对设施内的栽培环境进行有效控制，营造适于作物生长的环境条件，使设施农业朝着自动化、智能化和网络化方向发展；

3）栽培技术无土化，日本千叶大学在"植物工厂"的技术研究开发中走在了世界前列，引领日本植物工厂的发展。植物工厂生产的蔬菜因其品相好、无农药残留、生长环境安全洁净、无病虫害侵染等原因备受消费者欢迎；

4）注重生态保护，实现绿色农业，保护环境是发达国家发展设施农业的前提，日本一直践行绿色循环农业模式，建立和维护各个生态链上的关系与平衡，减少化肥的使用，增施有机肥，减少化学农药的使用，实现了农业可持续发展。

（3）运用先进的生产技术和农业生产高度机械化

日本是世界上最早实现农业现代化的国家之一，这源于其地少人多、老龄化严重、土地分散、需精耕细作的国情。日本农业现代化始于第二次世界大战以后。根据国情，日本选择了一条不同于欧美的农业现代化模式及道路，即采取的土地节约型的生产方式，通过改善农业水利设施、推广优良的农业品种、广泛施用有机化肥的这种劳动密集和土地密集相结合的小型精耕细作式的生产方式，使农业现代化得到发展。经过不懈的努力，截至目前日本在农业生产领域已全部实现高度机械化，居于世界前列。工业机械在农业生产中得到了广泛的应用，减少了对劳动力的需求，提高了劳动生产率。日本快速实现农业高度机械化有以下几点原因：

1）健全的法律法规体系在促进和扶持日本的农业机械化发展中起着重要的作用，早在1953年日本就制定了第一部农业机械化方面的法律，通过立法的形式对促进农业机械化发展的各项政策措施做出具体的规定，在资金、税收、水电和农业基础设施建设等方面，都给农业机械化的发展创造了有利条件；

2）政府财政的大力补贴和支持，在农业机械化发展的过程中，日本政府主要通过国家财政对农业机械化的发展进行大力扶持，充分调动了农民购买和运用农业机械的积极性；

3）建立系统化的农业机械化科研教育及技术推广体系，日本的农业科研体系由国立科研机构、大学和民间（企业）共同组成，农业机械科研开发体系完整，科研开发经费投入巨大。在农业机械化教育方面，日本对农业从业人员通过普及教育及免费培训等手段，使广大农业从业人员具备丰富的知识和较高的综合素质；

4）完善的农机社会服务体系，日本建立起了包括农业机械化协会、全国农业机械商业协同组合联合会、农业机械工业会、农业机械银行等组织。这些社会服务组织代表农民和农业机械企业利益，与政府紧密联系，政府给予补贴，协助政府制定或执行有关政策，在农业机械化发展中都发挥着重要作用。

（4）建有完善的服务体系

日本农业协同组合（简称农协），是综合性农业合作社的代表。由于农协与农民保持着天然的人缘地缘联系，在农村有广泛的群众基础，又是日本农村唯一的合作组织，目前农协组织已遍及全国，99%的农户都参加了农协，参与率高于其他任何国家。如今，日本农协已成为本国第一大企业集团、第一大银行集团、第一大保险集团、第一大供销集团和第一大医疗集团。日本农协有以下特点：

1）提供全面综合的服务，农协主要为农民提供集中采购生产生活资料、生产指导、农产品销售、金融支持和社会福利等服务，在推动日本农业现代化进程中发挥了重要的作用，强大而团结的农协保障了农户从种植到终端销售的产业链上的各个环节，日本农协的农产品交易量占日本全国农产品交易量的80%；

2）与政府关系密切，日本农协具有半官方的性质，与政府之间是相辅相成、相互依赖的关系，政府制定法律指导农协发展、保护农协权益，并对农协的经营活动给予支持。同时，在税收方面实行低税、免税政策，通过财政拨款将对农民的补贴直接补贴到农协，政府关于农业的政策、措施需要通过农协贯彻和实施，而农协代表农民发声，将农民的愿望、意见反馈给政府，为政府制定农业政策提供科学依据。

（5）发展品牌农业和精细农业

高端、高价是日本农产品的特色。日本对农产品品质的要求近乎苛刻，农产品的外观、长短、粗细、糖分、酸度等都达到标准数值后才能作为品牌产品进入市场。长期以来，日本许多农产品一直是农产品中的奢侈品，是高端农产品的代名词。如草莓、葡萄、高端花卉等。此外，日本农产品包装精致，处处彰显品牌特征，优质优价、高附加值的价值再造之路，这一切都与日本农业从业者，农业企业的商品化思维和农业理念有密不可分的关系。主要有以下特征：

1）日本农户的匠人精神和差异化经营策略，日本农民是最专注的农民，日本早在20世纪70年代就实施了"一村一品"计划，避免同质化竞争，打价格战，每个地区都有自己的农业特色，如青森县的富士苹果、新潟县的大米、北海道的奶牛、千叶县的花生、山梨县的葡萄、静冈县的茶叶、兵库县的神户牛等。农民对单一作物品种的深入度与专注度也是专家级的，一般农户全年只生产1~2个品种，一个农户有一个农户的主导产品，优势互补，相互依存，共同构建起了日本农业经济的整体框架，此外，日本的匠人精神也在农业中得到完美体现，日本农业种植和管理十分精细，大棚内种植的番茄、草莓等，其培育管理比花圃还要精细，就像花卉盆景展示园一样；日本果园种植对使用肥料、剪枝、病虫害防治都非常讲究，特别是对农药的使用有着严格的规定；

2）极致农产品和品牌营销理念，日本农业企业和农户非常重视品牌营销，日本善于把"品质＋品牌＋营销"的效应叠加，农业企业都高度重视品牌，农业企业无论大小，都有自己的品牌体系。日本农业从产品定位、销售渠道定位、产品差异化的价值、文化内涵的展现、营销手段的个性化打造等，都值得学习，需要我们深度挖掘农业品牌的故事。

4.1.5 西班牙园艺产业发展的经验

西班牙是一个传统的农业国，国土面积在欧洲排名第五，可耕地面积约 2300 万公顷。农业在其国民经济中占有重要地位。目前，西班牙已经实现了农业现代化，尤其是滴灌系统以及温室大棚非常发达。由于西班牙农产品成熟期比欧洲中部早一个月左右，在欧盟贸易中有较强竞争力，果蔬出口约占欧盟内贸易出口量的三成。同时，西班牙也是仅次于中国和美国的世界第三大果蔬出口国，素有欧洲果蔬园之称。

西班牙出口蔬菜种植区主要集中在西班牙大陆的阿尔梅里亚和穆尔西亚地区以及加那利群岛。很多蔬菜都产自先进的温室，蔬菜品种包括番茄、青椒、黄瓜、西葫芦等。2018 年，西班牙共出口约 8.13 亿吨西红柿，价值 9.28 亿欧元，占世界出口总量的 9.6%，成为世界第三大番茄出口国，其中近 60% 的番茄产自阿尔梅里亚省。

据欧盟委员会 2017 年的一份报告显示，自 2008—2009 年经济危机之后，西班牙花卉、观赏植物和苗圃植物的种植面积一直稳步增长。2010—2016 年，种植面积共增长了 13%，由 2.59 万公顷增长至 2.93 万公顷。2016 年，西班牙观赏植物种植面积占欧盟总种植面积的 15.7%，紧随荷兰（27.1%）之后。2016 年，共有 3800 家农场种植观赏植物。此外，西班牙是欧洲主要的柑橘生产国和出口国、欧盟最大的草莓生产国和出口国。

西班牙是全球最大的有机农产品生产国，种植面积约 196 万公顷（表 4-1）。西班牙为欧洲重点的作物保护用农药消费市场之一，在农药市值方面，据统计，西班牙农药市场在全球位列第十二，在欧洲位列第四，仅次于法国、德国和意大利。在生物农药市场方面，欧洲是全球第二大生物农药市场，2016 年约占全球农药市场总额的 25%，其市场估值达 10 亿美元。预计 2017—2022 年将以 16% 的年复合增长率增长，其中西班牙是主要市场（占欧洲生物农药市场总额的 36%），其次是意大利（占欧洲生物农药市场总额的 25%）和法国（占欧洲生物农药市场总额的 18%）。

（1）西班牙主要园艺作物

西班牙是欧洲主要的柑橘生产国和出口国，橙子、橘子和柠檬产量均领先于排名第二的意大利。西南部的韦尔瓦是重要浆果种植区，西班牙也是欧盟最大的草莓生产国和出口国。西班牙共有大约 4.6 万公顷的现代温室，主要集中在南部的阿尔梅里亚和穆尔西亚地区，这些温室每年可生产 270 万吨的鲜食番茄、辣椒、瓜类、黄瓜、生菜、白菜、各种浆果、木瓜以及品类繁多的鲜食果蔬，另外还有玫瑰和康乃馨等观赏作物。每年仅这些产品的出口收入就超过 10 亿欧元。西班牙是全球最大的有机农产品生产国。在生物防治和生物刺激素以及精准农业方面，该国已掌握并广泛应用多种先进技术。

表 4-1　西班牙主要园艺作物及其种植结构

大田作物	万公顷	蔬菜	万公顷	果树	万公顷
大麦	260	土豆	7.1	橄榄	255
小麦	200	番茄	6.1	葡萄	94
向日葵	72	花椰菜、菜花	4	杏仁	63
燕麦	56	生菜	3.5	橘子	14
玉米	33	大蒜	2.7	橙子	10
黑小麦	20	洋葱	2.5	柠檬和酸橙	4.3
豌豆	17	辣椒、甜椒	2	桃子和油桃	8.4
野豌豆	13	甜瓜	2	栗子	3.5
黑麦	11	西瓜	2	苹果	3.1
水稻、旱稻	11	洋蓟	1.6	樱桃	2.8
油菜籽	10	南瓜	1.5	梨	2.2
干豆	8	芦笋	1.4	杏	2.1
种棉	7	绿豌豆	1.4	开心果	2
鹰嘴豆	5	绿豆	0.85	柿子	1.9

（2）几种主要园艺作物的育种概况

西班牙第一个传统育种项目始于 1974 年。20 世纪 70 年代，只有 4 个育种项目在实施，80 年代又有 4 个项目启动。24 个新的育种项目在 90 年代启动，另外 20 个从 2000 年开始。截至 2007 年，有 52 个水果育种项目正在进行中。在种类上，核果类的项目数量较多（32 个），其中桃类有 13 项，杏类有 7 项。从地理分布来看，巴伦西亚育种最活跃，有 11 个育种项目；卡塔卢纳次之，有 10 个育种项目；排名第三的是穆尔西亚，有 8 个项目。果树育种项目的目标是提高果实品质、对病虫害具有抗性或耐受性、通过早熟和晚熟品种来延长收获季节、获得更好的市场效果。此外，每个作物还有其他特定的目标。

桃子是西班牙种植的主要核果。西班牙的桃产量仅次于中国、意大利和美国，居世界第四位，占欧盟桃产量的 25%。果肉质量差是消费者拒绝购买新鲜桃子的主要原因。除果实品质外，该作物的主要局限性是国外许多栽培品种对西班牙环境的适应性差、对其他国家栽培品种的依赖性、病虫害和非生物胁迫的发生率高、作物管理成本高。这些问题部分通过开发基于杂交的育种计划来克服。西班牙桃育种计划的主要目标有以下几点：

1）果实品质方面：许多品种，以早期品种为主，具有良好的外在品质，但缺乏内在品质；

2）对环境的适应性和更好的收获日程方面：增加对低温要求较低或极低的品种，使桃子能够在温暖的气候中生长，并使收获季节提前 30 天以上。目的是在安达卢西亚、穆尔西亚、瓦伦西亚和埃斯特雷马杜拉培育早熟品种，在阿拉贡培育中晚熟品种，并在阿拉贡、卡塔路亚和埃斯特雷马杜拉延长收获季节；

3）对病虫害的抗性或耐受性方面：抗蚜虫和真菌疾病，如白粉病、念珠菌和畸形锥虫（曲叶病）；

4）进口品种方面：进口品种有时适应性较差，且费用较高，因此要避免对进口品种的依赖。

开发无籽柑橘新品种是世界柑橘产业的重点。因为三倍体的花粉和胚珠育性非常低，造成果实无籽或者产生的种子数量很少，并且不会通过异花授粉诱导其他品种的种子形成，因此，三倍体杂种是实现这一目标最有希望的方法。西班牙自 1996 年开始进行三倍体育种计划，基于 2x 2x、2x 4x 和 4x 2x 性杂交、胚胎拯救和流式细胞术，并使用不同的方法产生新的四倍体亲本。目的是获得优质、易去皮、无核的柑橘新品种。

西班牙是地中海盆地最重要的石榴生产国和出口国之一。商业果园传统上集中在东南部，目前其种植已逐渐扩展到其他地区，主要是在伊比利亚半岛的东部和南部。甜软籽的 Mollar de Elche 和 Valenciana 是主要的石榴品种。西班牙在石榴方面的研究活动集中在育种、收获前和收获后技术以提高质量以及果汁和提取物的工业生产。

草莓是西欧一种重要的水果作物，每年大约生产 80 万吨。西班牙是欧洲主要的草莓生产国。西班牙从 1984 年开始进行草莓新品种的研究项目。育种计划的目的是获得更适应巴伦西亚地区土壤和气候条件的新品种。早在 1991 年，品种 Vilanova 和

Durval 的注册工作就已完成，认证程序从那时起就已得到发展。

（3）西班牙阿尔梅里亚省设施农业的发展经验

阿尔梅里亚省位于西班牙南部安达鲁西亚区，虽然面积仅为 8774 平方千米，却是西班牙乃至欧洲重要的农产品生产地。阿尔梅里亚以设施农业为主，每年生产的蔬菜和西甜瓜产量达到 300 万吨，位居西班牙全国第一。同时也是欧洲一些国家冬春季蔬菜瓜果的主要生产地，有欧洲"菜篮子"之称。阿尔梅里亚发达的农业不仅得益于得天独厚的地中海气候，更依赖于全面完善的农业生产体系和先进的农业生产技术。

阿尔梅利亚设施农业的发展在很大程度上得益于当地的光照、温度等自然条件，然而水和耕地匮乏，农业生产主要以一家一户为基础，其设施成本低、蔬菜单位面积产量也较低。但是，当地出台的一系列政策措施有力推动了设施农业发展，诸如推行设施低成本、规模化、标准化建设，花大力气改良土壤、推行节水技术，大力发展农民专业合作社和农产品物流业以及高度重视农产品质量、大力推广生物防治技术。阿尔梅利亚发展设施农业的一些做法值得我们学习和借鉴。

1）开展低成本、规模化和标准化建设，有效提高土地利用率。在推进城市化过程中，阿尔梅利亚当地政府部门从私人手中购买土地，并经统一规划和完善基础设施建设后，把温室以成本价（现在约为 18 万欧元 / 公顷）卖给或者贷款给农民，每个农户的温室面积约 2~3 公顷。当地政府和技术部门高度重视温室的规模化建设。在大力发展设施农业的同时，逐步以大面积的温室代替小型温室，集中发展连片温室，提高温室规模，生产用温室的面积从 1 公顷至 20 公顷不等，温室分布地带的土地利用率在 85% 以上。在发展规模化温室的同时，根据当地的光照、温度、水和土地资源条件，温室建设全部实行标准化。

从长远看，需要引导与设施农业相关的产业集群发展。这一产业集群能够就近提供各种生产资料，及时维护、更新各种设施设备，减少生产成本和时间以及农业生产的风险，将不断增强设施农业的竞争力。

2）大力改良土壤，推广设施农业节水技术

当地绝大多数的温室（70%~80%）土壤为"三明治式"结构，即底层是从外地运来的土壤、中间层是经过发酵的有机肥、上层是沙子，每隔 3 年更换一次中间层。这种结构不仅减少了土壤水分蒸发，而且减轻了连作障碍。正是通过这种形式的土壤改良，当地人战胜了自然，创造了人间奇迹。随着有机农业的发展，基质栽培技术逐步得到应用。目前，阿尔梅里亚的基质栽培面积占全部温室面积的20%以上，约是我国基质栽培面积（3000公顷）的2倍。在节水农业方面，当地政府和农业推广部门一方面充分利用丰富的海水资源，实行海水淡化，另一方面从改善温室结构、土壤改良、节水灌溉等方面着手，推广设施农业节水技术，温室园艺作物每吨水的效益达12.5欧元。阿尔梅里亚的农业节水措施如下：①推广使用喷雾和滴灌系统；②推广温室集雨技术；③发展小型的和以家庭为基础的水利设施。

3）推广有机农业生产技术。阿尔梅里亚率先按照良好农业生产（GAP）规范（UNE155001）要求，进行农业生产并做了进一步改进。主要措施如下：杜绝使用聚氯乙烯（PVC）和增强聚四氟乙烯（PRFV）薄膜；优先使用各种栽培和生物学措施，尽量避免使用化学手段；使用传感和分析系统，避免能量和资源的浪费；土壤消毒严格禁止使用溴甲烷；在采后和销售前严格进行农药残留检测；务必保证喷雾和滴灌系统处于良好的状态，避免系统损坏而导致的水资源浪费；完善残留物控制体系；最大可能使用生物天敌代替化学农药；栽培本地原生物种作为温室的隔离带；培育、使用抗病虫新品种，减少化学农药的使用；推广使用可循环利用的包装箱。2010年，阿尔梅里亚有机蔬菜实际生产面积约占总生产面积的20%。相对而言，有机农业产量较低，发展有机农业的关键是确保产品的质量。

4）加强农产品质量安全监管。在阿尔梅里亚，每一个农民专业合作社和农业龙头企业都有一支农业技术人员队伍，他们负责提供农业技术服务和农产品质量检测监测服务。每年在生产和出口两个环节，控制产品安全方面的投入达1000万欧元。检测蔬菜、水果可能携带的葡萄灰孢霉、晚疫病菌、沙门氏菌以及病毒的次数超过10000次，农药残留检测达到6000次。当地所有的农民专业合作社和农业龙头企业都建立和使用农产品追溯系统。每个合作社或龙头企业的技术人员负责监督农产品质量，不符合质量或者农残超标的农民不仅无法出售其产品，而且应退出合作社或龙头企业。阿尔梅里亚在发展设施农业的同时，高度重视农业生产环境卫生和清洁生产。农业生产环境整洁不仅是现代农业特别是观光休闲农业应该具备的，而且极大地减少了环境对农作物病害发生的影响。为了推动蔬菜产品质量升级和标准化生产，目前在各个农民专业合作社、龙头企业都广泛对果类蔬菜进行机械化、自动化分级。

5）发展农产品现代物流业。大量蔬菜、瓜果的销售和出口依赖于现代物流业。阿尔梅里亚港运、公路运输发达。当地农产品的销售渠道主要有农超对接以及通过龙头企业、农民专业合作社的农产品竞卖系统把农产品销售到世界各地。与荷兰的花卉竞卖相似，当地的农民专业合作社和龙头企业普遍使用农产品竞卖系统，每天早晨来自各地的中间商和经销商参加竞卖。这一系统的广泛使用可以保证在 12 小时之内将当日蔬菜或水果以各方满意的价格运抵欧盟各国。

6）培训新型农民，改善劳动力结构。当地政府投入大量资金培养新型农民，并且免费为农民专业合作社、龙头企业培养技术人员，吸引年轻的、具备专业化生产技能的高素质劳动力从事农业生产经营。安达卢西亚自治区政府规定：所有 40 岁以下、经过注册的农民在岗前都需要进行培训，培训课程包括基础班和提高班，培训总学时要达到 270 学时。通过培训并获得生产资格证书后，农民可获得政府提供的贴息贷款和其他优惠政策支持。

7）大力推广使用现代农业科技。阿尔梅里亚设施农业的飞速发展主要得益于农民渴望科学技术并积极接受、使用现代科技手段发展农业生产。许多新的技术诸如土壤改良、植物营养、籽种农业、设施农业、生物防治、农业清洁生产、农业污染防治、农业水资源保护、设施专用农机具以及农产品加工等技术得到迅速推广，特别是近年来发展起来的集成化农业生产理念深入人心，其应用和管理水平在世界上也是领先的。阿尔梅里亚大学是当地唯一的承担农业科研、示范和推广的科研教育机构，已经成为当地农民和农业企业的技术依托。这所大学的突出特点是紧紧围绕当地设施农业开展多方面的研究和技术推广，如温室结构与生产功能的关系研究，包括遮阳网的颜色与光照强弱之间、防虫网孔大小与病虫害传播之间、温室的形状与生产性能之间的关系以及温室地面、地上设施建设等。

8）大力发展农民专业合作社。西班牙各地的农民专业合作社发展比较成熟，组织化程度高，管理规范。大型农民专业合作社不仅带动了当地农业产业升级，而且主要起到了市场和投资的作用。安达卢西亚自治区共有 119 个农民专业合作社，按照规模和管理职能已经形成了多个层次：大型农民专业合作社、联合社、合作社联盟等。其中，阿尔梅里亚有 55 个农民专业合作社，当地 60% 以上的农户都已加入农民专业合作社，平均每社约有 150 个农户，农民专业合作社的蔬菜和西甜瓜生产市场占全部市场的 65%～70%。高度发达的农民专业合作社不仅带动了农业生产的发展，而且促进了与农业相关的一系列产业的发展，如农业生产资料、设施工程建设、农产品物流业和农产品加工业。

4.1.6　荷兰花卉产业发展的经验

（1）荷兰花卉产业发展概况

荷兰位于欧洲大陆西北部，西北两面临海，东与德国接壤，南与比利时为邻。全国国土面积 4.15 万平方千米，25% 的土地低于海平面，60% 的土地海拔不到 1 米，境内最高海拔 321 米。荷兰属温带海洋性气候，温暖潮湿，年降水量、温度等自然条件十分适宜花卉及种球的生产和繁殖。从 16 世纪开始，荷兰开始发展园艺学。17 世纪出现草莓的专业化种植。同时期，郁金香引入了荷兰，大受欢迎，催生了专业花卉销售渠道。18 世纪，荷兰包括花卉在内的各类经济作物大量出口英国，促进了荷兰花卉产业的发展。19 世纪中期荷兰和德国的铁路系统连接以后，大量的花卉出口到了德国，花卉拍卖行业开始涌现。第一次世界大战时期，荷兰每年出口 2500 万千克的花卉产品。20 世纪 30 年代，虽然面临着严重的经济萧条，花卉出口仍然增加到了 5000 万千克。此期间，受土地的限制，荷兰的种植户开始大量使用温室技术，一公顷温室每年可以生产出 100 万枝月季切花。第二次世界大战后，随着欧洲经济迅速发展，人口增长与土地的矛盾日益加重，大量的新科技、新技术应用到了花卉生产中。其中 20 世纪 50 年代发展起来的荷兰文洛式（Venlo 型）温室成为现代温室的代表。到 20 世纪 90 年代，50% 以上的荷兰温室进行的是花卉种植。21 世纪，荷兰在花卉育种与设施生产技术上的优势使得其产业领先地位进一步巩固。荷兰设施花卉生产面积由 2009 年 5005 公顷降至 2019 年的 3810 公顷，花卉总产值由 2009 年的 59 亿欧元增至 2019 年的近 69 亿欧元，其中切花出口额占到全世界切花出口额的 50%。

（2）荷兰花卉产业优势

1）合理的产业布局。目前，荷兰大约 5.6% 的耕地用于种植花卉等各种园艺作物，从事花卉生产的花卉企业超过 1 万家，经济效益约占荷兰农业总产值的 20%~30%，是世界最大花卉出口国、世界花卉交易中心。切花、种苗苗木、球根花卉发展齐头并进，是荷兰花卉产业出口的三大支柱。2019 年切花出口额约 40 亿欧元、种苗苗木约 38 亿欧元、球根花卉约 12 亿欧元。

荷兰的大部分花卉进入流通市场主要通过拍卖方式，拍卖市场是花卉种植者以会员形式组成的合作社，花卉种植者是拍卖市场的所有人。在整个拍卖流程的各个环节中，全部由荷兰人参与和操作，没有任何一个其他国家人员参与。会员种植的绝大多数花卉必须通过拍卖销售。花卉种植者不能参与拍卖活动，拍卖公司不能参与生产，从而保证花卉种植者专心于生产。以 Flora Holland 拍卖市场为例，目前占据荷兰将近98%的花卉拍卖市场份额，每年鲜切花的交易量就达到120亿株，是世界最大的花卉拍卖市场。荷兰政府为提高种植商的积极性，提供了许多优惠政策。比如降低应用设施栽培公司的能源价格；每年从预算中拨出款项补贴公司，来建造节能设备；对质量控制、新品种培育也给予适当补贴。

2）科技推动产业发展。荷兰有不同类型的花卉研究机构，各机构归属不同，有明确的分工，相互间协调配合。国家研究所主要从事应用型的基础理论研究。而如瓦赫宁根大学等高校，主要从事花卉遗传、生理生化等研究工作。许多花卉企业也成立了研究所，偏重育种、栽培技术、资源引进和开发等。目前，由于荷兰土地成本和劳动力成本的逐年增加，许多育种企业将相对属于劳动密集型的花卉繁殖部分，转移到劳动力便宜的发展中国家，如非洲国家。荷兰越来越多的花卉种植企业，也在东非的肯尼亚、埃塞俄比亚、津巴布韦等国进行投资。在荷兰本土，大多数花卉在温室种植，单体温室面积一般约2~3公顷，生产高度专业化，产量和质量随之提高。专业生产更有利于机械化的应用，从而节省昂贵的人工费用。花卉生产对机械水平要求很高，近年来，荷兰研制了一大批花卉的生产、收获、包装、保鲜等实用机械。生产的专业化、机械化以及智能化，加之严格的标准化管理，极大地降低了成本，提高了劳动效率、产品质量和市场竞争力。

（3）荷兰花卉产业发展经验

荷兰花卉业的成功是由诸多因素决定的。悠久的生产历史、完善的花卉栽培教育、推广和研究，极大地提高了花农的技术水平；不断的科学研究使荷兰的花卉业经常开发出新技术和新产品。在荷兰，所有的花卉生产者都可以直接获得最优秀的繁育材料。在生产链中，高效检验服务和质量控制系统确保了花卉生产的最佳质量。完善的基础设施和配套服务以及成功的配送系统使花卉种植者走向专业化生产，形成良好的经济效益。

1）政府有效的宏观调控。首先采取直接管理和授权中介机构间接管理相结合的方式，充分体现了小政府、大社会和政府宏观管理与行业组织微观管理相结合的特点。其次得益于发达的中介组织，这些组织不仅数量多，而且门类齐全，有官方的、半官方的，而更多的是民间形式的花卉零售商协会等组织。可以说，在荷兰花卉生产、流通领域的各个环节及各类花卉中，都设有专门的中介机构。充分发挥分工明确、协调一致的各种花卉中介组织的管理作用，是荷兰花卉产业健康、有序发展的关键。此外，荷兰花卉业实现了高度的专业化大生产和科学的社会化分工协作，这样就使专业化、规模化生产达到顶峰。

2）健全高效的花卉流通体系。包括 7 大拍卖市场、近 800 家批发公司和 1.4 万家零售店。荷兰花卉出口额中的 80% 是由拍卖市场进行的，这也是荷兰花卉销售的主渠道。同时，由于拍卖市场对花卉保鲜、包装、检疫、海关、运输、结算等服务环节实现了一体化和一条龙服务，确保了成交的鲜花在当天晚上或第二天出现在世界各地的花店里，不仅降低了交易成本和风险，而且提高了效率。

3）荷兰花卉业的科研推广和生产市场需求高度结合。荷兰花卉的科技含量一直处于世界领先水平，这在很大程度上得益于设置合理的科研体系和有效的运作机制，其核心是注重实用，科研、推广与生产、市场高度结合。荷兰花卉科研机构主要分大学的研究所、国家办的研究所和各公司自办的研究所 3 个层次。仅各大花卉公司自办的研究所就有 60 多个，从事研究的科研人员达 6000 多人，主要从事应用型技术研究，如花卉育种、栽培技术、种质资源引进和开发等，研究的成果可立即用于生产。

4）高度重视对花卉资源的收集和新品种选育。在荷兰，几乎每种花都有专门的花卉育种公司，这些公司专门收集市场上出现的各种花卉品种，并每年都进行成千上万个组合品种的杂交，将选育出的新品种提交荷兰植物品种权利委员会，申请新品种鉴定，经过测试后推广。荷兰政府十分重视对植物新品种权利的保护，专门成立了荷兰植物品种权利委员会，负责新品种的选育和权利保护事宜，荷兰控制了全世界一定比例的花卉新品种权，通过推广新品种权在全世界盈利。

5）适度规模的集约化经营。荷兰在花卉产业发展实践中，确定了稳定种植面积、适度规模经营、高度集约化管理、发展高新技术产品的发展战略。目前荷兰花卉生产已普遍实现了机械化和自动化设施栽培。全国 70% 的花卉生产面积采用温室栽培，使花卉生产中的温度、湿度、光照、施肥、喷药等，实现了电脑自动控制。大部分生产企业都应用了无土栽培技术、分子育种技术、克隆技术等。

6）健全严格的花卉质量监控体系。荷兰通过健全质量监控机构、制定严格质量标准、实行质量认证制度和产品质量信誉认可等措施来确保花卉产品质量。不同花卉产品的质量标准，由各花卉中介组织依据农产品质量法案分别制定，相应机构颁发产品质量认可证书后，产品方可上市流通。由于荷兰采取了严格的质量保证措施，使其花卉产品在全球激烈的市场竞争中始终立于不败之地。

4.2 发达国家园艺科技发展趋势

4.2.1 果树科技发展趋势

整体而言，发达国家果树科技发展的趋势是"顶天立地"。"顶天"主要表现在对种质资源的挖掘利用和分子育种、物联网和智慧果园的基础研发；"立地"则针对产业重大问题（如美国的柑橘黄龙病）的协作攻关。

（1）种质资源的收集保存和鉴定利用

美国收集保存的果树资源最多，有23255份，包括：得克萨斯州布朗伍德薄壳山核桃和栗属种质资源圃；得克萨斯州考瓦里斯榛、梨属及其近缘种、草莓、树莓、穗醋栗、越橘等种质资源圃；加利福尼亚州戴维斯核果类、核桃、葡萄、柿、猕猴桃、阿月浑子、石榴属等种质资源圃；纽约州基尼瓦苹果属、葡萄属种质资源圃；夏威夷州黑烙凤梨、石番莲属、番木瓜、番石榴属等种质资源圃；佛罗里达州迈阿密枣属、咖啡属、芒果、芭蕉属等种质资源圃；佛罗里达州奥兰多柑橘类种质资源圃；加利福尼亚州瑞沃塞德 / 布佬里柑橘类、海枣属种质资源圃。法国收集保存了近10000份的果树种质资源，主要有昂热园艺与种子研究所的苹果和梨保存圃，波尔多葡萄种质资源圃，波尔多李子种质资源圃，以及可西嘉岛柑橘类种质资源圃。此外，联合建立或由国际组织资助建立果树数据库，如由联合国粮农组织（联合国粮食及农业组织）、欧盟共同资助开发的欧洲李子数据库（European Prunus Data Base，EPDB）。

在收集保存果树多样性的同时，鉴定利用果树资源，开发自然多样性，寻求从野生亲缘植物中拓宽栽培物种的遗传基础，以便更好地控制同源重组、有效利用种间杂交，成为发达国家在资源研究方面的重点。这方面的代表是美国农业部Geneva试验站在苹果砧木育种上的成就，利用其从全球收集的完整的苹果资源，近80年来持之以恒进行苹果砧木育种，现已选育出不同致矮性、抗火疫病或重茬等特性的CG系列砧木新品种。

（2）基因组学与果树育种

近年来，果树作物的遗传和育种研究充分利用了基因组测序、高密度分子标记开发、重要性状的遗传定位和关键基因克隆等现代生物学手段。主要果树作物的基因组测序、重测序方面进展最为显著，2007年法国意大利葡萄基因组测序联盟共同发表了第一个葡萄（*Vitis vinifera*）全基因组测序（Jaillon et al., 2007），2019年发表了河岸葡萄（*Vitis riparia*）全基因组测序（Girollet et al., 2019）。美国能源部联合基因组研究所（Joint Genome Institute, JGI）联合佛罗里达大学一共组装并发表了三个柑橘相关物种的基因组，包括甜橙（sweet orange）、克莱门柑（clementine）和枳（trifoliate orange）。JGI团队通过对60个柑橘种质进行全基因组测序，揭示了柑橘物种的形成以及进化历史（Wu et al., 2018）。

虽然果树分子育种仍处于初期研究阶段，但近年来，一方面，在目标基因所在的区域中建立饱和且非常致密的遗传图谱，如桃品质和巴旦木杏仁的精细遗传图谱、苹果的遗传图谱、橄榄树遗传图谱、桃树病害和李子砧木线虫抵抗力精细遗传图谱。另一方面，很多国家或研究机构都致力于开发性状选择的分子标记，且已经开发出大量分子标记，尽管普适性尚待完善，而在基因编辑技术上，鉴于CRISPR基因编辑技术可极大地缩短育种周期，佛罗里达大学的王年团队在2016年成功利用CRISPR技术编辑易感病基因CsLOB1，使柑橘植株对柑橘溃疡病（citrus canker）的抗病性明显增强（Jia et al., 2017）。

在果树新品种培育上，目前及今后各国仍主要依靠杂交育种或芽变选种。以果树品种选育相对种类多、先进的日本为例，针对好吃（甜度高、食味佳）、食用方便（易剥皮、无核等）等育种目标，苹果方面育出切面和打浆均不会改变果肉颜色的"千雪"；柑橘首推品质好、易剥皮、种子少的两个品种"春见"和"西南之光"；葡萄育出"阳光玫瑰"不用赤霉素处理就能无核，"Ruby Roman"红色外皮如红宝石一般，粒径在3.1厘米以上，且重量是巨峰葡萄的两倍。

（3）果树病虫害防治

果树病虫害的研究策略是聚焦少数具有科学意义和/或经济意义的重要病理模型系统和害虫发生规律，以更加深入了解植物-病虫害-载体-辅助相互作用的机制。包括：①病虫害的鉴定、表征和检测，如对苹果黑星病和白粉病、农杆菌、Phytophtora疫病、草莓炭疽病等果树病原体的生物学变异和遗传变异的研究；血清学和分子生物学工具的改进，使得检测出果树树种，尤其是核果类树种上的李子痘病毒（Plum Pox Virus, PPV）、苹果绿叶斑病毒（ACLSV）、李子坏死性环斑病毒（PNRSV）、类病毒等成为可能。②果树-害虫相互作用分子生物学机制的研究。果树病虫害种类繁多，各主要发达国家根据本国果树生产上发生的主要病虫害进行研究，如法国只集中在火疫病（fire blight）、柑橘顽固病（citrus stubborn）、沙尔卡（sharka）、树根线虫（root knot nematodes）和韧皮部吸食性虫害（phloemophagous insects）。③病虫害流行病学和环境影响。主要进行病虫害（及其媒介）种群的遗传和动态、发病建模和预测以及综合合理防治的研究，例如针对苹果黑星病采取选育可持续抗病品种、苹果白粉病和戈瑟隆州的桃白粉病流行病的发病研究、杏子褪绿皮卷流行病学的研究和抗病品种选育、柑橘类致病原核生物的流行病学研究等。

（4）果园轻简化管理

从果树的地上部和地下部环境有关的整体水平（器官，整个植物）上处理问题。通过研究碳的获取（取决于外部和内部因素）和碳的分布、硝酸盐吸收的季节性调节、基于根系体系结构的建模以及根部功能的建模、水–果树植株整体互作和灌溉管理、果树形态发生和发育等在时间和空间上促成其架构和生理功能的联系来建立模型，开发相应技术和机械，进行树木和果园管理的广泛轻简化应用。

（5）水果品质鉴定，保存和加工

开发果实品质鉴定的工具和方法、识别和验证果实品质特征的生化标记或分子标记、贮藏和加工时保留水果的感官品质（颜色，风味，香气，质地）以及果实对人特别有营养的次生代谢产物的研究。主要的研究有：①细胞壁多糖。所涉及的树种是苹果、葡萄或更多的亚热带水果。目的是了解这些成分在转化过程中的变化，并分析它们在成品（果汁、苹果酒、葡萄酒）稳定性中的作用。②果实色素和酚类化合物。类胡萝卜素和酚类化合物对水果的感官品质特性起决定性作用，其中一些对心血管疾病和某些上皮癌具有治疗作用。除了持续进行结构分析外，还研究水果或加工产品中存留分子的感官特性，抗氧化特性和营养成分的生物利用度。③香气。挥发性香气化合物的分析与果实品质感官评估之间密切相关，除鉴定了一些水果特征性香气成分及其生物合成途径外，同时也建立了有关不同水果品种中挥发性香气成分的性质和数量的数据库。④水果的物理和机械特性的鉴定。一些主要果树例如苹果、桃子、杏和猕猴桃，视觉、触觉和听觉所感知的水果品质特征，特别是与结构有关的机械性能（质地、耐冲击性）都可以通过物理方法来衡量；某些情况下，这些可以补充或替代果实品质生化和理化分析。这些方法利用了数字图像分析、渗透测量、超声测量和冲击引起的变化的测量等。

（6）物联网与智慧农业

日本的农业以及果树业是世界上最早同时遇到技术进步和劳动力不足的。因此，日本在该方面探索较早且进展明显。日本的果场（含果园生产和采后处理）采用的物联网，基于人工智能系统，建立地理信息系统（GIS）果园土壤成分、当地气象因素来自附近的气象站、栽培管理措施和农事历、果实品质、市场历史和动态等组合优选，不但能在生产过程多个环节使用机器人，最大限度省力化，而且可以根据科学原理组织生产，例如，给葡萄环割使果实着色，指导果园生产出最优质、最优价的果品。智慧农业的发展态势有以下三方面值得关注：一是建立完善的农业市场信息服务系统。日本的农业市场信息服务主要由两个系统组成，一个是由"农产品中央批发市场联合会"主办的市场销售信息服务系统。实现了日本国内 82 个农产品中央批发市场和 564 个地区批发市场的销售数量及海关每天各种农产品的进出口通关量的实时联网发布，农产品生产者和销售商可以简单地从网上查出每天、每月、年度各种农产品精确到千克的销售量。另一个是由"日本农协"自主统计发布的全国 1800 个"综合农业组合"组成的各种农产品的生产数量和价格行情预测系统。凭借两个系统提供的精确的市场信息，每一个农户都对国内市场乃至世界市场什么好销、价格多少、每种农产品的生产数量了如指掌，并可以根据自己的实际能力确定和调整自己的生产品种及产量，使生产处于一种情况明确、高度有序的状态。日本的农产品信息发布准确、及时和全面，对整个农业起到了良好的指导作用。二是建立农业科技生产信息支持体系。日本十分重视信息技术作为载体在农业科技推广中的作用。将 29 个国立农业科研机构、381 个地方农业研究机构及 570 个地方农业改良普及中心全部联网，271 种主要农作物的栽培要点按品种、地区特点均可在网上详细查询。其中，570 个地方农业改良普及中心与农协或农户之间可以进行双向的网上咨询。日本早就制定了"生鲜食品电子交易标准"，建立了生产资料共同订货、发送、结算标准，并正在对各地的中央批发市场进行电子化交易改造。随着实践的发展，农用物资及农产品销售的网上交易系统越来越完善。三是计算机网络系统的应用发展迅速。早在 20 世纪 90 年代，计算机在日本农业生产部门的普及率已达到 93%。建立了农业技术信息服务全国联机网络，即电信电话公司的实时管理系统（DRESS），其大型电子计算机可收集、处理、贮存和传递来自全国各地的农业技术信息。每个县都设有 DRESS 分中心，可迅速得到有关信息，并随时交换信息。后来开发的农业技术情报网络系统，借助公众电话网、专用通信网、无线寻呼网，把大容量处理计算机和大型数据库系统、互联网网络系统、气象情报系统、温室无人管理系统、高效农业生产管理系统、个人计算机用户等联结起来，形成强大的物联网。政府所派的农技指导员除了教农民农业技术以外，还承担了微机的教学工作，促进了农村计算机的普及和物联网的利用。

4.2.2　蔬菜科技发展趋势

（1）生物育种

1）分子育种技术。美国科学院、工程院和医学院 2020 年发布的《2030 年推进食品和农业研究的科学突破》（*Science Breakthroughs to Advance Food and Agricultural Research by* 2030）的研究报告，将利用基因组学技术、基因编辑技术等现代生物育种技术对重要农业生物与产量和品质相关的主要性状进行精准、高效改良作为今后 10 年农业领域 5 大技术突破之一。目前世界上大的蔬菜种子公司都在分子育种上进行着激烈的竞争。一是高通量分子检测平台技术。美国 SolCAP 项目组通过番茄基因组重测序，找到了大量的 SNP，与 Illumina 公司合作，推出了商业化的 SNP 芯片 Illumina Infinium SolCAP array，可以检测 7720 个 SNP 标记。该芯片已经成功应用于番茄进化分析、性状遗传定位和育种。KASP 是一种检测 SNP 的新技术，具有灵活、经济、快速、适合高通量检测等特点。美国 SolCAP 项目与 LGC 公司合作，将上述 SNP 转化为 KASP SNP 分子标记，从中精心挑选了 384 个 KASP SNP 分子标记构成了核心标记验证板（validated panel,）。芸薹属蔬菜的 SNP 芯片应用也非常深入，加拿大利用大规模的芸薹属蔬菜重测序研究成果，开发了高密度的 SNP 芯片 Brassica napus 60K Illumina Infinium™ SNP，并广泛应用于芸薹属作物全基因组多态性分析和分子育种。国外一些大的种子公司都已经建立了先进的高通量的分子检测平台。二是全基因组选择育种技术。发达国家都在积极研究和推进全基因组选择育种技术在蔬菜育种中的应用。第一种方法是利用 F1 组合，分别进行表型分析和基因型分析，计算不同基因组片段不同等位形式的育种效率值（Genomic Estimated Breeding Values，GEBVs），从而建立全基因组选择模型。利用该模型可以提高选择亲本配制组合的效率，同时还可以提高从分离后代中选择优良单株的效率。第二种方法是利用自然群体的表型和基因型，通过全基因组（GWAS）找到与目标性状紧密关联的分子标记，并计算这些分子标记对表型的遗传贡献率以及基因组片段育种效率值，建立全基因组预测模型［Whole-Genome Prediction（WGP）models］。研究表明，利用与目标性状紧密关联的分子标记进行全基因组辅助选择，能够显著提高番茄产量和风味的育种效率。三是重要性状基因编辑定向改良技术。例如，国外已经用该技术成功地对多种番茄性状进行了改良，包括增加心室数目、控制花序分支数目增加坐果率、提高单性结实率、延长果实货架期、增加果实花青素含量、降低始花节位、提早成熟等。2020年12月，日本筑波大学初创企业Sanatech Seed申报了利用基因编辑技术使"GABA"（γ-氨基丁酸）含量增至约5倍的番茄新品种，可用于高血压病人的辅助治疗。四是利用合成生物学技术创新能够人工调控植株代谢反应以适应生物逆境或非生物逆境的品种。国外已经用这项技术得到了能够应对干旱逆境提高水分利用率的番茄。

2）种质资源创新和品种选育。美国2015年发布的《美国农业部植物育种路线图》首先提出的任务就是加强国家植物种质资源系统的建设，包括扩大资源收集，增加资源的可获得性，评价和表征资源的特性，提高资源利用效率等。国外正在加紧收集蔬菜资源材料的同时，利用包括泛基因组分析技术在内的各种技术，广泛挖掘优异材料和优异基因。荷兰瓦赫宁根大学完成了400多份生菜的基因组重测序研究，为深入挖掘生菜基因资源奠定了良好的基础。针对最近番茄褐色皱纹果病毒病（ToBRFV）从大量的资源中找到高抗的材料。

在育种目标上，虽然为满足蔬菜生产的需求，高产、多抗、外观品质好、耐储运仍是国内外蔬菜育种的重点目标，但是风味品质与营养品质开始日益受到重视，蔬菜育种正在向多样化方向发展。美国佛罗里达大学番茄育种团队培育出了高番茄红素、风味好、可在植株上自然成熟后采收（Vine-Ripened）的品种Tasti-Lee；瑞克斯旺（Rijk Zwaan）培育出甘甜多汁的Silky Pink系列品种、番茄果实内部为深红色的Internal Red系列品种；日本育成了果实中等大小、含糖量高、风味浓的高端品种。美国俄勒冈州立大学首先培育出高花青素的紫果番茄品种Indigo Rose。最近欧美公司在我国新推广的一些蔬菜品种的风味品质比以前的品种有了明显的提高。为了满足消费者对鲜切番茄的需求，纽内姆（Nunhems）培育出了Intense番茄，该番茄果肉致密，切片或切丁后，外形完整漂亮、流出的汁液非常少、保鲜期长。由于蔬菜生产需要大量的人工，因此培育适合轻简化栽培和机械采收的蔬菜品种将成为越来越重要的育种目标。另外，为了提高资源利用率，实现碳中和，培育营养高效的品种也是国外蔬菜育种目标之一。

（2）肥料营养管理

发达国家为实现蔬菜养分精准管理，围绕精准化、智能化、自动化、机械化开展相关技术开展研发，如蔬菜肥水分段精准管理方案，蔬菜生长阶段与养分状况以及土壤或基质养分供应的无人动态监测、评价与管理决策系统构建，肥水一体化精准施用硬件研发以及结合光照、气体、温度等环境因素的施用策略体系构建等，实现蔬菜生长各发育阶段肥水供应与需求的精准同步，大幅提高肥水利用率；围绕提高菜田土壤健康质量的技术研发越来越深入，包括土壤健康指标与评价体系建立、菜田高质量根层土壤的构建技术、菜田土壤碳高效固存技术等，蔬菜菜田养分管理技术趋向多元化融合发展。利用作物微生物组学和合成菌群学构建生态稳定的多菌种复合微生物肥料，以及通过互作信号调控增强微生物肥料在植物根际的定植与作用效果，可能是未来的一个新的重要研究领域。

（3）生产机械化、智能化

蔬菜农机装备智能化提升方面，主要在蔬菜智能化播种、取苗移栽、蔬菜采收、无人化作业装备等方面取得进展。例如，美国得克萨斯农工（A&M）大学与韩国忠南大学团队联合研制了适合辣椒全程机械化作业的移栽机和取苗装置，供苗成功率为96.79%。Garcia-Manso等研制了一种智能化的花椰菜收获机，通过集成视觉系统，对花椰菜的成熟度与病害进行判断，自动丢弃不符合产品要求的花椰菜，分类准确率达97%。

蔬菜作业机器人研发方面，主要进行机器人作业路径规划算法、蔬菜幼苗/叶/果实/病斑识别方法等方面的研究，并在机器人靶向用药，番茄、黄瓜摘叶，甜椒、番茄采摘技术装备等方面取得进展。例如，日本的 Inaho 蔬菜自动收割机器人支持芦笋和黄瓜进行采收，正在尝试将其适用品种扩展至番茄、青椒、茄子等蔬菜，收获速度已从30秒/个提升至15秒/个。荷兰 CLAAS 公司研发的 AgBot 自动驾驶田间多功能作业机器人能够实现自动驾驶、避障和多种农事作业机具的集成。荷兰普瑞瓦 Kompano 摘叶机器人可全天候对番茄植株进行摘叶操作，每周作业面积达1公顷，准确率超过85%。荷兰 VDL CropTeq 摘叶机器人，专注于解决高空吊蔓栽培黄瓜植株的自动化摘叶工作，未来还将继续探索番茄等其他蔬菜应用，这款机器人单臂每小时摘叶1000片以上，并计划在2022年实现小规模销售。欧洲与以色列研发甜椒采摘机器人 Sweeper 采摘一枚甜椒仅需24秒，每日工作时长可达20小时，在3~5年内推出商业版。美国 AppHarvest 番茄采收机器人 Virgo 可以在室内或室外运行，可以在不同种植环境下识别50余种番茄品种的成熟阶段，借助红外摄像头生成特定区域的三维彩色扫描图像并进行评估，判断番茄的理想采收时间，有望在2023年投放市场。

蔬菜生产智能管理与服务方面，主要集中研究蔬菜生产诊断、环境和水肥智能调控等方面，深度神经网络与机器视觉等技术已开始广泛应用于蔬菜生长、田间生产、病虫害等监测、预测研究中。美国学者 Alhnaity Bashar 提出了一种基于长短期记忆（Long Short–Term Memory，LSTM）网络的植物茎粗变化预测方法，通过对原始数据的小波分解与基于注意力机制递归神经网络来模拟作物生长中时间序列数据中的长期依赖关系，取得了较好的多步骤预测效果。荷兰学者 Yura Perugachi–Diaz 采集建立了 13200 株带有相应标签的蔬菜种苗图像数据集，对比了不同机器视觉模型的分类准确性，发现 AlexNet 模型对蔬菜苗分类准确率可达 94%，可以帮助生产人员实现早期预警决策。基于大数据、云平台、互联网的区域生产管理技术与系统的研究也将日益深入。

（4）设施结构与环境调控

在结构上主要追求采光、蓄热、保温性能的不断优化。例如，利用参数化控制的采光百叶系统，通过使用参数化角度的反射板，可以响应太阳的运动，从而收集尽可能多的日光。伊本佐尔大学开发了一套用于温室增温的主动式太阳能供暖系统（ASHS），可使冬季番茄总产量大幅度增加。国外最新报道利用温室屋顶设置的太阳能热水装置给温室加温，可以显著提升夜间室内温度，减少锅炉加热的需求量，从而减少二氧化碳的排放量。在设施环境调控方面主要研究如何提高能源利用效率、利用再生能源，以及调控过程智能化。例如建立计算流体力学与虚拟现实（VR）相结合的温室环境仿真模型，利用该模型识别温室内种植各种作物的主要空气动力学特征，以实现温室内通风环境的最佳管理。

（5）病虫害防控技术

蔬菜害虫生物防治方面，从单一种类天敌的防治扩展到多天敌的综合防治。由于不同的天敌组合应用效果存在差异，多天敌昆虫应用的技术要点及施用模式是害虫生物防治的重要内容。此外，生态因子特别是蜜源植物、储蓄植物、驱避植物在内的功能多样性植物等生物因子对天敌昆虫控制害虫的促进作用是当前研究的热点。近年来，国际上相继开发了一批结构新颖的绿色农药并投入使用。同时，蔬菜害虫病原微生物及蔬菜根叶际优势共生微生物拮抗剂的资源挖掘在国际上迅速兴起，以此研发新型高效的精准靶标产品，已成为未来蔬菜害虫生物防治的重要发展趋势。另外，通过深入研究蔬菜害虫与寄主植物之间的互作关系，开拓防治的新途径。

蔬菜病害防控方面，利用拮抗微生物、病原物的寄生物、交互保护作用、免疫诱抗剂、免疫蛋白制剂及嫁接等技术进行绿色防控，有效防治多种病害。用植物提取物对多种微量元素银、金、铜、镉、铝、硒、锌、铈、钛、铁等进行生物还原，获得纳米颗粒抗菌剂，研制出新型纳米防病技术。基于农业微生物组学原理的蔬菜病害绿色防控技术研究已成热点，主要研究蔬菜作物微生物组结构，解析作物－病虫害－微生物组的系统功能及其调控网络中的信息识别、解码、传递和控制过程，揭示不同耕作制度和栽培条件下土壤微生物组结构和功能与蔬菜病害发生、成灾的关系及驱动机制，结合不同调控措施下微生物组结构、功能和病虫害种群动态演变特征及其与环境条件变化的关系，阐明微生物组调控蔬菜病虫害种群消长的原理，创新定向调控作物微生物组结构和功能的生防新技术及微生物菌剂产品。

（6）保鲜加工与营养健康

目前国际上蔬菜采后保鲜技术的研究主要集中在品质的保持和提升以及高效智能化控制技术的研究，其中闪蒸浓缩、低温高速气流速冻、高温短时杀菌、无菌灌装等先进技术的研发和应用提高了蔬菜加工产品的品质，并逐步实现了高效智能化精准控制。主要的发达国家已经建立了完善的蔬菜冷链运输及贮藏的管理和技术体系，明确了主要蔬菜在预冷、贮藏、运输、货架期、家庭冷藏等不同环节的要求和技术参数，也建立了完善的操作规程。目前在冷链技术的研发上主要集中在品质保持的精准控制上，如在番茄的冷链运输过程中，冷藏箱的送风速度为 8 米 / 秒时可降低番茄水分耗散，并在 2.5℃条件下效果最佳。

蔬菜营养与健康研究方面，对于果蔬产品的摄入与疾病干预的研究已成为国际研究的热点，大量的基础研究及流行病学数据显示长期合理的蔬菜膳食与心血管疾病、癌症、肥胖、糖尿病、高血压等代谢性疾病的缓解呈正相关。围绕蔬菜品种－活性成分－生物功能之间的构效关系、营养活性物质干预靶向调控代谢性疾病的分子机制、蔬菜膳食配方对人体健康的改善作用、开发基于活性物质的相关特医特膳及功能性产品等将是国际上重要的研究方向。

4.2.3　西甜瓜科技发展趋势

随着生物技术与基因组学的高速发展，发达国家将大量的分子技术用于西甜瓜种质改良。例如，自动化高通量表型分析系统的发展已经实现了对较大群体的快速评估，增加了选择强度并提高了选择准确性。第二代和第三代测序平台的出现意味着育种家们可以较低成本使用 DNA 分子标记来辅助筛选并加速基因挖掘、性状解析和预测育种技术。不同发达国家的西甜瓜生产模式不同。例如，美国的国土幅员辽阔、南北气候差别很大、地多人少劳力缺乏、贮藏与交通运输条件高度发展，西瓜甜瓜生产属于典型的现代化生态农业模式，很少有保护地栽培、嫁接栽培、育苗栽培、无土栽培等精耕细作技术。日本国土狭小、人多地少并有精耕细作的传统，其西甜瓜生产为小规模的人控集约栽培现代化生产模式。围绕育种技术和栽培技术，发达国家的科技发展有以下共同趋势。

（1）快速育种

西甜瓜育种的关键限制因素之一是作物生长周期长，通常每年只产生两代或三代。利用快速育种技术能有效解决这一难题。该技术使用最佳的光质、光强、光照时长和温度控制来加速光合作用和开花，以及更早收获种子，从而缩短了传代时间。不同于单倍体加倍技术，快速育种适合多样化的种质，并且不需要专门的实验室来进行体外培养。现在多种作物都有了可用的快速育种方案，而西甜瓜还在探索阶段。快速育种可以加快西甜瓜研究进展，可在快速育种系统中进行诸如杂交、种群绘图和成熟植物的特定性状分型等。快速育种还可以加速性状的回交和聚合。

（2）更快、更好的表型分析

可靠的表型分析是为开发新品种而进行品系筛选的主要依据，也是植物育种的核心。因此，表型分析方法的改进必须综合考量准确性、速度和成本之间的平衡。虽然"育种家的眼睛"可能永远都不会被完全替代，工程学却让育种家看到更多，并为基于表型的筛选提供更好的信息。通过计算机可视化和机器学习处理图像和提取有价值的信息（特征），实现对植物生长和功能的非破坏性监控。通过使用高度互连的环境监测系统，我们关于植物对环境响应的理解可以进一步增强并实现自动化。这些技术组合在一起，为增加表型分析的准确性和降低其成本提供了令人振奋的机遇。加上基因组学的快速进步，更好的表型分析工具正在引领加速育种的时代。应用这种新一代表型分析的主要挑战仍然是数据处理和图像加工。

（3）作物改良的快速编辑

目前西甜瓜转基因和 CRISPR/Cas9 基因编辑技术已成功建立，但转化效率依然较低。实施基因编辑仍然需要耗费时间的组织培养过程，将基因编辑直接纳入快速育种系统，有可能绕过植物材料体外操作的技术瓶颈。然而，这种技术仍将产生需要接受监管的转基因植物，并且将需要提供转基因、Cas9 以及大多数情况下的选择标记基因的被编辑基因座在随后的分离情况。基因组编辑与无须组织培养的快速育种的整合需要一些技术上的突破，其最佳结果是进行等位基因修饰而不需要组织培养或应用外源DNA，因为这样的结果可以避免被贴上转基因生物的标签。例如，可以使用 CRISPR-Cas9 核糖核蛋白复合物完成基因组编辑。这种技术已经可以在一些物种中应用，包括小麦、玉米和马铃薯。未成熟的胚胎或原生质体已成功地被用作靶标组织，在理想情况下，这种方法将被优化，以用于成熟种子或发芽幼苗。Cas9 和 sgRNA 组分的递送也可以通过使用病毒载体，如双粒病毒，或利用成熟种子的茎尖分生组织进行植物内粒子轰击，或通过无需愈伤组织培养的 DNA 生物弹方式将编辑工具导入细胞中。

（4）快速基因组选择

分子标记辅助筛选已经成功适用于西甜瓜育种计划中那些基因突变后有明显效果的性状。相比之下，基因组选择使用全基因组范围的 DNA 标记，以预测育种个体在复杂性状中的遗传优势。这项技术的发展有助于在大量基因和 / 或调控元件的背景下，了解复杂性状（如产量）究竟是受到哪些变量的综合影响。通过全基因组范围的 DNA 标记（例如，单核苷酸多态性）的连锁不平衡捕获这些变量的效应，并估计这些标记在大的参照或训练群体中的效应，对育种的候选品系进行基因分型，估算其基因组育种价值。基因组选择与传统育种方法相比的一个优势是可以在产品开发早期选择出优良品种作为父母本，并且可以在之前传统育种方法完成单个育种周期所用相同的时间内完成基于基因组育种价值的多轮育种周期，其最大潜力在于节省时间和资源。

（5）数字化与智慧化调控技术

发达国家西甜瓜生产除收获采用人工摘瓜外，其他生产过程几乎全部实现机械化操作。例如，在耕整地方面，有机电液一体化、信息化、智能化程度高的耕整地机械；在嫁接技术方面，目前日本、韩国、荷兰、意大利等国的机械化嫁接技术发展较成熟，嫁接成活率可达到 95% 以上；在移栽技术方面，欧美发达国家已基本实现膜上移栽机械化；在田间管理方面，采用自动化灌溉施肥设备进行水肥管理和履带自走式喷雾机进行施药作业等。然而，这些生产机械在控制以及自动化、智能化程度方面都存在较大的提升空间。云计算、传感网、3S 等多种现代信息技术也开始应用于西甜瓜生产，在生产过程中对植株、土壤从宏观到微观进行实时监测，以实现对植株生长、发育状况、病虫害、水肥状况以及相应的环境定期获取信息，生成动态空间信息系统，对生产中的现象、过程进行模拟，以达到合理利用农业资源，降低生产成本，改善生态环境，提高农作物产品和质量的目的。

发达国家未来西甜瓜生产的发展趋势是智慧化和生态化。智慧化生产是西甜瓜生产的高级阶段，集新兴的互联网、移动互联网、云计算和物联网技术为一体，融合现代生物技术与高新种植技术，依托部署在生产现场的各种传感节点（环境温湿度、土壤水分、二氧化碳、图像等）和无线通信网络实现生产环境的智能感知、智能预警、智能决策、智能分析、专家在线指导，为生产提供精准化种植、可视化管理、智能化决策。生态化生产是在保护、改善生态环境的前提下，遵循生态学、生态经济学规律，运用系统工程方法和现代科学技术，集约化经营的发展模式，具体包括物理 + 生物防虫、有机肥养地、生物与机械控草、生物控病、动力与灌溉等技术的研究与应用，结合现代管理手段及传统农业的有效经验，实现较高的经济效益、生态效益和社会效益。

4.2.4　花卉科技发展趋势

荷兰、美国、日本等花卉发达国家目前已形成各具特色的、完善的花卉生产和销售体系，根据各自国家的花卉产业发展情况，发达国家的花卉科技发展趋势包括：

1）露地花卉的育种目标是低能耗、低污染，要求培育的品种适应性强，抗逆性强，兼顾观赏性状优良，对水分和肥料的需求少，免维护、少维护，这符合节约型园林的发展方向，不同地理区域对花卉品种的要求不同；温室花卉的育种目标是多样性，符合市场需求，产后寿命长，开花容易，开花期长，生产周期短等，生产易于调控。

2）发达国家花卉育种技术仍以传统育种技术为主，为培育具有特殊目标性状的品种，目前已开始利用分子标记辅助选择技术、转基因（包括基因编辑）技术等现代化育种技术培育新品种，大大提高了花卉育种效率。

3）在花卉生产技术方面的发展趋势是提高花卉生产效率，重视花卉生产的环保性，提高花卉生产的机械化和智能化，实现花卉生产的精准调控，具体技术包括修剪、展盆、浇水、施肥、温室透光覆盖材料的改良和新型光源的开发、新型环保型栽培基质的开发、生物防治病虫害等。这些技术的实现均基于对花卉生长发育规律和生态习性的系统掌握。

4）环保型花卉资材、设施的开发，包括盆器、基质、肥料、温室设备等，为环保型花卉生产提供资料。

5）机械化苗圃的建设，尤其是容器苗、盆套盆容器苗生产技术的开发和完善。

6）家庭园艺产品的开发，包括设施、栽培系统、灌溉施肥系统等，为花卉家庭栽培提供技术和设备。

7）花卉衍生产品精深加工技术的开发，大大延长了花卉产业链，提高了花卉产品的利润。

4.3 发达国家园艺产业与科技发展经验对我国的启示

纵观欧美日等发达国家农业现代化发展历程，其农业现代化的实现离不开新型农业经营主体的培育与发展。对欧美日发达国家而言，尽管国情不同、制度不同、所处发展阶段不同，但在不同时期政府扶持农业生产经营主体方式和做法有其共性和规律性的东西。

4.3.1 选择适合本国特点的发展路径

纵观发达国家园艺产业和科技的发展历程，无论是产业的选择还是发展的模式均不雷同，一个共同的特点就是根据自身的资源特点选择适合本国的发展路径。美国有效国土面积大，自然资源丰富，属于大农业发展模式——规模化、机械化、高技术化模式。根据各地不同的自然条件实施农业生产区域专门化，华盛顿州位于太平洋岸北部小麦和林牧区，气候温暖湿润，有大面积原始林地，盛产温带水果。建园通行道路宽广，加雇季节工、机械化作业等措施大幅提高了生产效率，有效解决了"地广人稀"的问题，使得华盛顿州的苹果产量稳占全国 1/3 左右。以色列、日本和荷兰自然资源贫瘠，农业可耕地面积小，属于高科技的精细农业模式——资源节约和资本技术密集型模式。高度密集的科技体现在以色列、日本和荷兰农业的每一个环节，如育苗、栽培、灌溉、施肥、收割、加工、储藏、温室等。以色列首创的滴灌技术，日本健全的育种技术和荷兰自动化的温室技术使得本国农业发展不受土地资源匮乏的限制，农业现代化水平居世界前列。法国和西班牙的农业可耕地面积与上述几个国家相比介于中间水平，但得益于各地丰富的气候条件和多样化的土壤条件造就了多姿多彩的农业，适宜多种农作物生长，适合发展集约加机械技术的复合型模式。法国和西班牙的农业领先发展很大程度归功于合作社模式的成功，现已基本上建立了完整的"农民（农场主）+ 合作社 + 公司"产业化经营体系，农业合作社已融入农业产业链的产前、产后、产中的各个环节。

我国土地幅员辽阔，地大物博，土地类型丰富多样，园艺产业的发展更要因地制宜，根据各地的实际情况选择适合各地的发展道路。东北平原和西北地区地广人稀，可以借鉴美国大农业发展模式；中部五省（湖北、湖南、安徽、江西、河南）可以从法国和西班牙的合作社模式中获取农业发展的经验；诸如重庆、贵阳等山地地区可以学习以色列、日本和荷兰的高科技精细农业模式。

4.3.2　政府对园艺科技的高度支持

园艺科技创新是发达国家园艺产业发展的重要推动力量，是提高园艺产业国际农业竞争力的重要手段。政府的支持、鼓励和政策引导是推动园艺科技创新的重要动力。

政府对农业发展的宏观调控为发达国家全面实现农业现代化打下了坚实的基础，如颁布政策、制定法律等措施大力支持园艺科技的研究与开发，给投资者和企业家制定多种优惠政策。美国政府接连颁布了《农业部组织法》《哈奇法》和《史密斯—利佛尔法》。以色列政府专门制定了《鼓励研究与开发法律》《鼓励投资法案》等法规法案。日本颁布了《农业基本法》，开始了现代化农业建设。荷兰政府以《促进研究开发条例》（WBSO）作为园艺科技政策的支柱，建立了一个独立完整的农业研究体系。法国政府颁布了《科技进步法》和《技术创新和科研法》把依靠科技进步带动农业现代化建设作为国家长期发展的重要战略。近年来，西班牙政府制定了"科技研发创新三年计划"以推动科技创新的发展。

政府强有力的资金支持为长期稳定发展园艺科技创新起到了驱动作用。美国联邦政府自 20 世纪 50 年代末起，不断提高最低拨款比例、农业科研经费、预算标准等，农业研发投入资金平均每年增长 8%。以色列政府每年的农业科研专项经费有上亿美元，50% 定向拨给国家农业研究组织，50% 分配给"竞争性基金"。日本政府在 2012—2014 年，对农业的资金支持高达年均 535.5 亿美元，相当于农业总收入的52.3%。荷兰通过资金密集的先进技术支撑实现农业高效益，全国教育和研究经费占到国家总预算的 19.19%，远高于其他部门，而农业科研则是其中的重要领域。法国政府立法保障研究与开发（R&D）总经费占国民生产总值的比重一直处于小幅度稳定增长态势，由 2010 年的 2.17% 上升至 2015 年的 2.23%（486 亿欧元）。西班牙政府一直致力于提高对农业研发的资金投入，1999—2004 年研发支出占 GDP 的比重从 0.88%增长到 1.07%。

政府极力促进农业科教体系的健全和完善发展，以强大资金投入和政策强制力作为后盾，有力地推动了发达国家园艺科技的发展和应用。美国联邦政府赠地建立高校鼓励培养高素质农业人才，成立华盛顿州果树研究委员会、美国农业部农业研究机构和果树研究推广中心 – 华盛顿州立大学等农业研究机构。公立科研机构在日本整个创新体系中占据主导地位，主要是立足于当地农业生产发展需要，科技创新政策由政府统一制定并协调实施。以色列的科研体制由全国园艺科技管理委员会统一管理，是由政府部门（农业部等）、科研机构和农业合作组织紧密配合的科研、开发、教育、推广服务体系。荷兰园艺科技研发系统由分工明确且相互合作的农业实验站、区域研究中心、研究所和大学等组成，它们各自有不同的研究方向和研究重点。法国和西班牙从事农业科学技术研究的部门遍及全国，专业性的技术研究所和一些综合性大学也是农业科研的生力军。

尽管我国的组织结构和行政管理体制不同于发达国家，但国外政府在对园艺科技创新发展方面仍有很多值得借鉴的地方。我国也要尽快制定和完善与农业创新相关的法律体系，为园艺科技的可持续发展创造良好的环境条件；加大国家财政支持力度，集中政府财力用于园艺科技创新研究开发领域；建立健全农业科教体系，强调政府对农业科教体系的管理与协调的职能。

4.3.3　强调科技与产业的紧密结合

大多数发达国家实施园艺科技成果转化模式，将园艺科技成果的创新性研究推广到市场的整个过程。

美国实施三位一体的园艺科技成果转化模式，以州立大学为依托，将农业教育、科研创新、技术推广有机结合，并大规模开展成人教育工作，强调各方合作，实现农业科技成果和服务的推广。荷兰、法国和西班牙实施合作社为主的社区式园艺科技成果转化模式，法国设立了从中央到地方的三级金字塔式园艺科技成果转化服务体系，荷兰园艺科技成果转化采用以国家为主导、政府与地方或农民合作的方式。日本使用农民协会形式，日本农业协同组合旨在服务农户，在农业的产前、产中、产后各个生产环节发挥着多功能的作用在为农户提供物资、资金、技术、信息等方面的服务。以色列园艺科技成果转化模式主要采用政府推广模式，如科技孵化器模式，全国园艺科技管理委员会凭借政府人力、物力、财力和影响力的绝对优势统一管理，农业部、科研机构及农民合作组织协同工作，有利于快速调配可利用资源。以色列还十分重视并促进国际领域的技术推广与应用，打开了部分国际市场。为满足科技创新的需求高度重视园艺教育与多学科交叉交流，培养综合型复合型人才，使以色列的园艺产业发展独具特色。

我国农业科技成果的转化率最高也只有 30%~40%，远低于发达国家的70%~80% 水平。我国可以增强政府扶持力度，扩展多途径的科研投入，建立健全法律法规，为农业科技创造优良的发展条件。我国农业科技成果转化模式的发展可以遵循产学研结合的道路，以市场实际需求为基础，创新优化实际生产面临的问题，推广实用技术教育，提高我国农业从业人员的受教育程度，并在教育过程中将农业科技成果推向生产，从而形成将研究、教育、生产有机结合的科技成果转化新体系。

4.3.4　重视经营主体的培育

农业经营主体主要有三大类，即家庭农场、农民专业合作社和公司化农场。这些农业经营主体虽然在不同国家表现的形式不同，即经营规模大小、合作领域范围和服务方式内容有所不同，但其最终目的都是适应现代农业发展需要，不断地创新农业生产经营组织形式，以实现本国农业现代化。因此，学习借鉴欧美等发达国家农业经营主体发展的经验与做法，对于推进我国农业现代化具有重要的现实意义。

美国地广人稀、劳动力短缺，形成了家庭农场主、农业企业为主的农民职业化模式。随着农业现代化发展，美国农民职业化过程中的劳动力转移以市场调节为主。政府主要为农民提供专业教育培训和农技推广：为鼓励发展有机农业，提供免费网络咨询和线下专家培训；为鼓励增加更多的职业化农民，实行针对新农民的灵活性财政计划。日本人多地少、劳动力资源丰富，形成了小农户、农业协会的农民职业化模式。日本政府将立法促进实现土地规模化经营与培养现代化自立经营农户齐头并进。农地三法为走特色产业振兴乡村的发展道路提供了政策支撑，农协的发展对农业人才的培养和指导起着关键性作用，此外逐步允许以农民为大股东的公司法人进入农业领域，有助于鼓励提升土地的规模效益。法国是欧盟农业用地面积最大的国家，以中小农场和家庭经营为主，形成了农业合作社、家庭农场的双层经营结构。政府在快速城市化的背景下，通过推动土地集中、推广农业科技、培育新型职业农民等一系列农业现代化政策来促进职业农民的发展，提高职业农民的素质。法国已建立起高效、多层次、多元化的高校农业教育、农业职业技术教育和农民再教育体系。法国重点对乡村薄弱地区的职业农民实施终身学习制度，使职业农民适应不断创新的农业技术和生产方式。同时，注重培育年轻农民，向农学生、退休农民提供补贴。

中国职业农民的发展既要处理好职业农民培育初期农村剩余劳动力转移的问题，又要解决现阶段青壮年留农务农劳动力的内生动力不足的问题。政府要规范工商资本进入农业领域的相关政策，引导发展绿色、可持续的高质量农业企业，通过入股、托管等土地经营方式切实保障农民利益。中国政府应该基于不同地区生产条件、土地流转、设施建设、税收保险等方面的关键需求，做出差异化的政策安排和财政补贴；严格规范工商资本进入农业领域的相关政策，最大程度保障农民权益；建立长效、多元化的农民教育和再教育体系，满足不同层次的学习需求。总之，职业农民的培育要充分考虑各地经济发展基础，以农业高质量、可持续、现代化发展为主线，调动农民参与的积极性和主动性。

4.3.5　发挥基础性科学研究作用

基础科学的本质是揭示客观世界的运动规律，技术科学自主创新和高新技术的发展要求科学在更深远的层次上提供依据，开辟新的技术途径，这些都离不开基础科学的突破。

发达国家对发展基础科学的大力支持使得其农业科技水平在世界居领先地位。以色列和日本一直致力于农作物种子的研发，通过植物工程、遗传工程、杂交和基因改造等科学技术不断培育多种抗灾、抗病的新品种，使其适应当地气候、土壤和水等自然环境，生产高附加值、高营养价值的绿色农产品。美国和以色列利用生物学、化学和物理学研发了一系列综合杀虫技术，如引入天敌进行防治，分离出微生物中可能具有"灭虫属性"的特定基因，利用不同孔隙度的尼龙网进行物理隔离等措施。以荷兰和日本为领先发展的玻璃温室技术综合了自动化机械技术、农业物联网技术、无土栽培技术等先进技术，科技的交叉融合摆脱了栽培条件受地理和气候因素的限制。

科技进步对中国农业的贡献率已由1949年的20%上升到现在的42%，我国在生物技术、高新技术、基础研究方面均取得较大进展，与发达国家的差距正在逐步缩小。为加强基础科学研究，大幅提升原始创新能力，夯实建设创新型国家和世界科技强国的基础，我国可以采取以下三点措施。首先，完善基础研究布局，协调、均衡发展基础学科与应用学科，通过国家自然基金支持人才和团队建设，根据地域差异化构建各具特色的区域基础研究发展格局。其次，建设高水平研究基地，整合全国创新资源布局建设国家实验室，推进学科交叉国家研究中心建设，壮大跨学科、综合交叉的科研团队，加强协同合作。最后，提高基础研究国际化水平，主动参与国际大科学计划和大科学工程，深化政府间科技合作，建立国际创新合作平台，联合开展科学前沿问题研究。

第 5 章

我国园艺产业与科技发展设计

5.1 我国园艺产业发展目标

《中国制造 2025》明确提出"创新驱动、质量为先、绿色发展、结构优化、人才为本"的基本方针,将"智能制造工程""绿色制造工程"作为重点实施的方向。通过加强顶层设计与战略引导,推动关键理论与技术基础突破,培育共享制造新模式,强化政策和保障措施,建设行业标准和生态体系,在产品的设计、制造、包装、运输、使用、报废处理的整个生命周期中,环境负面影响最小化,资源利用率最大化,促进企业经济效益和社会效益协调优化。

5.1.1 我国果树产业发展目标

（1）2025 年发展目标

稳定面积,提高单产,满足不断增长的国内市场需求,保证优质果品供应;依靠科技创新,实现果品的优质、高效、安全、稳定生产;扩大高附加值、特色、优质果品的生产,促进果品出口;发展观光休闲果业,扩大城市生态服务功能;大力发展果树科技事业,基础研究和技术研发全面进步,部分领域处于国际先进水平。使果树产业的科技贡献率提高到 70%,果树产业产值提高 10%。

（2）2035 年发展目标

通过自育和引进相结合,基本实现新品种和新技术的自给,使果树的良种覆盖率提高至 90%,建立起覆盖全国范围的果树生产技术标准化体系,果树产业的科技贡献率达到 80%。果树科学研究全面跻身国际先进水平,部分领域达到领先水平,从果业大国变为果业强国。

5.1.2　我国蔬菜产业发展目标

（1）2025 年发展目标

通过政策的支持，到 2025 年，蔬菜产业结构得到明显优化，区域布局更为合理，应对自然灾害的能力显著增强，生产和市场波动明显趋缓；蔬菜生产中资源利用效率显著提升，土地产出率有所增加，园区灌溉水有效利用系数明显提高，农药、化肥利用率明显提高，用量明显减少，生产过程面源污染得到有效治理，生产废弃物利用率达到 60%；科技对产业的支撑作用进一步加强，主要产区生产机械化率达到 50%，环境监测、病虫害诊断、水肥调控等智能化管理加快应用；产品质量显著提升，优质产品占比达到 25% 以上，产品安全例行监测合格率达到 98%；生产组织化程度进一步提高，现代化经营主体占比达到 40%。

（2）2035 年发展目标

到 2035 年，蔬菜产业结构得到进一步优化，基本形成结构合理、生态协调、产需匹配的产业布局；资源利用效率进一步提升，土地产出率、水资源有效利用系数达到国际先进水平，生产过程面源污染基本消除，生产废弃物利用率达到 80%，绿色发展方式全面形成；主要产区生产机械化率达到 60%，农艺、农机和信息化技术深度融合；优质产品占比达到 35% 以上，产品安全例行监测合格率达到 99%；现代化经营主体占比达到 50% 以上。

5.1.3　我国西甜瓜产业发展目标

（1）2025 年发展目标

到 2025 年，生产规模化、组织化程度有所提升，新型经营主体占比有所提高，单位种植面积达 300 亩以上；基本形成统一的生产规程和标准，并建立完善的产品溯源体系；筹建全国西甜瓜生产信息化网络，统筹西甜瓜产供销，初步实现产地与终端销售有效对接；简易设施生产占比达 50% 以上，以生产中型与小果型为主；以提高三率（产出率、生产率和资源利用率）为导向，完成中国特色设施西甜瓜现代化，主要产区实现设施西甜瓜产业的 2.0。

（2）2035 年发展目标

到 2035 年，小农生产基本由企业、合作社等组织生产取代，单位种植面积达 500 亩以上；形成统一的生产规程和标准，并建立完善的产品溯源体系，实现集约化与规模化生产；建立完善的全国西甜瓜生产信息化网络，实现产地与终端销售有效对接；简易设施生产占比达 60% 以上，以优质品牌瓜为主；以提高三率（产出率、生产率和资源利用率）为导向，完成中国特色设施西甜瓜现代化，主要产区实现设施西甜瓜产业的 3.0。

5.1.4 我国花卉产业发展目标

我国已经成为世界花卉生产大国，花卉业既是美丽的公益事业，又是新兴的绿色朝阳产业。我国的花卉产业应着力提升质量效益，推进现代花卉业建设，增强花卉创新能力，推动产业结构和布局更趋合理，形成健全的市场流通体系和花文化体系，实现花卉生产的标准化、专业化、规模化、区域化。我国现代花卉产业发展分两步走，主要发展目标是：

（1）2025 年发展目标

花卉生产面积稳定在 170 万公顷左右，销售额达到 2000 亿元，总出口额 6 亿美元；主要商品花卉品种国产化率提高 15%；优化产品结构，提升产品质量，产业标准化程度显著提高；建成系统的全国花卉信息网络；花卉全产业链新增就业岗位 50 万个，培育花卉知名企业品牌 10 个；国际交流不断增强，国际影响力不断提高。

（2）2035 年发展目标

花卉生产面积基本稳定，产业结构更趋合理，产品质量持续提高，销售额提高到 3000 亿元，出口额达到 10 亿美元，由花卉生产大国跻身世界花卉产业强国；主要商品花卉品种国产化率提高到 30%；新增就业岗位 100 万个。

5.2 我国园艺科技发展目标与重点

5.2.1 我国园艺科技发展目标

（1）果树科技发展目标

我国果树育种的科技发展目标是：收集、整理、评价和发掘果树优良种质资源和优异基因；聚合优质、高产、抗逆等性状基因，创造目标性状突出、综合性状优良的育种新材料；开展果树重要性状分子机理解析和育种应用研究；开发果树分子标记，构建精细连锁图谱，实现分子标记辅助定向育种和早期选育；集成常规育种、细胞工程育种和分子育种技术，形成高效、安全、定向的育种理论和方法体系；育成一批在生产中能成为主栽的、有重大增产增收意义的专用（包括砧木）果树新品种，并在国际果树产业中形成较大的影响力。

我国果树生产的科技发展目标是：开展果树种苗繁育与质量控制技术、病毒类病毒高效脱毒技术和优质种苗质量标准及标准化快速育苗技术研究；不同果树种类在不同生态环境、不同立地条件下高产、优质、安全、高效的标准化生产关键技术；节本、低耗、轻简化生产综合技术；绿色、有效、低成本的病虫害可持续控制技术；连作障碍防控有效技术；安全、环保、低能耗的果品采后贮运技术、周年均衡供应技术；实用、降本、环保、有效的防灾减灾技术（具体实现时间见表 5-1）；从而形成适合中国国情、具有中国特色、高效持续的果树生产模式（表 5-1）。

表 5-1　中国果树现代产业技术实现可能性及预期实现时间

项目	实现可能性	技术实现时间	社会实现时间
果树优异基因挖掘与自主新品种选育	高	2025	2035
果树种苗集约化标准化生产关键技术	高	2025	2035
果树安全标准化生产及产品溯源技术	中	2025	2035
果树轻简省力化栽培关键技术	高	2025	2035
果品采后质量保持及现代流通技术	高	2025	2035
功能性果品的研究与利用	中	2025	2035

（2）蔬菜科技发展目标

中短期目标：围绕蔬菜产业绿色发展和提高质量效益竞争力，着力突破蔬菜学科重大科学问题与核心关键技术，破解一批制约我国蔬菜产业发展的产业共性核心技术，部署并实现若干联合协作重大科研任务，切实推动主要蔬菜分子育种、功能组学等重点优势领域引领国际先进水平，在蔬菜智能化生产、采后加工以及特色蔬菜基础研究水平、遗传资源挖掘、品种培育能力和栽培管理水平等方面得到显著提升，全面保障蔬菜产业高质量发展，满足人们多样化的消费需求。到 2025 年，形成 5～8 种主要蔬菜作物较完整的生物学基础研究体系，引领国际同类研究前沿；培育新品种 100 个，示范推广 50 万亩；研发轻简化栽培、智能化生产、病虫害绿色防控技术及规程 80 项并示范 100 万亩，技术集成示范推广 500 万亩，辐射 5000 万亩；示范区增产

10%，生产成本降低10%，商品率提高10%；研发蔬菜采后智能化保鲜及包装技术、关键植物工厂化生产技术及配套装备等20项；培养青年技术骨干和研究生600名，培训新型职业农民10万人次；形成一批优秀创新团队，显著提升我国蔬菜作物科技创新、产品供给和国际竞争力。

长期目标：到2035年，在蔬菜基础前沿和核心优势领域实现率先跨越，跻身和跃居世界前列；在解决制约蔬菜产业发展的全局性重大问题方面实现技术瓶颈跨越，形成一批技术系统，破解现代农业发展难题；以机制创新破解体制障碍，解决不同区域蔬菜产业可持续发展的重大技术难题；加强蔬菜产业基础性长期性科技工作，显著提升原始数据与基础材料的科技支撑作用；组建一批优势互补、分工协作的联合创新大团队，实现全国蔬菜产业科技创新联盟内优势学科、团队、平台等各类创新资源的优化布局与开放协同，有效支撑我国蔬菜产业科技跨越发展。在蔬菜器官发育、植株形态建成、果实性状调控关键因子、抗病虫、耐逆境胁迫等基础理论研究方面持续深入开展研究，并实现理论突破，引领国内外蔬菜学科基础研究发展方向。形成完善的分子设计育种技术、蔬菜产品绿色生产技术、蔬菜产品采后保鲜及加工保藏等国内外领先的原创性技术成果，为蔬菜产业可持续发展提供强有力的技术支撑，完成我国蔬菜产业从数量扩增型向质量效益型的跨越。发掘一批风味、营养、商品、加工品质优异的种质资源，针对主要蔬菜作物全面开展全基因组品种选育，培育具有国际竞争力的蔬菜新品种，实现蔬菜新品种从"国土化"向"国际化"的转型。

食用菌产业在2035年以前，围绕世界食用菌产业的科技发展前沿，面向我国经济建设主战场和国家重大需求，着力攻克种业重大基础科学问题，突破基因编辑、合成生物等颠覆性技术，在原创基础理论、重要基因挖掘等战略必争领域抢占种业科技制高点；构建现代生物育种技术体系，加快培育战略性新品种，满足农业供给侧结构性改革对多元化品种的重大需求；创新体制机制，推进科研与生产、市场的深度融合，全面建成高效的商业化育种、产品开发及市场体系，形成技术和产品的国际竞争能力。到2035年，领军企业进入全球前列，科技整体水平跃居世界前列，初步建成食用菌强国。

（3）西甜瓜科技发展目标

1）实现由现代育种向分子智能化育种的转变。目前，西甜瓜新品种选育仍然以现代育种技术为主，主要依赖于经验，效率低，新品种培育一般需要5年以上，很难选出突破性品种。随着生物技术与基因组学的高速发展，分子技术开始应用于西甜瓜种质改良。到 2035 年，将建立丰富的西甜瓜优质、抗病、抗逆性状基因库，建立西甜瓜分子聚合育种及分子设计育种平台，以人工智能为依托，采用基于基因组选择模型的表型预测以及基因组定向改造技术，实现育种智能决策。

2）机械化、自动化、智能化生产。发达国家西甜瓜生产除收获采用人工摘瓜外，其他生产过程几乎全部实现机械化操作。与发达国家相比，我国西甜瓜生产的机械化程度仍有很大差距。随着我国农机农艺融合技术的不断发展，到 2035 年，将突破绿色耕整地、精量播种、钵苗高速移栽、水肥药精准施用、轻简采收等机械化栽培技术瓶颈。实现西甜瓜生产全程机械化，形成绿色高效机械化栽培综合技术模式和节本省工高效生产农机农艺融合技术体系。结合互联网、移动互联网、云计算和物联网等现代信息技术，依托部署在生产现场的各种传感节点和无线通信网络，初步实现西甜瓜生产的可视化远程诊断、远程控制、灾变预警等智能管理。

3）西甜瓜病虫草害与连作障碍绿色安全防控。西甜瓜生产中病虫害、连作障碍等逆境胁迫发生普遍、危害严重，造成产量品质下降；有效的绿色防控技术及产品相对缺乏，不合理的肥药使用和耕作制度导致土壤环境恶化、养分利用率低等产业问题和技术瓶颈。到 2035 年，明析西甜瓜主要病虫害的发生规律、致害基因及其致害机制以及引起连作障碍的关键因子及其作用机制，从农业生态系统的整体出发，根据病虫害与环境间的关系，充分发挥自然控制因素的作用，因地制宜地协调应用农业防治、物理与生物防治、化学药剂防治等各种措施，形成绿色防控、连作障碍克服的技术规程和体系，预防或减少病虫的发生与为害，实现西甜瓜的无公害、绿色生产。

（4）花卉科技发展目标

我国花卉产业科技与发达国家之间整体尚存在巨大差距：创新能力不强，创新体系尚未形成。以"四个面向""打好种业翻身仗"、实现乡村振兴为导向，聚焦花卉全产业链创新，以突破花卉产业发展的技术瓶颈和关键共性技术为抓手，力争 10～15 年，我国花卉园艺科技发展实现以下目标。

1）构建我国重要花卉（切花、盆花、园林绿化苗木等）的高效育种技术体系。培育大批具有中国自主知识产权的花卉新品种，使我国商品花卉生产的品种自给率达到 50% 以上。育种技术体系包括花卉种质资源库建设（资源收集、保存、评价），传统育种和现代化育种技术（分子标记辅助选择、基因编辑、分子设计聚合育种）相结合的高效育种技术体系，新品种和新种质的全国适应性评价平台和技术体系。

2）实现花卉基础研究领域的突破和引领。面向多种组学、基因编辑等世界花卉基础研究前沿领域，全面开展中国传统名花、重要商品花卉和新花卉作物的重要观赏性状和抗逆性状的形成机制和遗传规律，为花卉现代分子育种技术和高效栽培技术的研发奠定基础。

3）在工厂化、轻简化、智慧化生产以及采后流通等现代工程技术、关键共性技术创新上实现重大进展。建立牡丹、梅花、兜兰等难繁花卉的高效繁殖技术体系，完善建立月季、菊花、百合等主要商业花卉的现代生产管理技术体系，建立多种园林绿化苗木大容器苗轻简盆栽生产技术体系，突破多种一年、二年草本花卉 F_1 制种技术，建立高效的花卉冷链流通体系，冷链使用效率 50% 以上。

4）以关注人民生命健康为指引，在观赏植物构建宜居环境、花卉大健康产品开发等技术创新上取得突破。在乡土植物应用、园艺植物配置、花卉精深加工、药食同源、美容养生、园艺康养产品开发等原理（机制）研究、技术研发和产品开发上持续创新创造，加强花卉工厂、功能性产品生物反应器等颠覆性技术开发。

5）打造全产业链创新的国家级科技创新平台和人才培养平台。以现有国家级创新平台为基础，打造国家花卉技术创新中心、花卉种业创新国家重点实验室等创新平台，建立健全以企业为主体、产学研用协同创新的花卉创新体制机制。加强国际合作，尤其是在"一带一路"倡议上开展国际交流与产业合作，在品种、技术、产品的国际化上下功夫。

5.2.2　我国园艺科技发展重点

（1）果树科技发展重点

科技创新是突破产业瓶颈和引领发展的第一动力，是快速提升蔬菜产业综合竞争力的战略支撑。随着分子生物学、基因组学、蛋白质组学、代谢组学以及生物信息学等新技术的迅速发展及其在园艺科研领域的深入应用，园艺生物学研究将进入组学时代。组学技术将广泛应用于优异基因挖掘、遗传育种与品种设计、品质性状形成机理、抗逆机理与环境调控等各个研究领域。未来 10～15 年，蔬菜科技发展将重点围绕种质资源的精准发掘、评价和利用，优异基因的准确高效挖掘，分子设计育种，智能化、安全化生产技术等方面展开研究。

1）果树种质资源开发保护和重要基因发掘利用。我国是许多重要果树的野生资源大国和原始起源地，是世界上果树资源最丰富的国家之一。今后将在系统性收集基础上，开展果树种质资源农艺性状精细评价，利用基因组水平的高通量基因分型技术，挖掘各种遗传资源中蕴含的优良等位基因；利用基因组或染色体结构、比较基因组学以及群体遗传学等领域的分析方法和技术探究果树起源和进化，深入剖析果树各群体内亚型或栽培种间的遗传差异和人工选择作用的分化位点等，探索这些分化位点与重要农艺性状间的关系，为果树育种提供大量的多态性标记和宝贵的基因资源。

2）果树基因组学与分子设计育种。遗传改良和种质创新是果树研究中的一个重要方向，是提升果树产量和品质的主要动力。随着分子生物技术和基因组测序的发展，分子设计育种成为解决常规杂交育种技术中周期长、效率低以及预见性差的重要途径。近年来，我国已主导完成多个果树的基因组测序和图谱构建，今后应在基因组序列解析的基础上，研究果树重要性状的分子遗传机理和基因调控网络，建立规模化分子标记开发和基因型分析体系，构建全基因组选择等分子设计育种理论、模型和工具，积极开展多基因聚合分子设计育种实践，加强 CRISPR/CAS9 等新型基因组编辑技术体系的应用研究，同时完善染色体工程、体细胞及倍性育种理论与技术，将细胞工程手段、常规育种优势和分子设计育种有效结合，提升果树种质创新水平。

3）果树水分、养分资源高效利用机制与调控。水分和养分是果树生产的关键资源。提高水分、养分资源的利用效率，降低生产成本，保护生态环境，是果树生产可持续发展需要解决的重要问题。利用高效果树品种、优化水分和养分利用、综合调控土壤－果树系统，是发挥果树和土壤自身的生物学潜力、最大限度的提高各种资源的生产效率、实现增产增效的关键途径。因此，加强果树对水分和养分高效利用的机理研究和在此过程中的根际互作研究，揭示养分资源的时空变异性和生物有效特点，充分挖掘果树的营养遗传潜力，发挥土壤潜在养分的增产作用，探索果树高效用水用肥的新途径，协调果树高产与环境保护的植物营养系统调控，明确植物生产的资源环境代价及其生态服务功能的协调机制与途径，为进一步提高农业资源利用率和果树种植效益，实现果树生产的可持续发展提供理论基础和科技支撑。

4）果树优质丰产的生理基础与调控机制。果树器官发生、发育和成熟直接影响着产量和质量。研究发现，表观遗传修饰是影响植物生长发育的重要调控分子机制之一，但目前对植物表观遗传学的研究主要局限于几种模式植物，如拟南芥、矮牵牛、玉米、金鱼草等。在果树中深入剖析染色质修饰特征和 miRNA 表达谱，鉴定与基因表达有关的转录因子、调控因子以及维持表观遗传状态的调控通路，获取 DNA 甲基化修饰、组蛋白修饰以及非编码 RNA 等，将有助于更好地理解表观遗传学在果树发育中的作用机制。同时，深入研究果品器官形态发生与建成及其分子调控机制，发掘调控细胞行为和组织器官形成与分化的关键基因，阐明激素对组织器官形成与分化的影响，将有助于提高果品产量以及调控果品外形和质量。此外，在准确了解果树器官发育生理和形态建成原理及其与果园环境关系的基础上，建立果树生理生态和形态结构模型，为调控果树高效精准化栽培、开发轻简省力化果树生产技术奠定理论基础。

5）果树重要性状形成和器官发育机制及调控。果品种类丰富，如花、果实和种子等都可以作为有经济价值的食用产品。此外，果树生产区域性强、季节性明显、成熟期集中以及果品的鲜活性，决定了果品采后处理是产业链的重要组成部分。因此，果品器官发生、发育、成熟和衰老直接影响着果树产量和质量。多个果树基因组图谱绘制的完成，以及转录组、功能基因组、代谢组、siRNA 组和表观遗传组学的快速发展，果品性状形成和器官发生与发育的全基因组学解析，产品器官形态建成的主导因子及其调控网络的研究，细胞行为调控和组织器官形成与分化关键基因的发掘，激素和环境互作调节果品器官发育、品质形成与保持及器官衰老的分子机制是需要解决的关键科学问题，将为提高果品产量、品质以及通过分子生物学手段创制果树高产优质品种提供理论指导。

（2）蔬菜科技发展重点

1）优异种质资源的精准发掘、评价。异源优异基因高效挖掘与利用成为资源创新研究的重要途径，近缘野生种基因资源和跨物种基因资源的挖掘与利用已逐步成为基因资源研究的重点。未来研究需要进一步大规模化，收集种质资源包括野生资源、地方良种资源以及引入国外重要资源材料，并从基因组水平开发性状关联的分子标记，对农艺性状或是蔬菜学性状的精确和系统评价，为优异新种质的创新提供坚实的前提与保障。

2）蔬菜重要性状大数据解析。基因组学研究正在推动育种技术研究进入全基因组定向选育的新阶段，随着全基因组选择的关键环节和技术障碍的突破，分子设计育种将逐步应用于实践。第二代基因组规模测序技术的出现，产生了海量的基因组和转录组数据，代谢组学技术已经能够获得成千上万的代谢产物含量的准确数据，高通量的表型组学方法产生了比以往任何时候都更多的精确表型数据，已经处在一个大数据的时代。充分利用计算技术的发展成果，针对蔬菜特点开发高效、精确的大数据信息处理工具，势必显著提升蔬菜大数据解析能力，蔬菜重要性状遗传机制、分子机理将得到充分阐明，蔬菜品种培育对经验的依赖将逐步弱化，基于全基因组分子标记定向选择技术为背景的现代分子设计育种理论技术体系的逐步应用，并最终实现传统遗传改良方法向蔬菜品种分子设计育种的跨越。

3）目标多元化育种。随着人民生活水平的提高、消费方式的改变以及产品出口贸易的发展，对蔬菜产品种类的多样化以及品质性状提出了更高的要求。蔬菜产品供给在保证周年供应的基础上，需要实现供应种类的多样化，不仅要求外观品质，更需要营养品质，同时还要兼顾耐贮运以及不同用途等其他商品品质。随着基于组学信息平台的基因挖掘技术以及分子设计育种等技术的逐步应用，将有效提升我国蔬菜育种的效率。

4）蔬菜智能生产化技术。随着智能手机、智能控制设备、GPS 设备等的广泛使用，已经进入了一个智能化的时代。利用智能化技术减轻蔬菜产业的劳动强度与劳动力投入将成为蔬菜栽培生产研究的重要热点。在充分研究蔬菜环境模型、生长模型的基础上，将智能控制设备与现有农业设备有机结合，开发适合蔬菜生产的智能灌溉、智能温室环境控制、智能数据采集与传输以及各种智能耕作设备将对我国蔬菜的生产方式带来巨大变革。未来 10～15 年，在实现蔬菜生产全程机械化的基础上，需要将环境智能控制系统、物联网技术、全球定位系统（GPS）、地理信息系统（GIS）、遥感系统（RS）等数字化信息技术进一步整合应用到蔬菜生产中，从而实现蔬菜生产的信息化、智能化。

5）高效、环保、安全的蔬菜产品生产技术体系，以及安全质量控制与风险评估技术体系。面对城镇化和老龄化带来的农村劳动人口急剧减少，以及日益增加的资源与环境压力，节本、省工、高效的机械化、轻简化生产方式，以及提高水肥利用率，降低化学投入品的环境友好型生产技术越来越受到重视，建立高效、环保、安全的蔬菜产品生产技术体系，以及质量安全全程控制及风险评估技术体系将成为未来蔬菜产业发展的重大需要之一。

6）蔬菜产品采后保鲜和加工技术。未来我国城乡居民对蔬菜产品及其加工品的消费需求将呈现新鲜化、多样化、方便化、营养化、安全化等特点，采后加工科技发展将以满足上述要求为目标。在采后保鲜技术方面，需要加强智能分级技术、包装与保鲜技术、品质与安全预测技术、智能物流技术、无损检测技术等研发；在加工方面，需要加强非热力杀菌技术、节能加工技术、节水技术、废弃物综合利用加工技术、智能加工技术与装备等研发。

（3）西甜瓜科技发展重点

以西甜瓜的全产业链布局创新链，通过与信息化及人工智能技术的融合，重点研发出省力简约化栽培的耕作制度，研制配套的省力、节能、实用、高效的农机、设施与装备；通过研究西甜瓜品质形成以及与环境互作的分子与生理机制，形成一批原始创新基础理论成果，推动高品质生产的新技术集成；通过研究西甜瓜连作障碍形成机制，构建西甜瓜高效安全生产的技术体系；通过加强西甜瓜功能型、营养加强型以及观光型产品栽培技术的研发，提升西甜瓜产品的附加值与新兴业态的发展，促进品牌化个性化营销可持续发展。加强西甜瓜优势产区标准化与简约化生产技术集成，全面提升西甜瓜优势主产区的竞争能力与抗风险能力。

（4）花卉科技发展重点

以中国传统花卉和商品花卉为重点研究对象，开展花卉种质资源创新；研发高效的育种技术，培育综合性状优良、关键性状突出的花卉新品种；阐明重要花卉重要性状形成的分子机制；研发高效的繁殖和生产技术；研发高效实用的花卉产后处理和冷链流通技术体系；研发花卉健康产品技术体系，服务花卉产业健康稳定可持续发展。

1）花卉种质资源挖掘与创新。开展我国传统名贵花卉、珍稀濒危花卉、特色种质资源的保存和创新利用技术研究；系统研究花卉遗传资源多样性和生态适应性，研究重要性状的精准鉴定与评价技术；创制遗传基础广泛、优良性状突出、具有重要应用价值的花卉新种质，开发具有中国特色的乡土植物和新花卉作物，建立一批国家花卉种质资源库。建立基于基因组、表型组和代谢组等多组学的花卉重要性状精准评价技术体系，建立种质资源表型组平台，对花型、花香、花色、株型、花期等观赏性状及抗逆性状进行精准评价，挖掘控制观赏性状和抗逆性状的关键基因、标记，确定种质资源的育种潜力。

2）花卉高效育种技术研究。以提高观赏性和抗性为重点，研发梅花、牡丹、菊花、月季、兰花、杜鹃、山茶、百合、荷花等花卉分子标记、转基因、分子设计、细胞工程、染色体工程、诱变育种等关键技术；综合应用传统育种技术、分子标记、细胞工程、基因规模化高效利用等技术，构建花卉全基因组选择、基因编辑和聚合育种、定向诱变和染色体组操作技术结合传统育种技术的高效育种技术体系，有效聚合优良基因，创制具有目标性状关键基因的突破性新种质（品系）；研究花卉新品种标准化和规模化测试体系，建立新品种不同生态区的选育、筛选、鉴定和评价平台；选育观赏性状突出、综合性状优良、抗逆性强的多功能花卉新品种。

3）花卉重要性状形成机制和遗传规律研究。综合利用基因组学、表型组学、表观组学、代谢组学等分析手段，研究花卉重要观赏性状、抗逆性状形成机制和遗传机理，发掘调控重要观赏性状以及高产、优质、抗逆性状的优良新基因和调控元件，阐明花香、花色、叶色、花型、花期、株型、产后寿命等观赏性状及抗寒、耐盐碱、耐湿热和抗病虫等抗逆性状形成的分子机制，挖掘控制性状形成的关键基因，阐明重要观赏和抗逆性状形成的调控网络和遗传规律。

4）高效繁殖和生产技术研发。研发重要商品花卉种苗（种球）脱毒复壮和种苗（种球）标准化繁育关键技术，建立花卉良种标准化生产技术规程，重点解决花卉种性保持和良种繁育的技术瓶颈；研究主要商品花卉基于营养需求规律的高效低耗水肥一体化技术，包括植株生长模型的构建和养分需求规律分析、重要花卉节约型精准化水肥供给技术等；研究不同花卉作物、不同地域设施环境中的土壤质量退化和连作障碍形成机制，研发连作障碍防控及土壤修复技术；研发主要花卉精准花期调控技术，基于现代信息技术和自动化检测的低能耗、环境精准调控技术以及基于生长发育规律的智能精准化品质调控技术研发；研发病虫害高效绿色防控技术体系，降低花卉生产对环境的影响；研制适用于设施和大田生产的新型机械和设备，降低生产成本，初步建立花卉机械化、信息化、智能化生产管理技术体系，提高花卉生产效率。

5）花卉采后处理及流通技术研发。研究花卉产品采后品质形成与保持的遗传和生理基础。在系统研究花卉作物的生长发育规律和生态习性的基础上，研发不同花卉作物的采后品质保持机制，研发新型的花卉品质保持技术和保鲜剂，减少贮藏和流通运输过程中的产品损耗；研究花卉采后储藏和流通过程中病害发生机制，研发花卉采后病害防控技术；基于多组学平台和人工智能技术，研发建立花卉采后全过程品质保持及风险评估体系。

6）花卉健康产品技术研发。研究玫瑰、梅花、桂花、菊花等花卉花香成分、次生代谢物质结构、生物活性及其形成机制，创制菊花、兰花、百合、玫瑰等赏食兼用新品种，研发茶、油、酒、精油、护肤品、香薰等花卉衍生产品，重点是培育高产量、高品质、高效益的"药食妆养"类花卉专用新品种，以及配套的产业化技术和大健康产品开发技术等。

5.3　我国园艺产业与科技发展路线图

围绕产业和科技发展目标，通过组织变革、机制创新、人才培养、资金支持等手段为产业和科技目标的实现提供支撑，其中，科技目标的实现是产业目标实现的基础。据此绘制我国园艺产业与科技及水果、蔬菜、西甜瓜、花卉产业与科技发展路线图（图 5-1~ 图 5-5）：

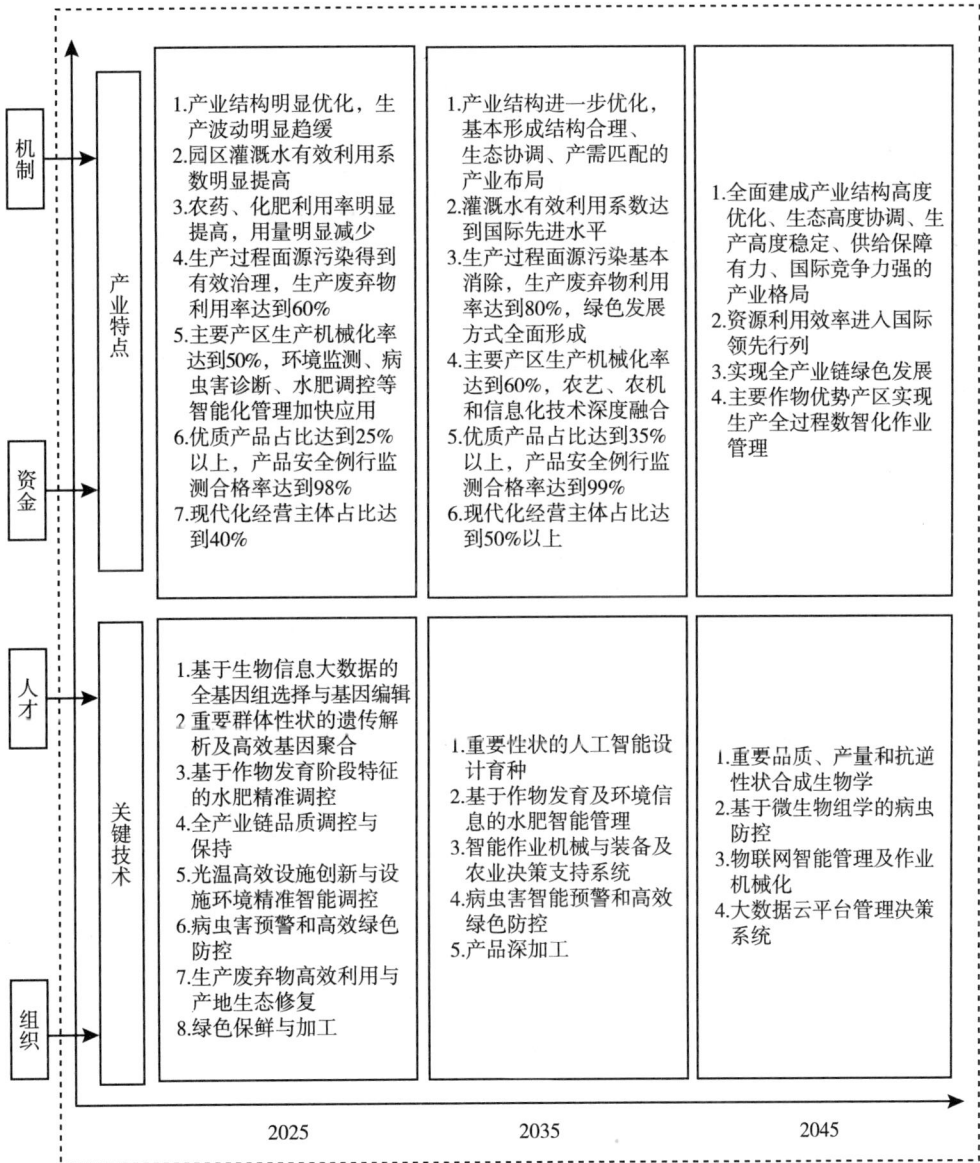

图 5-1　我国园艺产业与科技发展路线图

机制

资金

人才

组织

产业特点

关键技术

2025

1.产业结构明显优化，生产波动明显趋缓
2.果园灌溉水有效利用系数明显提高，雨养果园节水耐旱趋于成型
3.农药、化肥利用率明显提高，用量明显减少
4.生产过程面源污染得到有效治理，生产废弃物回收率达到60%
5.主要产区生产各环节基本具备适用机具，机械化率达到20%，病虫害诊断、水肥一体等现代管理加快应用
6.优质产品占比达到30%以上，产品安全例行监测合格率达到98%
7.现代化经营主体占比达到20%

1.种质资源精准评价及基因编辑为主的高效育种技术
2.重要群体性状的遗传解析及高效基因聚合
3.基于果树发育阶段特征的水肥精准调控和轻简化作业
4.全产业链品质调控与保持
5.果树非生物逆境（旱、寒、盐碱等）应答机制及防灾减灾技术
6.病虫害预警和高效绿色防控
7.生产废弃物高效利用与产地生态修复
8.绿色保鲜与加工

2035

1.产业结构进一步优化，基本形成结构合理、生态协调、产需匹配的产业布局
2.灌溉水有效利用系数达到国际先进水平
3.生产过程面源污染基本消除，生产废弃物回收率达到80%，绿色发展方式全面形成
4.主要产区生产机械化率达到50%，农艺、农机和信息化技术深度融合
5.优质产品占比达到40%以上，产品安全例行监测合格率达到99%
6.现代化经营主体占比达到30%以上

1.重要性状的人工智能设计育种
2.基于果树发育及环境信息的水肥智能管理
3.轻简化栽培及智能作业机械与装备
4.病虫害智能预警和高效绿色防控
5.极端天气灾害的智能预警及高效防控
6.产品深加工

2045

1.全面建成产业结构高度优化、生态高度协调、生产高度稳定、供给保障有力、国际竞争力强的产业格局
2.资源利用效率进入国际领先行列
3.实现全产业链绿色发展
4.主要果树优势产区基本实现生产全过程轻简、现代化作业管理

1.重要品质、产量和抗逆性状合成生物学
2.基于微生物组学的病虫害防控
3.物联网智能管理及作业机械化
4.大数据云平台管理决策系统

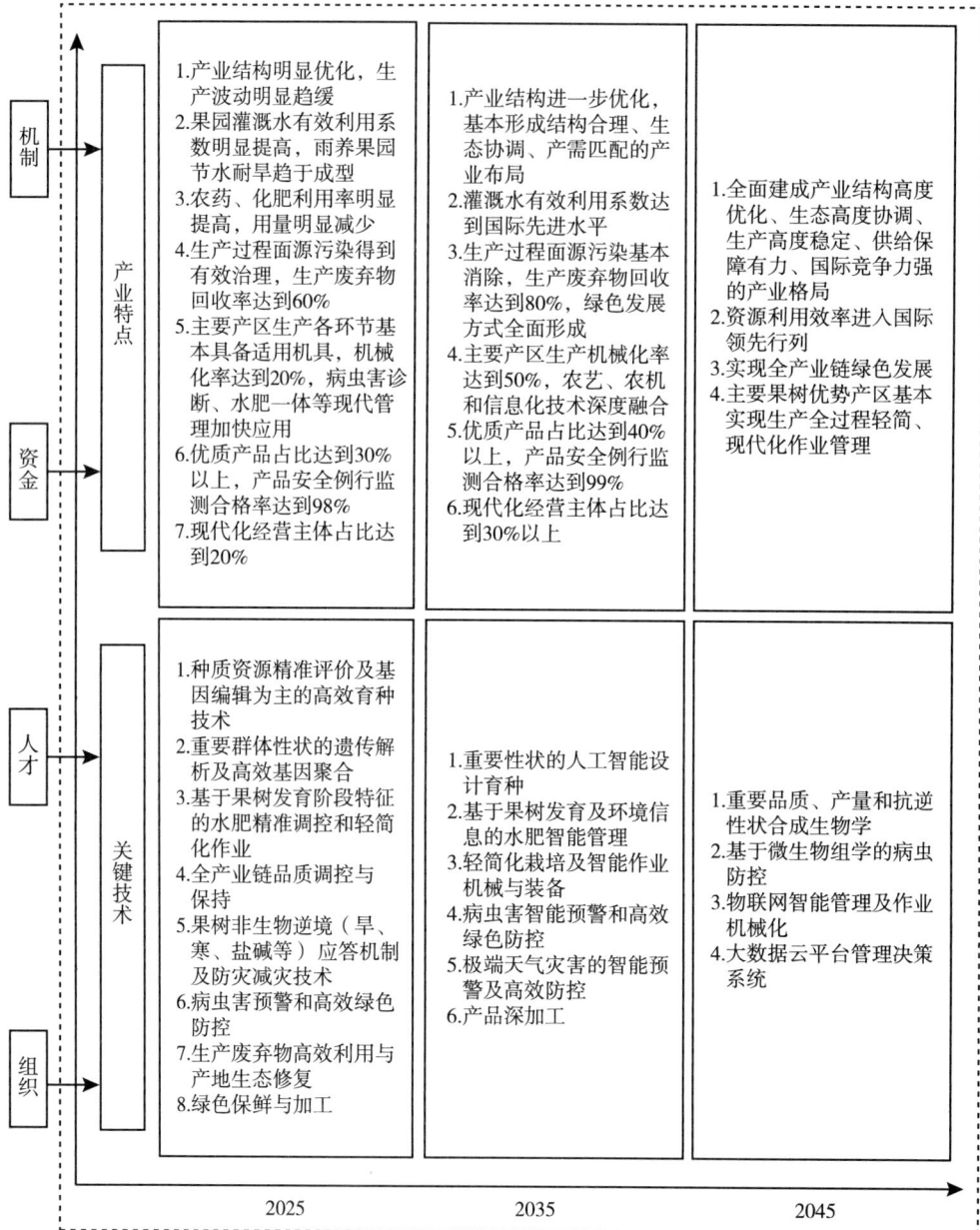

图5-2 我国果树产业与科技发展路线图

机制

产业特点

1.全国六大优势产区继续稳定提高 2.菜田灌溉水有效利用系数明显提高 3.农药、化肥利用率明显提高，用量减少20% 4.生产过程面源污染得到有效治理，生产废弃物利用率达到60% 5.主要产区生产机械化率达到50%以上 6.优质产品占比达到30%以上，产品安全例行监测合格率达到98% 7.新型经营主体占比达到40%以上	1.产业结构进一步优化，设施蔬菜产量占比达40%以上 2.水肥利用效率接近国际先进水平 3.设施蔬菜产量达到国际先进水平 4.主要产区生产机械化率达到60%，农艺、农机和信息化技术深度融合 5.优质产品占比达到35%以上，产品安全例行监测合格率达到99% 6.新型经营主体占比达到50%以上	1.全面建成产业结构高度优化、生态资源高度适配、生产能力高度稳定、国际竞争力强的蔬菜产业格局 2.资源利用效率进入国际领先行列 3.实现全产业链绿色生产 4.主要产区实现生产全过程数字化作业管理，机械化率达到80%以上 5.功能性产品获得较大发展 6.新型经营主体占比60%以上

资金

人才

关键技术

1.基于生物信息大数据的全基因组选择与基因高效聚合 2.高品质与适合轻简化栽培育种 3.低能耗、低成本大型设施创新 4.设施环境自动控制 5.基于作物发育阶段特征的水肥精准调控 6.定植、收获机械化与适机化栽培 7.病虫害绿色防控 8.生产废弃物高效利用与菜田土壤生态修复 9.绿色保鲜与加工 10.都市蔬菜农业与蔬菜工厂	1.重要性状的人工智能设计育种 2.野生资源再驯化利用 3.基于作物发育及环境信息的水肥智能管理 4.智能作业机械与装备及农业决策支持系统 5.病虫害智能预警和高效绿色防控 6.云平台产品流通服务系统 7.产品深加工	1.重要品质、产量和抗逆性状合成生物学 2.基于微生物组学的病虫防控 3.物联网智能管理及作业机械化 4.大数据云平台管理决策系统 5.垂直农场设计与管理 6.蔬菜营养评价与功能性产品开发

组织

2035　　　2045　　　2055

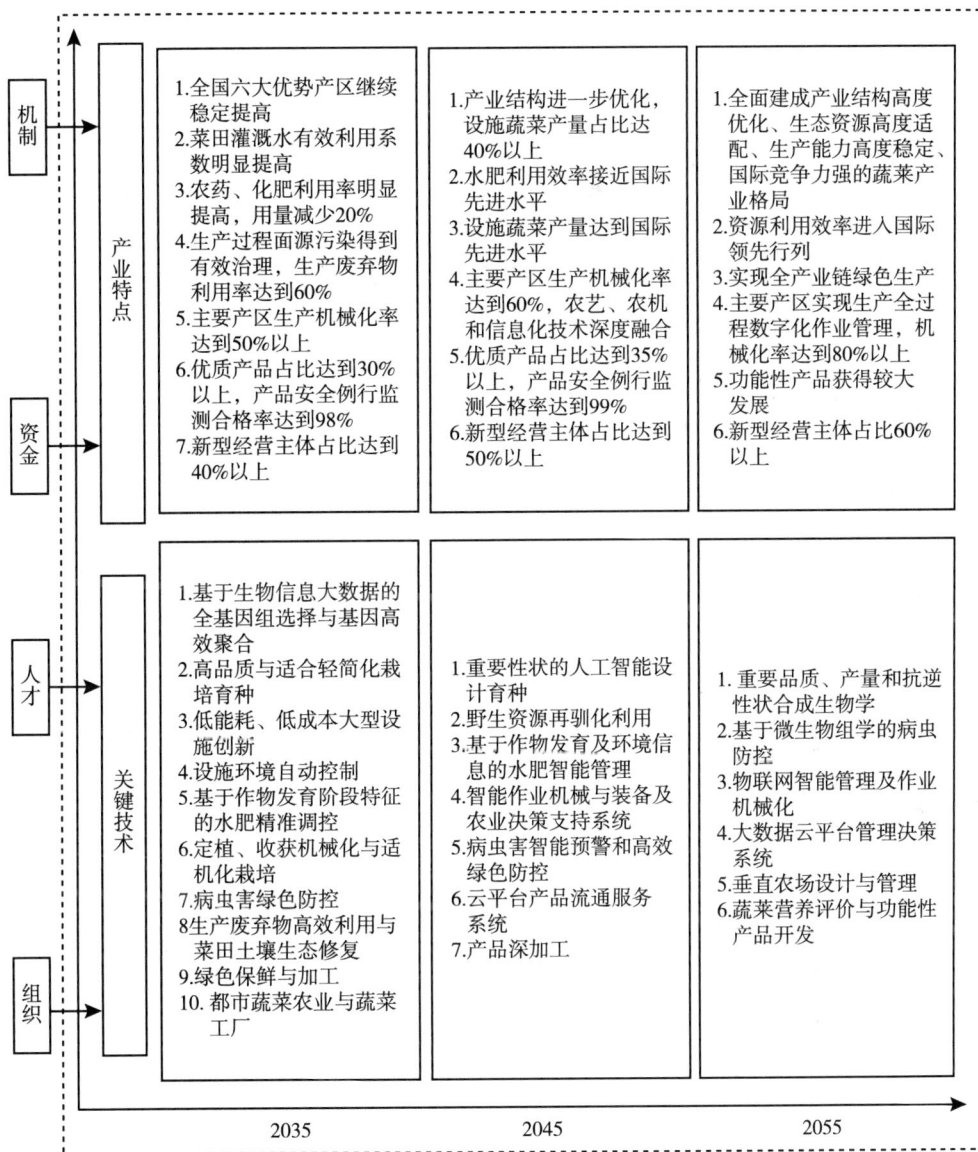

图 5-3 我国蔬菜产业与科技发展路线图

机制	产业特点	1.产业布局与结构明显优化，生产波动明显趋缓 2.基本实现标准化、规模化、简约化生产 3.农药、化肥利用率明显提高，用量明显减少 4.生产过程面源污染得到有效治理，生产废弃物利用率达到30% 5.主要产区生产机械化率达到40%，环境监测、病虫害诊断、水肥调控等智能化管理加快应用 6.优质产品占比达到45%以上，产品安全例行监测合格率达到98% 7.现代化经营主体占比达到50%	1.产业结构进一步优化，基本形成结构合理、生态协调、产需匹配的产业布局 2.生产过程面源污染基本消除，生产废弃物利用率达到50%，绿色发展方式全面形成 3.主要产区生产机械化率达到70%，农艺、农机和信息化技术深度融合 4.优质产品占比达到60%以上，产品安全例行监测合格率达到99% 5.现代化经营主体占比达到70%以上	1.全面建成产业结构高度优化、生态高度协调、生产高度稳定、供给保障有力、国际竞争力强的产业格局 2.资源利用效率进入国际领先行列 3.实现全产业链绿色发展 4.主要优势产区实现生产全过程数字化作业管理
资金				
人才	关键技术	1.构建核心种质资源库、核酸指纹标准库和核心基因库 2.重要群体性状的遗传解析及高效基因聚合 3.基于作物发育阶段特征的水肥精准调控 4.各生产环节作业机械与装备 5.全产业链品质调控与保持 6.光温高效设施创新与设施环境精准智能调控 7.病虫害预警和高效绿色防控 8.采后处理与保鲜	1.重要性状的人工智能设计育种 2.基于作物发育及环境信息的智能管理 3.智能作业机械与装备及农业决策支持系统 4.病虫害智能预警和高效绿色防控	1.重要品质、产量和抗逆性状合成生物学 2.基于微生物组学的病虫防控 3.物联网智能管理及作业机械化 4.大数据云平台管理决策系统
组织				
		2035	2045	2055

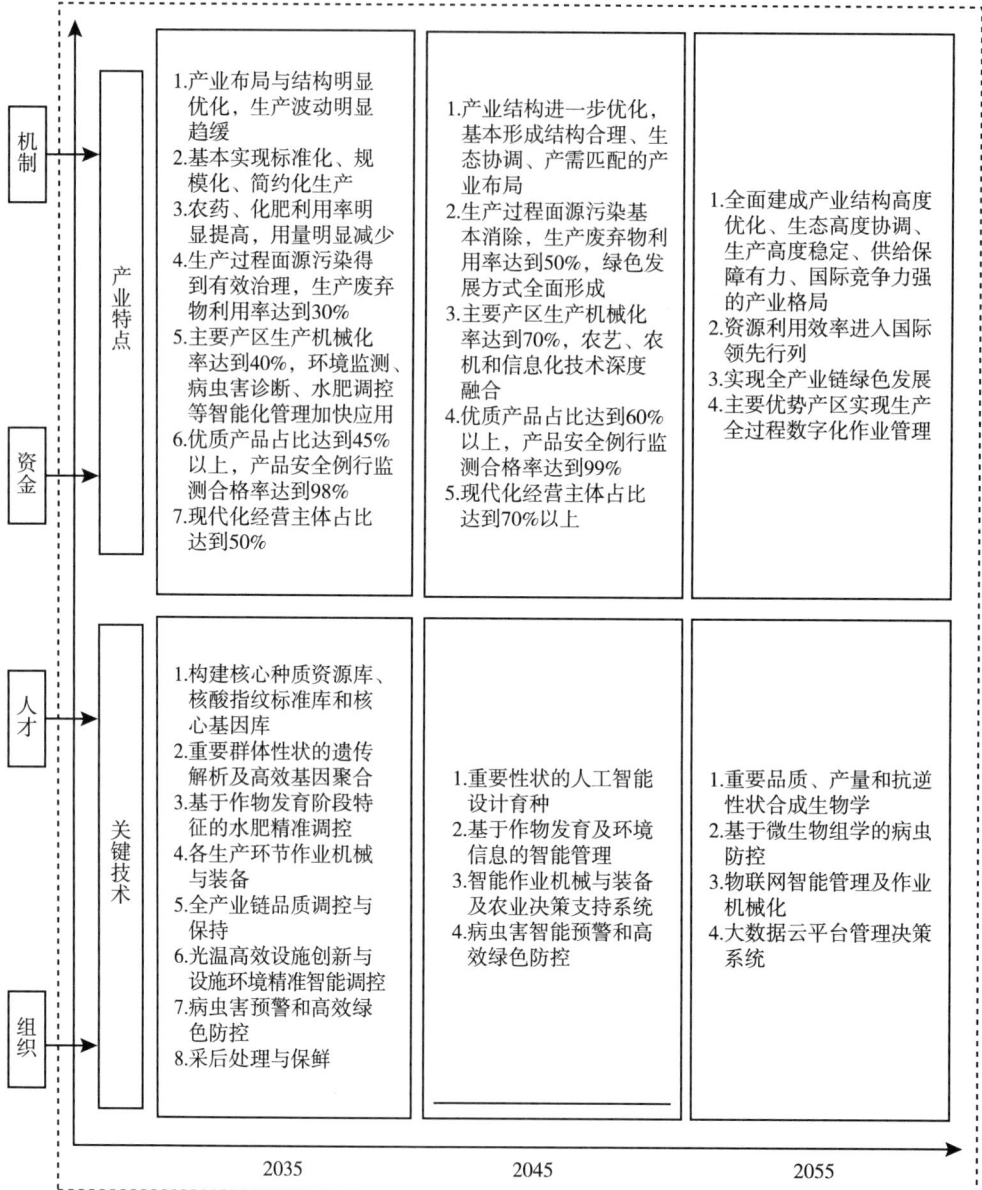

图 5-4　我国西甜瓜产业与科技发展路线图

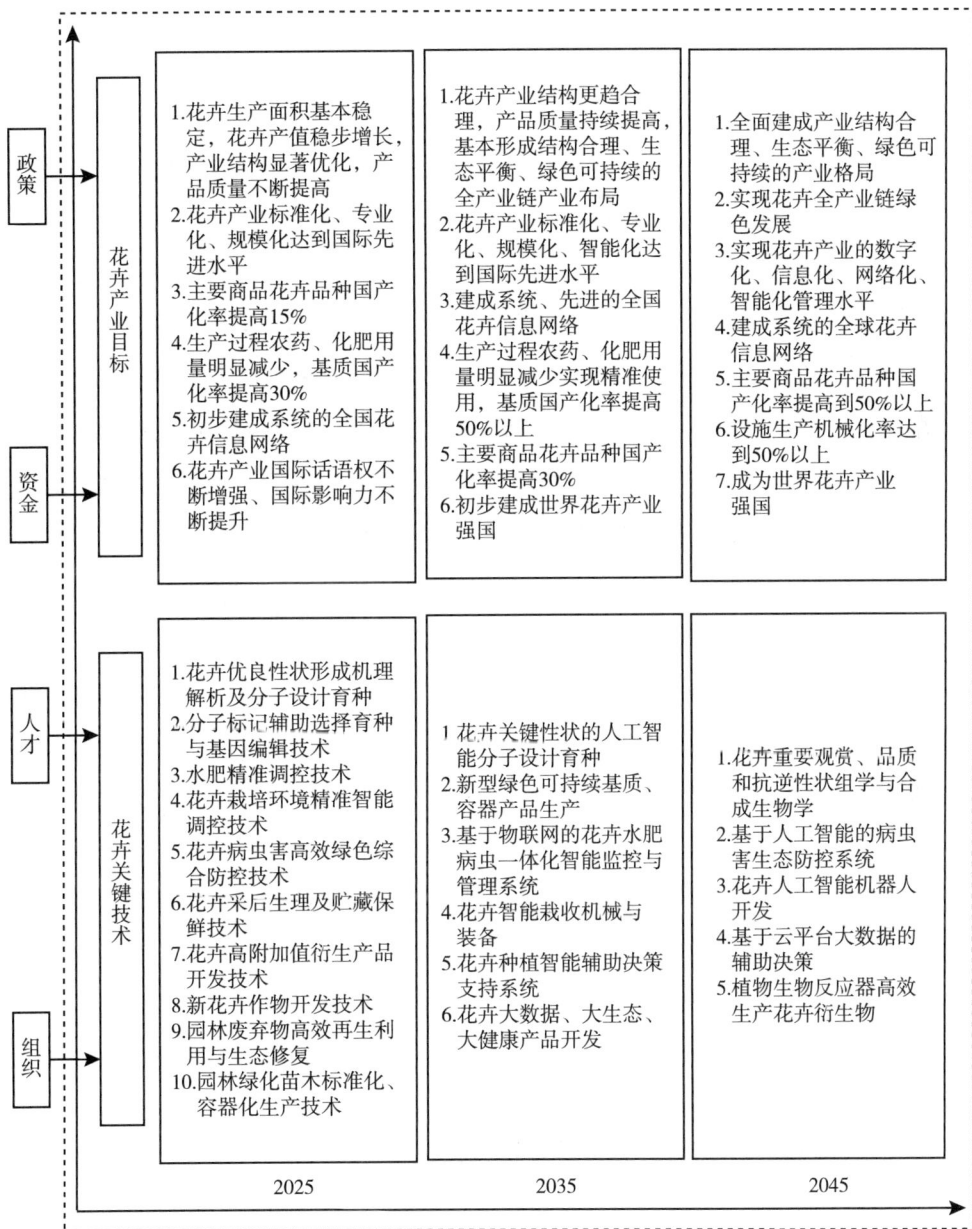

图 5-5 我国花卉产业与科技发展路线图

5.4 我国园艺产业与科技发展路线图实现的可能性分析

5.4.1 产业发展具备坚实的基础

经过改革开放后四十多年的发展，我国园艺产业逐渐从弱到强，为产业与科技发展路线图的实现提供了坚实的基础。

（1）产业规模庞大

从全国范围看，我国园艺产业种植规模仅次于粮食作物，但产值规模远超粮食作物。2020 年，我国蔬菜播种面积为 2149 万公顷，在主要种植类作物中位列第四，仅次于水稻、小麦和玉米；果园面积为 1265 万公顷，在主要种植类作物中位列第五，仅次于水稻、小麦、玉米和蔬菜；西甜瓜播种面积已超过麻类、糖料、烟叶、药材等传统经济作物，约占种植业总播种面积的 1.5%；花卉种植面积达到 160 万公顷以上，销售额达到 1693.5 亿元。从世界范围看，我国园艺产业规模位居世界第一。联合国粮食及农业组织数据显示：2018 年我国蔬菜和水果生产总值为 2802.10 亿美元，超第二名（印度）约 1792.80 亿美元，是美国果蔬总产值的 5.63 倍；2019 年我国蔬菜收获面积占全球收获总面积约 40.03%，产量占全球总产量约 51.91%；据联合国粮食农业组织（联合国粮食及农业组织）数据库显示，2019 年我国西瓜的收获面积、产量分别为 147 万公顷、6086 万吨，占全球的 47.7%、60.6%。2019 年中国花卉种植面积达到 163.14 万公顷，销售额达到 1693.5 亿元（《中国花卉产业发展报告 2020》），是全球花卉生产面积最大的国家。

（2）区域化布局基本形成

在相关国家规划的指引下，园艺产业区域化布局已基本形成。蔬菜产业已基本形成华南与西南热区冬春蔬菜、长江流域冬春蔬菜、黄土高原夏秋蔬菜、云贵高原夏秋蔬菜、北部高纬度夏秋蔬菜、黄淮海与环渤海设施蔬菜六个优势区域；西甜瓜形成了华南（冬春）、黄淮海（春夏）、长江流域（夏季）、西北（夏秋）和东北（夏秋）五大优势区域；花卉形成了华北、东北、华东、华南、西南、西北和青藏高原 7 个花卉产业发展区；苹果、柑橘、梨等重要果树优势生产区域基本形成。在各个优势生产区域内，专业化生产占比较高，社会化服务发展迅速，培育了一批园艺企业、专业合作社、家庭农场等新型经营主体。

（3）流通体系健全

园艺产业是我国市场化最早、市场化程度最高的农业产业，在长期的发展中，已形成包括产地市场、中转市场、销地批发市场和零售市场在内的覆盖全国的完整的市场体系。一是建成了一批各种类型的基础设施条件不断改善、辐射范围广的市场；二是培育了一批具有丰富经验的经营队伍；三是市场管理日益规范、运行有序，如北方最大的蔬菜集散中心山东寿光蔬菜批发市场占地面积600亩，建有近10万平方米的交易服务大厅和大棚，设有冷冻、冷储、电视监控、微机信息联网、市场管理中介经营等配套机构和设施，全国20多个省、市、自治区的蔬菜来此交易，上市蔬菜品种300多个，年成交蔬菜15亿千克，交易额28亿元，真正做到了"买全国，卖全国"。

5.4.2　消费升级给予持续动力

随着经济的发展和人们收入水平的不断提高，人们对园艺产品的消费需求旺盛并且呈现持续升级的态势。

根据国家统计局数据，1995—2019年，我国城镇居民水果人均消费量由1995年的41.1千克增加至2019年的66.8千克，农村的居民水果人均消费量由1995年的5.9千克增加至2019年的43.3千克，无论城镇居民水果还是农村居民水果人均消费量均有一定的增幅，其中农村居民水果人均消费量增幅更大，考虑到我国城镇化进程还在继续，水果消费增长的空间还很广阔。

我国是世界第一大蔬菜消费国。由于消费习惯的差异，我国人均蔬菜消费量远远高于世界平均水平。2010年后我国城镇居民和农村居民人均鲜菜消费量基本保持稳定，但消费者对蔬菜品质的要求进一步提高，健康、安全、口感好的蔬菜越来越受到市场的青睐，表明蔬菜消费升级的源泉在于品质的提升。

2019年中国花卉种植面积达到163.14万公顷，销售额达到1693.5亿元。随着人们消费观念的改变，越来越多的人选择购买鲜花来表达和传递情感，改善居家环境、提升生活品质与幸福感，鲜花已经成为人们温馨浪漫美好生活的重要组成部分，因此，鲜切花行业一直保持稳定的增长态势，而电商平台和现代物流业的高速发展，助力鲜切花消费市场的持续繁荣。据估测，到2030年我国的花卉消费额将达到5000亿元，花卉市场增长空间巨大。

我国是西甜瓜消费第一大国。2014年以来我国西瓜表观消费量呈波动上升趋势。

据统计，2018 年全国消费西瓜约 6302 万吨，占世界消费总量的 60.6%；人均消费量为 43.3 千克，是世界人均消费量的 3.2 倍；甜瓜表观需求量为 1328 万吨。随着经济社会的快速发展，城乡居民收入水平提高，居民消费结构升级，优质产品消费需求仍在不断增长，预计未来五年西甜瓜消费总量略有增加、高品质西甜瓜消费将持续显著增长。到 2025 年，全国西瓜消费量将达到 6300 万吨，甜瓜消费量将达 1400 万吨。

5.4.3　科技创新提供有力支撑

经过多年的发展，特别是进入 21 世纪以来的快速发展，我国已经成为世界园艺科技大国，形成了研究学科领域最多、研究对象作物最多、专业研究人员最多、研究平台数量最多的世界上最庞大的园艺科技创新体系。随着国家对园艺科技的支持力度不断加大，我国正在由园艺科技大国向园艺科技强国转变，这必将为我国园艺产业的发展提供越来越强有力的科技支撑。

（1）园艺育种科研不断取得新突破

2009 年，我国发起的国际黄瓜基因组计划成功完成了世界首个园艺作物基因组测序。随之我国相继主导完成了白菜、马铃薯、猕猴桃、梅花、西瓜、甜橙、梨、莲藕、醉蝶花、枣、辣椒、甘蓝、菠萝、小兰屿蝴蝶兰、芥菜、龙眼、菠菜、南瓜、深圳拟兰等果树、蔬菜和花卉的基因组测序，完成了黄瓜、番茄、桃、白菜、莴苣、柑橘、苹果、梨、西瓜、甜瓜等作物的重测序，获得了大量与进化、驯化、遗传改良相关的重要发现，使我国在园艺作物基因组研究领域走在了世界的前列。利用多组学技术，在园艺作物产品器官形成与发育、果实品质相关的物质代谢与调控、果实成熟与衰老、营养吸收与高效利用、逆境应答与抗逆性调控等研究方面，取得了一系列重要成果。园艺种质资源进一步丰富，园艺作物细胞工程育种技术进一步提高，分子育种技术快速发展并得到日益广泛的应用。雄性不育利用技术得到了进一步发展，世界首例甘蓝显性不育应用于大规模制种获得成功。育成了一批在品质、多抗性和产量方面具有突破性的新品种。国内自主育成的蔬菜品种生产覆盖率提高到了 87%，国内育成的果树、花卉新品种推广面积不断扩大。

（2）园艺生产技术研究不断取得重要进展

果树优质高效栽培关键技术取得长足进步。苹果、桃、樱桃等果树在整形修剪技术研究方面取得长足进步，以细长纺锤形和"Y"形为代表的高光效树体结构研究及其整形技术，和以"长梢修剪"为代表的下垂果枝培养技术逐渐成熟。在果园土壤综合管理方面，"微垄覆膜技术"缓解了西部干旱的问题；"起垄覆盖、行间生草技术"克服了东部夏秋降雨过多的弊端。

蔬菜可持续栽培技术研究不断取得创新成果。研发出通过与禾本科和葱蒜类伴生和填闲等栽培模式，减轻土壤枯萎病和线虫的发生率30%～65%。研发出利用植物生长活性成分为核心的抗土传病虫害调节制剂，解决长期以来线虫防治主要依赖高毒化学农药消毒的局面。研发出番茄、黄瓜、白菜、辣椒等蔬菜平衡施肥配方，形成了土壤肥水的精准管理技术。利用秸秆等生物质研发出适合番茄、黄瓜等果菜类蔬菜的有机栽培基质配方，在全国各地特别是连作障碍高发区推广成效显著。

蔬菜日光温室节能高效栽培技术水平不断提升。创新了日光温室冬季逐日逐时采光量最佳倾角计算及采光角的新理论，开发出可变倾角新型日光温室和主动式蓄热温室，研究制定了北纬38°～48°地区第三代节能日光温室结构参数，设计建造的第三代节能日光温室，较第二代节能日光温室增光6%以上，增温5℃以上，夜间室内外温差达35℃以上，将日光温室果菜冬季不加温生产从最低气温–23℃地区推移到–28℃地区。

西甜瓜栽培技术研究在一些重要领域取得了突破，走出了一条具有我国特色的栽培发展模式。研发出了以塑料大棚为主的设施高产、优质标准化西瓜栽培技术体系。膜下滴灌、膜下渗灌等微灌技术与肥水一体化技术大规模推广应用；育苗已逐步从传统家庭育苗走向集约化、工厂化育苗；嫁接育苗集约化程度逐步提高，基本构建了完整的西瓜工厂化嫁接育苗技术体系。科技水平的提升为我国西甜瓜产业发展提供了强有力的科技支撑。

花卉现代化与产业化栽培技术取得显著进展。开发出了月季切花无土栽培基质和营养液配方，建立了混合基质结合组装型栽培槽和开放式营养液供给的栽培模式。开发出牡丹盆花冬季催花生产技术和无土栽培技术体系。利用低能耗光源及无糖培养技术建立宿根花卉种苗标准化生产体系，研发出了芍药的无土栽培技术，"大富贵"芍药盆花在北京地区花期比大田花期提前50～60天，成品率达100%。研究建立了瓜叶菊快速繁殖体系，可进行规模化、工业化生产。研究建立了大花蕙兰设施生产高效基质和配套养分供应技术，集成大花蕙兰设施花卉花期精确调控技术，成花率提高15%～20%。

（3）园艺产后技术研究不断深入

研发出的基于乙烯拮抗剂1–甲基环丙烯的采后保鲜处理技术，已开始在苹果、梨等大宗水果贮藏保鲜中示范或广泛应用。新研发出了梨果实采后黑心、虎皮、果面褐斑等生理病害的预警监测和综合防控技术，研制出了二氧化碳高透性薄膜材料并在苹果、梨等水果上的应用。开发出了柑橘酸腐病控制和带叶保鲜、荔枝无硫防褐变防腐综合技术，新型植物源防腐保鲜剂及其配套应用技术。采后病害防控主要集中在乙醇防腐保鲜及水杨酸和茉莉酸诱导果实抗性机制研究。采后病害生物防治制剂的研发、荔枝等热带亚热带水果热酸处理果实护色机理、壳聚糖涂膜、二氧化氯防腐处理等研究也取得了较好的进展。针对蔬菜采后加工过程农残检出效率低、流通损耗高、鲜切蔬菜品质劣变快等问题，在农残快速检测、采后流通以及鲜切加工品质保持等方面开展研究。开发了果蔬中 260 种农药同时定性定量的快速检测方法，研发了新烟碱类等农药快速前处理、检测技术及快速检测产品，提高了检测效率；研发了蔬菜采后物流标准化 – 省力化技术、设计了番茄等蔬菜流通链包装一体化产品，研发了蔬菜电商物流品质保持技术及设备，降低大宗蔬菜采后流通过程的损耗；揭示了黄瓜、生菜等蔬菜鲜切过程中，单增李斯特菌等致病性微生物的侵染机制，开发绿色安全的减菌技术，研究鲜切蔬菜营养、色泽、质构、风味的劣变机制并制定防控技术，提高了鲜切产品的品质和货架期。近 10 多年来，对月季、菊花、百合、矮牵牛等产业价值较大的商品花卉开展了采后失水和衰老的机制探索，挖掘了多个具有育种应用潜力的关键基因，在诸如花卉采后品质的乙烯调控机制、采后花瓣失水和脱落机制等方面已经跻身世界前沿。技术研发方面，针对我国花卉生产集中、采后物流距离遥远等产业特点，重点开展了采收标准制定，预冷、分级、包装，病害防治以及采后物流监控等采后关键技术的研发和应用，取得一批重要技术成果，并在采后技术的标准化、自动化和规模化方面取得了长足的进步。

（4）园艺科技人才培养能力不断增强

我国设有园艺专业的大学有 40 多个，现有园艺学博士、硕士学位授权单位 45 个，其中，园艺学一级学科硕士学位授权点 20 个，涉及果树学、蔬菜学、茶学、花卉学、蔬菜采后生理及贮藏、园林植物与观赏园艺、观赏植物学等专业和学科方向；园艺学一级学科博士学位授权点 25 个，涉及果树学、蔬菜学、观赏园艺、茶学及农业工程等学科。现在我国园艺学科每年培养硕士和博士研究生 1000 多人，数量还在逐年增加，为我国园艺产业的发展提供源源不断的高层次科技人才。

（5）园艺创新平台不断完善

全国现有"细胞育种工程实验室""国家蔬菜工程中心""国家花卉工程中心"等

国家园艺科研平台 3 个；有教育部系统园艺学科重点实验室 5 个；农业部组建的园艺方面的创新平台 24 个，其中园艺作物改良中心 7 个，重点实验室 17 个。这些平台的建设使得我国园艺科技创新条件得到了显著地改善，创新能力得到了大幅度提升，为今后进一步强化科技创新、支撑园艺产业发展奠定了坚实的条件基础。

5.4.4 产业政策构成可靠的保障

由于园艺产业具备保障国民健康、促进农民就业增收、美化环境和农旅康养等功能，园艺产业的高质量发展一直受到党和政府的高度重视，已经形成了符合我国国情的比较完善并行之有效的政策体系。在助力脱贫攻坚的过程中，园艺产业也发挥了重要的作用，多个贫困地区通过发展园艺产业完成了脱贫工作。据不完全统计，2020 年仅通过发展蔬菜生产就带动近 267 万贫困人口脱贫。《中华人民共和国国民经济和社会发展第十四个五年规划和 2035 年远景目标纲要》将"广泛形成绿色生产生活方式，碳排放达峰后稳中有降，生态环境根本好转，美丽中国建设目标基本实现"列为 2035 年远景目标。提出实现巩固拓展脱贫攻坚成果同乡村振兴有效衔接；要发展各具特色的现代乡村富民产业，推动种养加结合和产业链再造，提高农产品加工业和农业生产性服务业发展水平，壮大休闲农业、乡村旅游、民宿经济等特色产业。《"十四五"推进农业农村现代化规划》更是明确提出要发展设施农业，因地制宜发展林果业、中药材、食用菌等特色产业；强化"菜篮子"市长负责制，以南菜北运基地和黄淮海地区设施蔬菜生产为重点，加强冬春蔬菜生产基地建设，以高山、高原、高海拔等冷凉地区蔬菜生产为重点加强夏秋蔬菜生产基地建设，构建品种互补、档期合理、区域协调的供应格局；培育一批特色粮经作物、园艺产品、畜产品、水产品、林特产品产业带。在这样的背景下，同时具备保障健康、就业增收和美化康养作用的园艺产业必然受到更多的关注，得到更多的政策支持。

第6章

我国园艺产业和科技发展的行动方案

6.1 产业布局与结构调整

6.1.1 果树产业布局调整

中国地域广阔、经纬跨度大，具有热带、亚热带、温带、亚寒带等复杂多样的气候带，水果品种异常丰富。目前，我国水果面积和产量居前6位的分别是柑橘、苹果、梨、桃、葡萄和香蕉。改革开放以来，随着我国果树产业布局的不断优化，带动了果树产业的高质量发展，取得了巨大成就。据统计，截至2019年，我国水果总种植面积和产量均居世界首位，人均水果占有量超过132千克，已成为果树生产第一大国。在我国农业种植业中，果树产业已成为重要组成部分，其产值仅次于粮食和蔬菜，居第三位，成为保障我国"三农"可持续发展和国民经济增长的支柱产业之一（刘凤之等，2021），尤其对促进相对贫困地区顺利脱贫和推动乡村振兴战略实施具有重要意义。

现阶段我国果树产业正处于结构调整的深水期，在《"十四五"规划和2035年远景目标建议》框架下，我国果树产业应以推动乡村振兴战略为总抓手，坚持绿色高质量发展理念，继续调整优化果树种植区域布局、树种与品种结构，规范现代良种苗木繁育体系建设，集成示范推广现代高效栽培模式及果园化肥农药减施增效技术，大力推广节本增效技术，加强自然灾害和病虫害等突发事件预警机制建设，开发果树产业新功能（邓秀新等，2018）。2002—2008年国家实施苹果、柑橘、梨等重要果树全国重点区域发展规划以来，主要果树优势生产区域基本形成，产业布局进一步完善，结构调整成效显著。

（1）科技进步推动我国果树产业高效发展

近 10 年来，我国主要果树（柑橘、苹果、梨、桃、葡萄和香蕉）栽培面积总体呈现先增加后减少的局面，由 2010 年的 10591 万亩增加至 2015 年的 12078 万亩，达到高峰，后减少至 2019 年的 11734 万亩，趋于平稳；其中，苹果、梨和香蕉的栽培面积逐年减少，分别由 2009 年的 3210 万亩、1605 万亩和 556 万亩减少至 2019 年的 3061 万亩（–4.64%）、1434 万亩（–10.65%）和 538 万亩（–3.24%）；而柑橘、葡萄和桃的栽培面积则呈现显著增长态势，分别提高 28.59%（3358 万 ~ 4318 万亩）、44.44%（774 万 ~ 1118 万亩）和 16.11%（1086 万 ~ 1261 万亩）（联合国粮食及农业组织统计数据）。与栽培面积变化不同的是全国主要水果产量由 2010 年的 10416 万吨提高至 2019 年的 14579 万吨，增长幅度高达 39.97%。各树种的产量均呈不同增长态势，其中，梨产量由 1523 万吨提高至 1709 万吨，增长 12.21%；香蕉产量提高了 215 万吨，增长 21.85%；苹果产量由 3326 万吨提高至 4242 万吨，增长 27.54%；桃子、柑橘和葡萄产量分别提高 525 万吨、1708 万吨和 614 万吨，增长高达 49.58%、63.31% 和 74.61%（联合国粮食及农业组织统计数据）。这表明我国果树产业技术水平的提升和先进技术的应用，使水果总产量和单位面积产量显著提高。

（2）果树产业布局应逐步向优势产区转移

从全国不同区域来看，近 10 年来，东北三省（辽宁，黑龙江，吉林）和华中三省（河南、湖北、湖南）的果树种植面积总体趋丁稳定，而华北地区（北京、天津、河北、山西）的栽培面积则逐年减少，由 922 万亩减少到 777 万亩，降幅达 15.73%。相反，华东（上海、江苏、浙江、安徽、福建、江西、山东、台湾），华南（广东、广西、海南、香港、澳门），西北（新疆、陕西、宁夏和甘肃）和西南（重庆、四川、贵州、云南、西藏）四区果树种植面积分别增长 6.23%（107 万亩），29.63%（332 万亩），11.63%（212 万亩）和 52.62%（647 万亩）。在水果产量方面，各地区均有不同程度增加，尽管东北、华中和华北地区栽培面积基本稳定，甚至减少，但三个地区的水果产量分别提高 22.26%（92 万吨）、32.58%（438 万吨）和 25.86%（262 万吨）；而华南、西北和西南地区的产量则大幅提高 89.38%（1232 万吨）、57.69%（893 万吨）和 88.71%（795 万吨）。

从各地区主产水果具体栽培面积和产量情况来看，近 10 年，我国东北地区梨栽培面积减少了 8.94%（15 万亩），但产量仍然提高了 15.88%（20 万吨）；而苹果和葡萄栽培面积分别增加了 9.23%（19 万亩）和 9.36%（5 万亩），产量则分别提高了

28.05%（59 万吨）和 17.06%（13 万吨）。华北地区作为我国梨、苹果和葡萄的主要产区，其三大果树的栽培面积呈现整体逐年减少的局面，近 10 年分别减少 12.19%（36 万亩）、19.41%（101 万亩）和 7.27%（7 万亩），主要是由于水果种植大省之一的河北省的栽培面积大幅减少。与栽培面积减少不同，华北地区三大水果的产量仍分别提高了 18.64%（73 万吨）、29.21%（147 万吨）和 35.32%（42 万吨），在一定程度上补偿了栽培面积减少的影响。华中地区作为梨、苹果、葡萄和柑橘的主产区，梨、葡萄和柑橘的栽培面积和产量均呈上升态势，面积分别提高 14.49%（23 万亩）、63.44%（49 万亩）和 6.07%（55 万亩），产量分别提高 27.83%（43 万吨）、91.3%（64 万吨）和 46.97%（333 万吨），而苹果栽培面积降低幅度高达 33.07%（89 万亩），减产 0.4%（1.8 万吨），主要是由于河南省苹果栽培面积大幅减少造成。华东地区作为五大水果产区，梨、苹果的栽培规模小幅降低，分别减少了 9.35%（27 万亩）和 6.82%（31 万亩），产量仍增长 11.38%（40 万吨）和 16.27%（146 万吨）；葡萄和柑橘的栽培面积和产量均大幅上升，其中面积分别提高 53.85%（81 万亩）和 12.28%（94.5 万亩），产量分别增长 54.67%（117 万吨）和 32.86%（246 万吨），其中江苏、浙江、安徽、福建、江西和山东的葡萄以及福建和江西的柑橘栽培面积均有不同规模增长，上海、江苏的葡萄和柑橘及浙江、安徽和台湾的柑橘的栽培面积均有所减少；华东地区香蕉的主产省只有福建和台湾，由于福建省香蕉的栽培面积和产量显著下降，导致整个华东地区香蕉面积和产量分别减少 19.7%（9 万亩）和 11.51%（10 万吨）。华南地区作为香蕉和柑橘的主要产区，近 10 年来，香蕉的栽培面积减少了 11.91%（45 万亩），产量提高了 28.71%（200 万吨），值得注意的是海南省香蕉的栽培面积和产量均大幅降低，分别减少了 42.92%（38 万亩）和 29.31%（50 万吨）；与香蕉不同，华东三省的柑橘栽培面积和产量均大幅增加，分别提高了 51.42%（347 万亩）和 153.57%（967 万吨），特别是广西柑橘的面积和产量增加幅度高达 121.61% 和 259%。此外，广西的梨和葡萄的栽培面积和产量也大幅提高，增幅分别达到了 16.46%（5 万亩）、96.81%（22 万吨）及 91.14%（23 万亩）、159%（37 万吨）。西北地区作为苹果和葡萄的主要产区之一，其面积和产量总体呈增长态势，其中，苹果的面积和产量分别增加 11.8%（153 万亩）和 59.66%（634 万吨），葡萄面积提高 23.1%（65 万亩），产量大幅提高 76.8%（191 万吨）；梨的栽培面积小幅下跌 1.99%（4 万亩），产量则提高 21.2%（44 万吨）。西南地区作为我国大宗水果的优势产区，各大果树均有规模化种植，而且种植面积和产量均呈现增长趋势，其中苹果、葡萄和柑橘的栽培面积分别提高 92.41%（100 万亩）、143.34%（102 万亩）和 59.06%（391 万亩），产量分别增长了 106%（79 万吨）、234.82%（126 万吨）和 88.38%（429 万吨）；梨的栽培面积小幅增长 0.8%（2 万亩），产量提高 41.1%（65 万吨）；香蕉种植面积和产量分别提高56.85%（52 万亩）和 76.88%（97 万吨）（国家统计局数据）。

总体上我国东部和西部地区果树栽培面积有所增加，北部地区略有缩减，而中部地区变化不大。我国果树生产方式正逐步从劳动密集型向机械化、轻简化、标准化和现代化转变，在总体栽培面积增长缓慢的情况下，单位面积水果产量不断提高，总产量进一步大幅提升。近年来，东部地区的大宗水果种植面积和产量仍在持续增长，未来随着我国工业化及农业现代化进程加快，东部地区作为经济优势显著的发达地区，农业用地势必会进一步减少，劳动力成本快速增长，进而导致土地和劳动力依赖程度较高的果树产业产值进一步压缩。因此，建议对东部地区大宗水果产业及早谋划布局，控制扩张速度和规模，逐步向西部工业欠发达地区转移，提高果树产业净值，带动西部地区农业种植业快速发展。

随着全国果树重点区域发展规划的制定和完善，我国果树产业逐步向各自优势区域发展。例如，苹果产业正稳步向西部黄土高原优势产区（如陕西）、西北（新疆）和西南（云南和四川）特色苹果产区转移；梨产业正逐步向黄河故道白梨和砂梨产区（如河南），长江流域砂梨产区（湖南、四川）及西南特色梨产区（云南、贵州）等优势区域转移。值得注意的是广西、云南等省份近 10 年果树产业发展迅猛，扩张速度过快，需进行适当控制，避免造成量大滞销、果贱伤农的局面。此外，我国果树生产重心还需加快由"产量"向"品质"和"安全"转变，使果品质量和产业经济效益双提升。

（3）果树产业结构应向多元化方向调整

我国大宗水果总量大，苹果、柑橘、梨、桃、葡萄和香蕉的总产量约占全国水果总量的 77.69%（联合国粮食及农业组织和国家统计局数据），除桃外，其他这些大宗水果的成熟期相对集中在 9~10 月。例如：目前 10 月成熟的苹果占总产量的 80% 以上，9 月成熟的晚熟梨约占总产量的 55%。这些大宗水果熟期过于集中，难以保障鲜果市场的均衡供应。首先，要进一步优化苹果、柑橘、梨等大宗水果的品种结构，逐步增加早熟、中熟品种的比例，选育并栽培优质早熟苹果、早熟梨等新品种，满足市场对早、中熟鲜果的需求。其次，建议重视选育和发展特色大宗水果，填补市场空白，可获得较高社会经济效益。如近年来，蟠桃、油蟠桃的市场效益是普通桃的 2~5

倍，红皮梨也获得了更好的经济效益，红肉柑橘等品种含有更高的抗氧化活性物质，对注重营养健康的高端消费群体有较大吸引力，市场前景广阔。另外，具有一产三产融合特点的观赏和自采品种发展迅速；要适当选育发展适合加工类的大宗水果，如酿酒葡萄。国际上葡萄用于加工的比例较高，通常 80% 用于酿酒，11% 鲜食，9% 制干、制汁和制醋，而我国鲜食葡萄约占葡萄总产量的 80%，仅 20% 用于酿酒、制干等加工（联合国粮食及农业组织数据），这与世界大多数葡萄生产国截然相反。随着国内葡萄酒消费群体的不断壮大，以及消费水平和消费能力的不断提升，适当提早规划和调整酿酒葡萄和鲜食葡萄的发展趋势是有必要的。

我国果树树种资源丰富，除了上述大宗水果之外，还有一定规模的草莓、杏、樱桃、猕猴桃、火龙果和菠萝等特色水果。联合国粮食及农业组织数据显示，这些特色水果在我国栽培面积和产量达到百万亩和百万吨以上的有草莓、猕猴桃、菠萝和芒果，其中，前三者的种植面积和产量均显著增长，草莓的面积由 2010 年的 106 万亩增长到 2019 年的 189 万亩，提高了 77.52%，产量由 180 万吨提高到 322 万吨，增长了 79.03%（联合国粮食及农业组织数据），比如，江苏省作为我国草莓种植第一大省，2018 年栽培面积和产量分别高达 30 万亩和 39 万吨，相比 2009 年面积增长了 234.66%（21 万亩），产量提高了 308.26%（40 万吨）（国家统计局数据）；此外，我国作为猕猴桃原产国，2019 年其栽培面积和产量分别达到 274 万亩和 220 万吨，较 2010 年分别提高了 86.29%（127 万亩）和 75.73%（95 万吨）。2019 年，主产于华东地区的菠萝栽培面积和产量达 131 万亩和 216 万吨，10 年来分别提高了 36.6%（35 万亩）和 50.06%（72 万吨）；可能受东南亚国家低价出口芒果倾销的影响，我国芒果的栽培面积和产量近年来大幅降低，分别减少了 38.95%（188 万亩）和 22.27%（74 万吨）。

相比大宗水果，草莓、菠萝、樱桃等特色水果产业由于受气候环境等因素限制，其生产具有一定局限性，且地域性明显，规模相对较小。近年来，随着人们生活消费水平逐年提升及冷链运输等物流产业的技术水平愈发成熟，对草莓、芒果等不耐贮藏、易损伤的特色水果进行长途运输成为现实，大大提高了人们对特色水果的消费需求，市场范围也越发广泛。因此，建议今后在特色水果适栽区对大宗水果的发展进行适度控制，同时大力支持地区特色水果的发展，适度扩大规模，以满足市场需求，减少对国外进口特色水果的依赖及其对国内市场的冲击，使我国果树产业稳步向多元化发展。

6.1.2　蔬菜产业布局调整

我国蔬菜产业布局调整主要包括两个方面：一是对现有的六大优势产区保持基本稳定的基础上进行小幅调整，引导水、土地等资源紧张区域的生产向资源禀赋好的区域转移。二是加强大中城市蔬菜自给生产保供能力，特别是应急生产能力建设。全国在保障总量供求基本平衡的同时，进一步调整品种结构，优化区域布局，全面提高蔬菜质量安全水平，逐步形成覆盖城乡、布局合理、流转顺畅、竞争有序的现代蔬菜流通体系。

（1）全国蔬菜生产优势区域布局

1）华南与西南热区冬春蔬菜优势区域。包括7个省（自治区），分布在海南、广东、广西、福建和云南南部及低海拔热区、贵州南部以及四川攀西地区，共有94个蔬菜产业重点县（市、区）。发展规模：基本稳定在现有的5600万亩左右的水平。重点发展目标：栽培模式上坚持与水稻轮作，适当发展包括避雨栽培在内的设施栽培。主栽品种：广东、广西以叶菜类、豆类、瓜类及茄果类为主；海南以豆类和瓜类为主；云贵川区域以茄果类、豆类和瓜类为主。产品上市期：华南以12月到翌年4月，云贵川区域以12月到5月为主。主要供应市场：以粤港澳大湾区、长江流域及北方大中城市为主。

2）长江流域冬春蔬菜优势区域。包括9个省（市），分布在四川、重庆、湖北、湖南、江西、浙江、上海和江苏中南部、安徽中南部，共有149个蔬菜产业重点县（市、区）。发展规模：本区域蔬菜生产面积稳定在1亿亩左右。重点发展目标：栽培模式上，进一步发展以塑料棚室为主的各种类型的设施栽培，包括保温栽培、避雨栽培、遮阴栽培等；积极探索适合机械化作业和当地自然条件的高效大型设施栽培；重点提高露地生产水平。主要栽培品种：各种叶菜类蔬菜、果菜类蔬菜、豆类蔬菜以及莲藕为主的水生蔬菜，积极发展特色蔬菜。上市时间：以冬春和秋冬为主。主要供应市场：当地市场、"三北"市场及港澳市场。

3）黄土高原夏秋蔬菜优势区域。包括7个省（区），分布在陕西、甘肃、宁夏、青海、西藏、山西及河北北部地区，共有54个蔬菜产业重点县（市、区）。发展规模：稳定在1800万亩左右。重点发展目标：以解决本区域冬季早春蔬菜自给能力不足和增强夏秋冷凉蔬菜生产优势为主要发展目标，积极发展高性能日光温室和大跨度塑料大棚，加强露地生产能力建设。主要栽培蔬菜种类：设施以果菜类蔬菜为主，露地以各种叶菜类蔬菜、豆类、洋葱和部分果菜类为主。主要供应市场：冬季供应当地市场为主，夏秋露地冷凉蔬菜主要供应华北、长三角及粤港澳大湾区。

4）云贵高原夏秋蔬菜优势区域。包括5个省（市），分布在云南、贵州和鄂西、湘西、渝东南与渝东北地区，共有38个蔬菜产业重点县（市、区）。发展规模：稳定在2100万亩左右。重点发展目标：重点发展夏秋冷凉蔬菜，积极发展避雨栽培。作物种类：主要是十字花科蔬菜、茄科蔬菜和豆科蔬菜。主要上市时间：7月到11月。主要市场：华南、港澳及长江中下游区域和出口周边与中东国家。

5）北部高纬度夏秋蔬菜优势区域。包括4省（自治区），分布在吉林、黑龙江、内蒙古、新疆，共有41个蔬菜产业重点县（市、区）。发展规模：1400万亩。重点发展目标：以夏秋露地生产为主，适当发展塑料大中小棚进行春提早和秋延后栽培，延长收获上市时间。主要栽培种类：茄果类，瓜类和豆类蔬菜。产品市场：日光温室生产主要供应本区域，夏秋生产主要为北菜南运，供应华北、长三角、珠三角等地区，部分出口俄罗斯、韩国、日本等。

6）黄淮海与环渤海设施蔬菜优势区域。包括8个省（市），分布在辽宁、北京、天津、河北、山东、河南及安徽中北部、江苏北部地区，共有204个蔬菜产业重点县（市、区）。发展规模：8000万亩左右。重点发展目标：全面提升以设施生产为引领的蔬菜生产水平，稳定日光温室面积，提高温室性能，加快老旧温室改造。积极发展大型覆盖保温塑料大棚，积极研发适合本区域的智能化大型蔬菜生产设施。保证全国最大的葱姜蒜生产基地稳定发展。栽培种类：设施生产以茄果类、瓜类、豆类蔬菜为主，露地以十字花科蔬菜、茄果类、瓜类、豆类、葱蒜类蔬菜为主。目标市场：除当地外，主要销往长江流域、西北、东北，以及出口国外市场。

（2）大中城市保障性蔬菜基地布局

城镇化进程的加快使得城市规模越来越大，城郊菜地被占越来越多，城市人口不断增加，使得突发情况下（极端天气、疫情等）蔬菜供应保障能力不足。因此，必须增强大中城市极端情况下的蔬菜供应保障能力。为此要提高大城市蔬菜特别是叶类菜自给能力，合理确定常年菜地最低保有量，并实行更为严格的占补平衡和补偿机制，稳定增加蔬菜种植面积，确保一定水平的自给率。需要以大中城市为中心，建100千米半径范围内的蔬菜应急生产区，500千米半径范围内的蔬菜核心生产区，1000千米半径范围内的蔬菜辐射生产区和补充生产区。

（3）食用菌产业布局调整

调整主要从三个维度上展开。一是，品种和空间布局上，加强产业规划与管理。根据区域自然资源和经济资源特点，确定适合的食用菌种类和发展规模，引导形成产业发展集聚区，适度规模化发展。重视对欠发达地区的支持，加快产业结构优化升级和产业转移，特别是扶持中西部地区结合自身优势发展；形成分工合理、特色明显、优势互补的区域产业结构，推动各地区共同发展。生产品种向多菌类方向延伸，产品朝差异化、多样化方向发展，木腐菌、草腐菌并行，食用菌多品种工厂化生产格局。二是，全产业链提质增效上，从追求生产规模和生产量向提升产品品质、个性化转变，突出产品科技含量，严格实施管理标准化、操作标准化、产品标准化，建立和完善产品企业标准，进行自主管理，保障产品质量。更加完善产业分工，通过分工协作提高整体效率。鼓励发展深加工产业，支持技术创新、熟化工艺和制定标准等环节，研发具有高附加值的快消品、即食食品。加强药用机理和功效基础研究及保健品、医药品和化妆品等相关技术研究，不断延长产业链条。利用互联网、大数据、直播带货等技术建立现代营销模式。三是，推动一二三产融合发展，跳出农业发展食用菌。推进农旅融合，依托自然资源、文化优势，建成集生产、科普教育、旅游度假、养生休闲、餐饮文化相结合的菌菇小镇，鼓励发展以菌菇为载体的创意农业，使菌菇深度融入大众生活的方方面面，为食用菌产品开拓广阔发展空间。

6.1.3 西甜瓜的产业布局与结构调整

随着产业化、专业化步伐的加快，西甜瓜生产逐步走向区域化和规模化生产格局，农业农村部《全国西瓜甜瓜产业发展规划（2015—2020年）》划定了五大西甜瓜优势区域，即华南、黄淮海、长江流域、西北和东北。从全国区域布局来看，西瓜生产布局主要以华东和中南两大地区为主，两区域合计生产了70%左右的西瓜。2018年产量前十的省份：河南、山东、江苏、湖南、广西、湖北、安徽、河北、新疆、浙江，占总产量的73.30%。华东六省（山东、安徽、浙江、江苏、江西、福建）产量占总产的32.31%，中南六省（河南、湖南、广西、湖北、广东、海南）产量占总产的39.06%。我国甜瓜生产呈现华东、中南、西北主产区三足鼎立的布局。2018年产量前十的省份：山东、新疆、河南、河北、江苏、内蒙古、陕西、浙江、湖南、黑龙江，占总产量的80.55%，集中度高于西瓜。华东六省产量占总产的27.67%，中南六省产量占总产的24.89%，西北五省份（宁夏、新疆、青海、陕西、甘肃）产量占总产的 24.11%。

稳定长江流域优势区。到 2025 年，长江流域优势区西甜瓜播种面积稳定在 1050 万亩左右。进一步发展中小拱棚长季节栽培等生产方式，加大推广适宜保护地栽培、抗病性强、耐低温弱光的中小拱棚生产的专用品种。

适度调减黄淮海优势区。到 2025 年，黄淮海优势区西甜瓜播种面积稳定在 850 万亩左右。稳定提升大棚生产面积，适度减少多层覆盖栽培与中晚熟露地面积，部分改成小拱棚与简易覆盖早熟栽培，推广中小棚西甜瓜高效优质简约化栽培模式。

优化西北优势区产品结构。西北优势区西甜瓜播种面积稳定在 450 万亩左右。重点调整西北优势区产品结构，适当调减压砂地西瓜种植规模，在露地西甜瓜生产为主体基础下，进一步优化产品质量，适当扩大温室小型西瓜、中小拱棚优质西瓜与简易连体大棚高品质甜瓜规模化生产，保证夏秋的全国供应。

适度增加东北优势区。到 2025 年，东北优势区包括内蒙古东部的西甜瓜播种面积增加到 250 万亩以上。该区域在辽东以大棚和小拱棚栽培为主，在吉林以北大力推广露地晚熟适合轻简化栽培优质西瓜生产，以弥补西北压砂西瓜面积减少带来市场空缺，稳定发展露地简易覆盖早熟优质薄皮甜瓜生产，按照东北传统薄皮甜瓜的消费。

发展华南优势区反季生产。到 2025 年，华南优势区西甜瓜播种面积超过在 300 万亩。在疫情常态化趋势下，要减少我国对周边国家西甜瓜生产与进口的依赖，降低境外生产与供应波动对我国早春冬季西瓜价格的影响，加大该区域国内特别是云南、广西、海南的生产布局。该区域以生产冬春反季节西甜瓜为主，重点推广抗逆性好、适宜轻简化栽培的优质西甜瓜品种，大力推广华南反季节西瓜稀植免整枝简约化栽培模式，提高华南地区简易连体大棚哈密瓜生产的优质率与品牌化率。

6.1.4　花卉产业布局调整

花卉业已成为中国调整农业结构、发展农村经济新的增长点，是部分地区农民增收致富的有效途径。根据中国的自然地理条件、历史文化背景和花卉产业发展现状，参照相关规划将中国划分为华北、东北、华东、华南、西南、西北和青藏高原 7 个花卉产业发展区。根据各区的气候条件、生产条件确定各区的花卉生产重点。

1）华北花卉生产区。本区包括北京、天津、河北、山西、内蒙古、山东、河南 7 省（自治区、直辖市），该区经济较发达，科技创新能力强，人才优势明显，具有完善的花卉生产设施，具有长远的花卉栽培历史，花卉产业化规模优势明显。重点发展设施花卉、花坛花卉和重要传统花卉的生产。

2）东北花卉生产区。本区包括辽宁、吉林、黑龙江三省，花卉特色鲜明，长春君子兰、凌源鲜切花具有较高知名度，但产业基础相对薄弱。重点发展特色盆花和球根花卉。

3）华东花卉产业区。本区包括上海、江苏、浙江、安徽、江西、湖北、湖南七省（自治区、直辖市），市场经济发达，花卉产业基础良好，特色产品全国知名度高，重点发展园林绿化苗木和特色商品花卉。

4）华南花卉产业区。包括广东、福建、广西、海南四省（自治区），经济发达，花卉经营水平高，产业竞争优势强。重点发展室内观叶植物、切叶和盆景植物。

5）西南花卉产业区。包括重庆、四川、贵州、云南四省（自治区、直辖市），气候类型多样，产业基础好，是中国重要的切花生产区，重点发展切花产业、特色花卉，因地制宜开发兰花、杜鹃、茶花等。

6）西北花卉产业区。包括陕西、甘肃、宁夏、新疆四省（自治区），花卉业起步晚，产业基础薄弱，但特色花卉种质资源丰富，重点发展一年、二年生花卉的制种产业、工业用花。

7）青藏高原花卉产业区。包括西藏、青海两省（自治区），气候类型独特，高山花卉资源丰富，但开发不够，重点发展高山花卉。

目前中国花卉产业存在结构性过剩的矛盾，需要对过剩的产品种类进行限制，立足区域特色、产业优势和资源禀赋，坚持有所为有所不为，要根据市场的发展适时调整产品结构，扩大产品的多样性，提升产品的精品化，不断满足个性化需求，避免盲目扩展和无序的低水平恶性竞争；加强一年、二年生花卉 F_1 种子的生产和开发力度，减少开放性授粉种子的生产；政府要适时宏观干预，生产企业要主动调整产品结构，顺应市场需求。

6.2 我国园艺科技研究重点

6.2.1 果树科技研究重点

（1）基于分子标记及优异基因聚合的果树分子育种技术

DNA 分子标记已成为果树遗传学领域现代技术应用的重大进展，分子标记辅助选择育种（MAS）是近 20 年来在园艺作物上应用最多、也逐渐成熟的技术，为杂交亲本的选配、杂种实生苗的早期鉴定选择、遗传转化中目的基因的检测、多种抗病性状的同时筛选等提供了一个准确、快速的方法。通过分子育种的手段，尽快将果树高产、优质、抗逆、抗病等优异基因进行聚合，不但大大缩短了育种时间，还可大幅度提高果树的产量、品种和综合抗逆性，也为定向培育目标品种的分子育种奠定了基础。

（2）果树优异基因挖掘与自主新品种选育

从农作物种质资源中获取"基因主权"，已成为世界范围内竞争的一种新形式。作为"世界园艺之母"的中国，由于缺乏对种质资源的系统研究和创新，使得很多起源于中国的重要果树的生产主要依赖于国外的品种。有效保存、发掘和利用我国特有的、优异的遗传资源，挖掘优异基因，对于我国自主知识产权的优质果树新品种的定向培育有重要的战略意义。开展果树重要性状分子机理解析和育种应用研究，开发果树分子标记、构建精细连锁图谱和高效育种技术，创造目标性状突出、综合性状优良的育种新材料，急需育成一批生产中能成为主栽的、有重大增产增收意义的果树（包括砧木）新品种。

（3）果树种苗集约化生产关键技术

种苗的集约化和标准化繁育，是果树高效生产、高产优质的基础和保证。与发达国家相比，我国果树优质种苗生产技术缺乏，种苗生产自动化、集约化、专业化程度低。因此，开展果树种苗集约化、标准化生产与质量控制技术的研究，提出适应现代产业技术的育苗基质标准、优质种苗质量标准及标准化快速育苗技术，实现果树种苗生产专业化，使我国果树优质种苗供应能力满足产业需求，对提升产业技术水平、提高产业效益具有重要的意义。

（4）果品安全标准化生产及产品溯源技术

果树安全高效标准化生产是发展方向。发达国家对果品的安全性有较高的要求，栽培技术的标准化程度均较高；而我国在这方面还有一定的差距。因此，开展果树安全高效标准化栽培关键技术、节能和资源高效利用的量化管理关键技术、产地环境控制及生产过程中投入品控制技术、环境友好型生产资料（生长调节剂、生物肥料、生物农药等）的研制与利用技术、果品的周年均衡供应技术、果品质量安全溯源检测与源头控制技术体系的研发，将进一步提高果树经济效益，提高我国果品的国际竞争力。

（5）果树轻简省力化栽培关键技术

随着果树生产的逐渐集约化、专业化，以及农业劳动生产力日渐短缺、劳动成本年际递增，轻简省力化栽培和机械化生产是果树生产的根本出路。因此，需要根据国情和果园地形地貌，研发与栽培模式配套的省力、高效的耕作机械、施肥机械和植保机械、水肥定量管理设备，山区丘陵区果树穴施肥水高效栽培技术，精准施药技术与新型植保机具等节本增效型农业加工装备和资源高效利用工程装备技术，果品采后处理及精深加工技术与装备等。

（6）果园连作障碍治理技术

在我国占世界四分之一的果树种植规模中，有约三分之一是衰老或低产低效、应予更新和淘汰的果树；而大多果树树种具有连作障碍属性。因此，应尽快开展果园土壤保健与连作障碍控制关键技术的研发，包括根系自毒物质的种类和分泌释放规律、对根际土壤微生物种群结构和功能影响及其对作物生长发育的调控、土壤健康标准与保持、主要土传病虫害的发生规律及调控机制、农艺措施修复与缓解土壤连作障碍的调控机理、定位施肥土壤养分等。

（7）果品采后质量保持及现代流通技术

由于采后技术和流通手段落后，我国果品采后损失率达20%以上，远远高于发达国家的5%以下。这方面亟须研发并实施的是，果品采后处理、精选分级包装技术，果品劣变机制与品质保持技术，果品低能耗冷链贮运系统和气调贮藏技术，现代化的果品采后器械、分级工艺技术，低能耗预冷技术与装备，清洁生态型加工技术、安全环保的果品保鲜剂及其相关设施和设备，果品物流、保鲜智能化系统，鲜活果品保鲜与物流配送及相应的冷链运输系统技术，环保安全的产品熏蒸技术与设备等，使果品的采后损失率降至10%以下。

（8）功能性果品的研究与利用

随着果树产量和品质的快速提升，消费者对果品在休闲保健方面提出了更高的要求，由此催生了功能性果品研发的新方向，即园艺治疗的全新概念。主要围绕包括果树在内的园艺植物功能成分高效制取技术与应用基础、功能成分优异基因资源的发掘与利用等研究方向，开展功能成分提取分离纯化技术、功能成分的定性鉴定与定量分析、优异基因的发掘与利用等方面的研究，并应用于相关保健休闲食品产业。

6.2.2　蔬菜科技研究重点

围绕中长期现代农业发展的战略需求，采取协同创新方式，重点突破蔬菜领域基础与前沿交叉学科的重大科学问题，攻克一批制约我国蔬菜产业发展的核心关键技术并形成技术系统，破解一批区域农业可持续发展的重大技术难题，显著提升我国蔬菜科技的自主创新能力与产业支撑能力。

（1）蔬菜领域重大科学问题与核心技术研究

1）蔬菜产品器官形成发育机理与调控。随着蔬菜作物全基因组序列信息的日益增加，蔬菜产品器官形成发育机理和调控研究已经由组织细胞水平转入分子水平。蔬菜产品器官形成发育机理和调控研究内容包括：蔬菜产品器官的特征决定的分子机理；蔬菜产品器官形态建成调控的分子机理等；蔬菜产品器官大小调控的分子机理；蔬菜产品器官成熟调控的分子机理；外界环境影响蔬菜产品器官形成发育的分子机理等。

2）基于多组学的蔬菜作物优良变异形成和优异性状驯化规律研究。利用应用多重组学、泛组学、人工智能和系统生物学等技术方法，解析主要蔬菜作物种质的全景多维组学特征，揭示主要蔬菜作物驯化和改良过程中重要性状的演化规律，挖掘优异性状形成的关键调控基因，解析其参与的调控网络；系统研究重要单倍型、结构变异、表观变异在驯化和重大品种培育过程中的演变路径，揭示重要基因在驯化和重大品种培育中的传递规律，阐明种质资源驯化和改良中的遗传调控机理，创新蔬菜优质、高产育种的理论与方法。

3）蔬菜作物逆境响应与调控机制。阐明蔬菜作物抗逆的遗传基础和分子调控途径，挖掘关键基因，解析主要蔬菜作物对低温、弱光、高温、干旱等逆境应答反应中信号感受、转导以及生理代谢活动网络调控的机制，创新人工调控的新途径和新技术。

4）蔬菜作物抗病虫机制与调控。研究蔬菜作物与病虫互作机制，解析多抗性遗传的调控网络，发展多抗与优质、高产兼顾的育种新理论与新技术；挖掘野生资源中优异抗病基因，开展抗病基因的驯化选择分析，明确驯化选择轨迹，利用基因编辑和合成生物学技术实现广谱抗性的重构，为提高产量和品质同时能提高持久抗性提供新的途径。

（2）蔬菜领域重要关键技术创新及产品开发

1）蔬菜优质、绿色、高效分子设计育种。综合运用组学、遗传学、系统生物学和计算生物学等手段解析产量、品质、抗病耐逆、养分吸收利用等复杂性状的调控因子与分子网络，研究复杂性状的基因组变异与表观变异规律及其应对环境变异的机制，精细定位高产、优质、抗病虫、抗逆、养分高效利用、适合轻简化栽培等重要性状基因/主效数量性状基因座，获得经济实用的分子标记；整合重要性状的表型、基因组、代谢组、农业环境等数据库，研制分子设计育种软件，构建蔬菜作物分子设计信息系统；研究复杂性状主效基因选择、全基因组选择等技术，建立优质、绿色、高效品种分子设计育种技术体系，培育品质优良、多抗性强、对环境适应性强、适合轻简化栽培的新品种。

2）蔬菜作物高效精准基因编辑技术。以十字花科蔬菜，茄果类及其他主要蔬菜为研究对象，开展基因编辑技术及应用研究。建立主要蔬菜的基因编辑技术体系；开发不依赖于转基因的基因编辑技术体系；建立蔬菜作物单碱基定点突变技术；利用基因编辑实现目的基因在不同蔬菜作物特定位置的定点插入；在重要蔬菜作物中，研发DNA-free的蔬菜基因组编辑技术体系。利用基因编辑技术创制具有重要优异性状的育种材料。

3）主要蔬菜细胞工程育种技术。开展主要蔬菜大、小孢子培养等单倍体育种技术研究，突破单倍体育种技术的基因型障碍难题，快速获得纯合的育种材料，建立大规模、高效单倍体育种技术体系；研究单细胞诱导技术，建立高效单细胞诱导系。通过原生质体培养、体细胞融合和细胞杂交等其他细胞工程育种技术，与分子标记选择相结合，加速远缘物种优异目标性状的导入及纯合进度，减少连锁累赘，提高新种质资源创制效率。

4）优异资源挖掘及新种质创制。通过规模化开展驯化基因的编辑，分子标记辅助基因组选择将野生或近缘栽培材料的驯化位点改造成目标栽培类型的等位类型，从而使野生或近缘材料获得目标类型的驯化性状，迅速扩大栽培类型的变异。

5）蔬菜绿色高效智能化生产关键技术。研发适合设施、露地不同栽培方式生产应用的专用机械和装置，推进生产全程机械化；研发高精度环境因子监测工具，建立蔬菜生产智慧化自动控制模型和软件，实现蔬菜生产的智能化；研发并建设规模化应用的区域性"互联网+"蔬菜绿色高效智能化生产技术控制平台，集成适合我国国情的基于作物-环境和大数据平台的蔬菜绿色高效智能化生产管理技术体系。

6）蔬菜营养水分高效利用技术与产品。研究肥水精准化、自动化、智能化管理技术与设备；研究不同蔬菜作物在不同栽培模式下的需水、需肥规律，构建基于作物生育阶段和光温环境因子的肥水精准管理技术体系。研究菜田高质量根层土壤的构建技术、菜田土壤碳高效固存技术等。利用作物微生物组学和合成菌群学研发生态稳定的多菌种复合微生物肥料，以及通过互作信号调控增强微生物肥料在植物根际的定殖与作用效果。

7）设施环境精准调控技术。围绕提高设施采光、蓄热、保温性能，创新设计和建造技术与建造材料。研究设施内温光气精准调控技术与装备，建立基于作物生育阶段特点的设施环境智能管理技术。研发基于"互联网＋"模式的设施蔬菜规模化生产的轻简化栽培模式和信息化云服务管理平台及配套装备。

8）蔬菜病虫害高效生物防治技术及产品。深入研究病虫害的生物学特性、发生危害的规律及其成灾机制，研发针对性的生态调控、生物防治以及基于转基因技术、基因编辑技术、昆虫雄性不育技术等的遗传调控技术。揭示不同耕作制度和栽培条件下土壤微生物组结构和功能与蔬菜病害发生、成灾的关系及驱动机制，结合不同调控措施下微生物组结构、功能和病虫害种群动态演变特征及其与环境条件变化的关系，阐明微生物组调控蔬菜病虫害种群消长的原理，创新定向调控作物微生物组结构和功能的生防新技术及微生物菌剂产品。

9）蔬菜流通绿色品控技术及装备。研究高效节能冷链技术与装备，快速流态冰预冷技术装备，筛选新型相变保温材料及蓄冷剂，开发便携式配送箱，多温区蓄冷配送车等节能贮运装备；研发绿色高性能保鲜包装材料，智慧型包装设备；研发蔬菜流通全程可信追溯技术，研究蔬菜流通中多源信息集成技术，建立基于数据挖掘的流通过程质量安全预测模型。研发鲜切蔬菜绿色清洗技术，研究鲜切蔬菜食源性微生物的暴露风险及绿色防控技术；研发鲜切蔬菜高效保鲜技术。

10）功能性蔬菜绿色深加工技术。研究蔬菜中对人体有益的营养成分及功能；研究蔬菜中功能性组分在保存和加工过程中的变化规律，建立利于功能性成分保存的贮藏方式和技术；研发基于产品功能性成分特性的绿色干燥技术；围绕蔬菜品种 – 活性成分 – 生物功能之间的构效关系、营养活性物质干预靶向调控代谢性疾病的分子机制、蔬菜膳食配方对人体健康的改善作用，开发基于活性物质的相关特医特膳及功能性产品。

11）食用菌菌种质量提升及野生菌种驯化技术。随着羊肚菌、暗褐网柄牛肝菌、冬虫夏草等野生菌实现了商业化栽培，激发了从业者对野生菌驯化的热情。解析菌根食用菌与宿主的相互作用的分子机制是实现新种类驯化的密码。随着科技的进步，干巴菌、鸡油菌等野生菌驯化将由以生态干预和促繁为主的仿生栽培模式，有望升级为可控接种和规模化生产的人工栽培模式。新品种和好菌种是产业发展的根本保障。我国农业式栽培对广适性新品种的需求、工厂化栽培对多元化专用新品种的需求日趋强烈。食用菌子实体颜色、周期和活性物质等重要性状的遗传规律以及多性状的遗传网络亟待突破；食用菌形态建成机制亟待深入。另外，菌种质量作为产业中最薄弱的环节。解析菌种退化机理，明确菌种质量形成因子并阐明相关调控机理，创建菌种质量实时监测技术体系迫在眉睫。

12）食用菌全程绿色自动化生产技术。生产全程绿色化需要解决三个突出技术问题：一是革新基质灭菌技术解决高耗能问题，二是开发低成本可降解栽培袋解决白色污染问题，三是解析高产栽培机理解决违规投入品的问题。生产自动化重点需要突破采收自动化和包装一体化的问题。另外，在工厂化生产中，还需要解决大数据采集、数据挖掘分析和深度学习的问题，率先实现食用菌智慧化生产。针对产品流通和新产品开发方面，要研发保鲜新技术、新工艺和新材料，要深入发掘食用菌的免疫调节、抗氧化等功能性，满足特定人群的差异性需求，如开发菌丝体蛋白等新型营养食品。

6.2.3 西甜瓜科技研究重点

目前，泛基因组学、表观遗传学、代谢组学、蛋白质组学等学科的发展方兴未艾，基因编辑、生物信息、人工智能、大数据等生物技术不断进步，多学科联合促进了西甜瓜基础研究的革新。西甜瓜学科急需在已有基因组学研究基础上，充分利用各种前沿技术手段，深入解析西甜瓜进化和变异机制；挖掘与产业密切相关的重要性状调控基因的功能，如品质、抗病、生长发育、果实成熟和形态建成等；全面阐释品质优化、倍性育种、理想株型、肥水调控等技术的生理和分子机制，构建基于5G和互联网技术的西甜瓜生长发育模型，构成智慧生产技术；最终形成一批面向产业关键科学和技术问题的原始创新成果，推动我国西甜瓜产业持续健康发展。

（1）重要性品质与抗病基因规模挖掘与功能解析

对西甜瓜进行泛基因组测序、构建泛基因组图谱，通过比较基因组学和泛基因组学分析得到基因组上大量的差异基因信息，从群体遗传学和进化研究的角度解析西甜瓜基因组进化与性状选择机制，挖掘重要农艺性状相关的基因资源。通过多组学联合分析，建立不同层次组学数据间的因果关系，结合相关基因的功能分析，系统、全面地解析西甜瓜品质、瓤色、果实成熟等品质性状、抗病性状（尤其是优异的野生抗病资源）、理想株型等生物性状的分子功能和调控机制。同时，将不同分子层次的组学数据进行整合分析，实现西甜瓜重要农艺性状基因的规模化挖掘和育种应用。建立西甜瓜代谢组数据库，全面了解西甜瓜代谢物种类和含量，分析瓜果中特有的代谢物质；结合基因组数据，开展性状驯化、重要代谢途径解析、代谢物的分子调控网络等研究；围绕果实色泽、香气、口感等品质相关性状，开展代谢物相关的全基因组关联分析，寻找相关代谢物的决定基因，促进品质育种研究；围绕西甜瓜中特殊功能性成分开展工作，挖掘与人体健康相关的物质，通过育种途径获得营养增强型品种。

（2）分子设计育种的理论基础及应用技术

CRISPR/Cas9 编辑技术体系在西甜瓜上的成功应用，为创制优质多抗种质提供了良好的技术平台和定向改良的工具。基因编辑技术与单倍体技术或无融合技术相结合，有望成为新的下一代作物育种技术，预期在今后的作物育种中将得到广泛应用，将极大改变育种产业格局。构建西甜瓜基因编辑体系，对重要农艺性状进行编辑改良。开展理想株型研究，适度减少分枝，从而降低整枝劳动力；通过改良目标性状调控基因，创制聚合多优良性状的种质资源，为优质多抗西甜瓜新品种的选育奠定材料基础。同时，利用基因编辑技术加速野生种质的驯化，实现野生种质优良性状在西甜瓜育种中的深度应用。创制西甜瓜单倍体诱导性，为快速创制优良纯系种质提供技术支撑。

（3）西甜瓜与环境互作的生理与分子机制

我国设施西甜瓜产业的高速发展，导致病虫害、低温弱光等逆境日益加剧，严重影响产量、品质和资源利用效率。虽然影响西甜瓜品质、枯萎病、蔓枯萎病等若干关键基因已被定位和发现，但其他一些新形成病虫害及低温、弱光等关键抗性基因不明、调控机制不清。因此，综合利用基因组、转录组、蛋白组和代谢组等技术方法，挖掘西甜瓜重要生物、非生物抗性形成关键基因，阐明其与环境互作的分子与生理响应机制，可以为培育多抗、耐寒、耐湿品种，以及建立相应的环境调控技术提供理论基础。

（4）生产关键技术研发集成与应用

栽培技术方面，以西甜瓜生产的高效、安全、节能和生态为主要目标，加强关键栽培技术的研究，重点突破，总体跟进，提升西甜瓜栽培技术体系，形成具有中国特色和优势西甜瓜产业是西甜瓜生长发育与栽培技术研究的主攻方向。近年来，我国西甜瓜产业与科学研究以前所未有的速度发展，并在一些重要领域取得了显著突破，走出了一条具有我国特色的设施栽培发展模式。与此同时，我国的设施产业发展中存在设施相对比较简陋、连作障碍严重、产品安全隐患等问题。因此，未来研究的重点有如下几个方面：一是优化设施结构，研发其配套的环控设备及低成本高保温轻质保温材料，进一步提高其采光和保温性能和环境控制水平，进而提高劳动生产率；二是研究提高光热、水肥、土地等资源利用效率与减少农药投入的环境友好型安全生产模式和技术，实现资源高效利用的西甜瓜安全生产模式；三是研究对生物胁迫和非生物胁迫机理及调控技术，增强设施西甜瓜对逆境或亚逆境的适应性，提高设施西甜瓜在逆境或亚逆境下的生产能力；四是重视研究露地栽培、设施栽培、高山栽培等不同模式的配套栽培技术，为建立具有我国特色的西甜瓜生产栽培体系提供科技支撑。

随着全球气候变暖、外来生物入侵、栽培方式的改变，随之发生一些新的病虫害，使病虫害防控面临更大挑战。从农业生态系统的整体出发，根据病虫害与环境间的关系，充分发挥自然控制因素的作用，因地制宜地协调应用农业防治、物理与生物防治、化学药剂防治等各种措施，预防或减少病虫的发生与为害，避免农药残留，减少化学农药对环境的污染，实现西甜瓜的无公害、绿色生产。

连作障碍已成为制约西甜瓜产业持续健康发展的瓶颈，其成因比较复杂，缺乏系统深入的研究。未来需要对西甜瓜连作障碍土壤进行系统的理化性质和微生物群落分析，找出导致连作障碍的关键因子及其作用机制；从抗性基因型、根际微生物、农艺、化学和物理调控等方面研发连作障碍防控关键技术，为西甜瓜连作障碍防控提供理论依据和技术支撑。

6.2.4　花卉科技研究重点

以中国传统花卉和商品花卉为重点研究对象，开展花卉种质资源创新；研发高效育种技术，培育综合性状优良、关键性状突出的花卉新品种；阐明重要花卉重要性状形成的分子机制；研发高效的繁殖和生产技术；研发高效实用花卉产后处理和冷链流通技术体系；研发花卉健康产品技术体系，服务花卉产业健康稳定可持续发展。

（1）花卉种质资源挖掘与创新

开展中国传统名贵花卉、珍稀濒危花卉、特色种质资源的保存和创新利用技术研究；系统研究花卉遗传资源多样性和生态适应性，研究重要性状的精准鉴定与评价技术；创制遗传基础广泛、优良性状突出、具有重要应用价值的花卉新种质，开发具有中国特色的乡土植物和新花卉作物，建立一批国家花卉种质资源库。建立基于基因组、表型组和代谢组等多组学的花卉重要性状精准评价技术体系，建立种质资源表型组平台，对花型、花香、花色、株型、花期等观赏性状及抗逆性状进行精准评价，挖掘控制观赏性状和抗逆性状的关键基因、标记，确定种质资源的育种潜力。

（2）花卉高效育种技术研究

以提高观赏性和抗性为重点，研发梅花、牡丹、菊花、月季、兰花、杜鹃、山茶、百合、荷花等花卉分子标记、转基因、分子设计、细胞工程、染色体工程、诱变育种等关键技术；综合应用传统育种技术、分子标记、转基因、细胞工程、基因规模化高效利用等技术，构建花卉全基因组选择、基因编辑和聚合育种、定向诱变和染色体组操作技术结合传统育种技术的高效育种技术体系，有效聚合优良基因，创制具有目标性状关键基因的突破性新种质（品系）；研究花卉新品种标准化和规模化测试体系，建立新品种不同生态区的选育、筛选、鉴定和评价平台；选育观赏性状突出、综合性状优良、抗逆性强的多功能花卉新品种。

（3）花卉重要性状形成机制和遗传规律研究

综合利用基因组学、表型组学、表观组学、代谢组学等分析手段，研究花卉重要观赏性状、抗逆性状形成机制和遗传机理，发掘调控重要观赏性状以及高产、优质、抗逆性状的优良新基因和调控元件，阐明花香、花色、叶色、花型、花期、株型、产后寿命等观赏性状及抗寒、耐盐碱、耐湿热和抗病虫等抗逆性状形成的分子机制，挖掘控制性状形成的关键基因，阐明重要观赏和抗逆性状形成的调控网络和遗传规律。

（4）高效繁殖和生产技术研发

研发重要商品花卉种苗（种球）脱毒复壮和种苗（种球）标准化繁育关键技术，建立花卉良种标准化生产技术规程，重点解决花卉种性保持和良种繁育的技术瓶颈；研究主要商品花卉基于营养需求规律的高效低耗水肥一体化技术，包括植株生长模型的构建和养分需求规律分析、重要花卉节约型精准化水肥供给技术等；研究不同花卉作物、不同地域设施环境中的土壤质量退化和连作障碍形成机制，研发连作障碍防控及土壤修复技术；研发主要花卉精准花期调控技术，基于现代信息技术和自动化检测的低能耗、环境精准调控技术以及基于生长发育规律的智能精准化品质调控技术研发；研发病虫害高效绿色防控技术体系，降低花卉生产对环境的影响；研制适用于设施和大田生产的新型机械和设备，降低生产成本，初步建立花卉机械化、信息化、智能化生产管理技术体系，提高花卉生产效率。

（5）花卉采后处理及流通技术研发

研究花卉产品采后品质形成与保持的遗传和生理基础。在系统研究花卉作物的生长发育规律和生态习性的基础上，研发不同花卉作物的采后品质保持机制，研发新型的花卉品质保持技术和保鲜剂，减少采后储藏和流通运输过程中的产品损耗；研究花卉采后储藏和流通过程中病害发生机制，研发花卉采后病害防控技术；基于多组学平台和人工智能技术，研发建立花卉采后全过程品质保持及风险评估体系。

（6）花卉健康产品技术研发

研究玫瑰、梅花、桂花、菊花等花卉花香成分、次生代谢物质结构、生物活性及其形成机制，创制菊花、兰花、百合、玫瑰等赏食兼用新品种，研发茶、油、酒、精油、护肤品、香薰等花卉衍生产品，重点是培育高产量高品质高效益的"药食妆养"类花卉专用新品种以及配套的产业化技术和大健康产品开发技术等。

第7章

我国园艺产业和科技发展的政策支撑

7.1 组织保障

7.1.1 加强行业主管部门的管理和引领

园艺产业既是改善人们生活必不可少的产业，也是乡村振兴、实现乡村现代化必不可少的产业，是中国国民经济发展中重中之重的农业产业之一。饭碗牢牢端在自己的手上，不仅仅是粮食作物的问题，而是农业的整体问题，没有园艺产品的丰富供应，就端不稳自己的饭碗，没有园艺生产的高效率，就难以供给粮食生产更多的资源。园艺产业的发展必须引起各级政府部门的高度重视，要完善和加强各级政府的园艺产业管理机构，加强对园艺产业的管理。农业农村部相关行业主管部门负有中国园艺产业统筹、规划、协调发展的重任，出台的政策对产业和科技的发展起着方向指引的作用，因此必须加强行业主管部门对产业的管理和引领。首先，要加强行业主管部门自身能力建设。一方面行业主管部门领导及相关管理人员要主动深入产业、了解产业，努力将自己培养成懂产业的行家里手；另一方面要将懂产业的人充实到行业主管部门中去，在干部选拔、人员招聘的过程中适当考虑专业背景，可以从大专院校、科研院所、推广队伍中选拔优秀人才到行业主管部门任职。其次，要发挥专家在管理决策中的支持作用。农业农村部已成立了部分产业专家组。专家组汇聚了行业中最专业的技术人员，他们常年深入产业一线，对行业情况极为熟悉，是保证产业顺利发展的重要财富，因此要充分发挥专家组在行业管理决策中的参谋作用。没有设立专家组的行业要尽快设立专家组；要进一步优化专家组的构成，专家组中除了行业技术权威外，可考虑适当吸收一些了解产业整体情况的龙头企业负责人、行业经济专家加入；要更大限度地发挥专家组在行业决策中的作用，重大产业政策的制定要征求专家组的意见。此外，主要的果树和蔬菜还成立了现代农业产业技术体系，按作物类别，形成了一支包含多学科多环节的专家退伍，他们深入一线，了解实际；针对问题开展研究，了解国内外的科研进展，在决策过程中，可以发挥他们的作用。

7.1.2　加强产业的顶层设计和规划

产业的健康发展离不开发展战略的指引，要加强产业发展战略层面的研究，集中力量研究产业发展趋势、布局、方向、重点、保障等重大战略问题，并以此作为产业发展的指引。进入"十四五"以来，一些行业已经制定了"十四五"发展规划，但园艺相关产业"十四五"发展规划还未启动。从近十年园艺产业发展的经验看，产业发展规划对产业的稳健发展起到了不可替代的作用，建议适时启动园艺各产业发展规划的研究工作，规划期限 5～10 年，为未来相关产业的发展提供战略指导。

7.1.3　发挥各类学术团体的协调作用

园艺界学术团体很多，全国性的包括中国园艺学会及其所属各分会和专业委员会、中国柑橘学会、中国蔬菜协会、中国蔬菜产业联盟、中国农业工程学会设施园艺工程专业委员会、中国设施园艺产业和科技创新联盟等，各个省还有相应的省级学术团体组织。这些学术团体组织汇聚了同一产业的社会同行，他们可以第一时间获取行业的最新资讯，收集行业信息，发现并提出行业发展中存在的共性问题，可以组织技术培训，提高行业从业人员的素质，促进先进技术和生产模式在生产实践中的应用，提升产业的生产效率整体运行水平。

7.2　人才保障

7.2.1　加大研发人才的培养力度

科技是产业发展的基础，产业的健康发展离不开科技的支撑。人才是科技的载体，离开人才就很难创新高科技。因此培养和造就一批高素质的园艺科技人才是园艺产业高质量发展的关键。科研院校是培养园艺人才的主战场，要多措并举确保园艺人才培养的规模和质量。一是，要根据产业发展的需要动态调整园艺产业各相关学科人才培养规模。产业的发展是人才需求的原动力、要根据产业发展的要求实时调整园艺产业各相关学科人才培养结构，适当增加新兴产业、偏门产业人才培养比重。二是，要通过校企合作、校企联动等方式，为科研院所人才培养创造更好的条件，使科研院所人才培养更贴近生产实际。三是，要建立科学的选拔、激励机制，激励优秀的研发人员脱颖而出，鼓励研发人员到生产一线建功立业。

7.2.2　稳定园艺产业基层推广队伍

基层推广部门联系园艺产业专家和农民，肩负着先进农技推广的光荣使命，在打通"科技最后一公里"的过程中发挥着不可替代的作用。基层推广队伍的稳定是先进技术能够应用于实际的基础。首先，要稳定现有队伍。基层推广部门条件艰苦、待遇一般，人员流动较多，要通过改善条件、提高待遇、扩展职业发展空间等手段稳定现有队伍。其次，要不断补充新鲜血液。基层推广部门人员老化现象较为严重，由于条件艰苦、编制限制等原因，大部分基层推广近些年新进人员较少。要制定政策鼓励优秀园艺专业毕业生到基层就业，地方政府也应该在编制、待遇等方面向基层推广部门做些倾斜。再次，要注重基层推广人员知识更新。当今时代科技发展日新月异，新品种、新技术、新方法、新模式不断出现。一方面基层推广人员要与时俱进，加强学习；另一方面产业主管部门要创造机会，多组织基层推广人员培训交流。

7.2.3　培育新型职业主体

农民是产业技术的直接应用者，也是产业价值的直接创造者。园艺产业是劳动力密集型产业，劳动力素质的高低对产业的发展影响重大。培育新型职业农民是产业发展的基础。一是，要进一步提高产业的组织化、规模化经营水平。相对于大宗农产品而言，园艺产业特别是蔬菜产业的组织化、规模化经营水平还相对偏低，还需要通过政策支持、制度创新等手段促进组织化、规模化经营水平提高。二是，要大力开展新型职业农民培训。各级产业主管部门、学术团体要积极组织各种层次的培训班。邀请园艺行业专家、先进单位和个人、土专家对合作社带头人、种植大户、家庭农场主等进行培训，提高他们的技术水平和市场能力。三是，鼓励农村外流精英返乡创业。农村外流精英熟悉本乡本土，有丰富的市场经验和一定的资金基础，对故乡有着难以割舍的特殊情感，其返乡创业是提高新型农业经营主体整体素质的一条有效路径。要打好"乡情牌"，鼓励熟悉"三农"、热心农村发展的大学毕业生、退伍军人和在外成功人士回乡投资创业；要制定政策为返乡创业精英提供资金和技术扶持，为返乡创业精英解决好子女就学、老人就医等后顾之忧。

7.3 资金保障

7.3.1 加强园艺产业研发资金的投入

科技创新是园艺业走向现代化和可持续发展的动力和基本保障，研发投入作为技术创新的基础无疑是园艺业科技创新的关键。要根据产业发展的需要不断加大对园艺产业研发的支持力度，明确财政资金的支持方向，重点支持园艺作物种质资源保护、新品种选育、宜机化耕作模式创新、设施结构优化和环境调控技术创新、绿色植保技术创新、新品种和新技术推广等，提高研发资金的使用效率。要根据园艺产业地位和产值，给予相匹配的园艺产业研发支持力度。

7.3.2 加大对园艺产业发展的财政支持力度

园艺产业用地多为山地、滩地、瘠薄地、非耕地等，因此需要加强改造；园艺产业是一个种类多、单一种类生产规模小的产业，因此农业需求种类多、规模小，没有多补贴机械装备生产就不能有效益；园艺作物对环境的要求差距较大，不同种类和品质有不同的适应坏境，因此引种试种很重要；园艺作物需水肥量较大，需要有必要的水肥供应设施。因此园艺产业发展需要强化财政支持力度。一是，要加强主产区基础设施建设。以农田基本建设、小型水利建设、农业综合开发、林业产业培育、扶贫开发、以工代赈等项目为抓手，重点加强果园、菜园和花园等的基础设施建设，积极开展节水节肥灌溉设施、沟渠排水防涝设施、小型集雨蓄水防旱设施、积肥设施、病虫害生物防治设施、防冻设施、机耕道路建设，改善园艺作物生产条件。二是，要支持园艺作物优良品种繁育示范基地建设，将健康种苗生产与推广纳入国家政策支持范畴。三是，要支持现代园艺作物生产技术的推广应用，加强园艺机械装备和机械化作业补贴，加强资源高效利用和低碳发展的补贴力度，提高资源利用率、劳动生产率和土地产出率，实现园艺产业向省力化、机械化、现代化方向发展，着力提升园艺产业的技术装备水平。四是，给予园艺产业发展中的种苗市场、流通体系、质量安全等重点环节和能源、土地、水资源等资源要素一定的优惠扶持政策，推进园艺业从研发到生产销售的全产业链发展，构建产业发展新格局。

7.3.3　多元化筹集园艺产业和科技发展资金

一是，整合各级政府投入园艺产业的资金。目前各级政府对园艺产业均有一定规模的资金投入，要对这些资金进行必要的整合，形成合力，提高资金运用效率。二是，提高金融机构服务园艺产业的能力。金融机构要针对园艺业发展特点，创新金融服务模式，提升金融服务质量。如根据果树产业投资期长的特点适当延长贷款周期和提高贷款额度；根据蔬菜市场价格波动大创新保险服务品种。三是，引导社会资本进入园艺产业。农业农村部、国家乡村振兴局联合发布《社会资本投资农业农村指引（2021 年）》（以下简称《指引》）其中明确了鼓励社会资本投资农业农村的 13 个重点产业和领域方面。要根据《指引》精神积极引导社会资本向园艺产业投资，在充分发挥社会资本市场化、专业化等优势的同时，规范社会资本的投资行为。

7.4　机制保障

7.4.1　创新科技协作机制，促进产学研密切结合

良好的园艺产业运行机制能够使得产业力量得到高效整合。运行机制的创新将推进园艺产业快速发展。灵活的产学研结合的合作方式，能够加强不同主体之间的科研协作，推动园艺产业提质增效。一是，要改革评价机制。要切实改变当前在涉及科研人员评价、晋升、评岗定级等核心利益问题的"唯论文、唯奖励、唯课题"的倾向，将破五唯真正地落到实处，积极地引导科研人才投身产业建设，在产学研合作中培养人才，做出"顶天立地"的研究成果。二是，要搭建产学研结合平台。要鼓励科研机构、高等院校与园艺产业部门共建重点实验室，共同开展学术研究，共同解决产业发展中的关键问题。

7.4.2　创新激励机制，形成产业发展合力

科技的发展和产业竞争力的提升需要政府、高校、科研院所、企业和科研人员的共同努力。按照传统法则，农业科技研发人员利用国家和相关单位投入的研发经费研发的成果产权属于经费投入单位所有，研发人员无法从研发成果中获得产权收益。事实证明这种法则不利于调动农业科技研发人员的积极性，因此首先要创新知识产权归

属管理办法。一是要按照一定的比例赋予研发人员研发成果的部分产权收益权，以调动研发人员的积极性。二要合理的划分国家和各参与单位知识产权的比例。对于由政府牵头构建由政府、农业企业、科研人员组成的虚拟研发组织，产权比例可在扣除研发人员部分的基础上按投入比例分配。对于预期收益弱的基础性农业关键核心技术攻关项目产权比例可在扣除研发人员部分的基础上按适当的比例在国家和参与单位之间进行分配。其次是要将按生产要素分配的机制引入分配体系中来。现代经济在分配机制上强调按劳分配和按生产要素分配相结合，而在现行的园艺产业分配体系中，大多以按劳分配为主，这使得园艺业发展中最为稀缺的资本、科学技术、信息等要素被排斥在分配体系之外，因此要将按生产要素分配的机制引入分配体系中来，以吸引其急需的稀缺要素资源，真正实现园艺产业的现代化与可持续发展。最后要改变园艺产业链中不同环节利益分配不均衡的格局。园艺产品从地头到餐桌产业链涉及环节多，不同主体在产业链中扮演的角色和做出的贡献各不相同，获得的收益也各异。总体来讲，不同主体的收益与贡献并不完全匹配，"两头叫，中间笑"的现象时有发生，因此需要建立科学、合理的利益分配机制，在提高产业链整体利益水平的基础上，实现园艺产业生产、加工、销售等环节各主体利益合理分配。

7.4.3　创新多元联动机制，解决重大产业难题

由于产业重大问题和关键核心技术具有复杂性、跨学科、跨领域的特点，投入资金多、攻关难度大，因此对于产业布局的调整、抗灾救灾等产业重大问题以及事关产业核心竞争力的关键性核心技术的研发，必须由多部门、多团队联手合作，协同攻关。需要建立多元联动机制，最大限度地动员全社会的力量，组织来自农业管理部门、基层政府部门、各级农业研究机构、高等农业院校、综合性大学、农业企业、农民等方方面面的力量，整合各种资源，调动各参与方的积极性，鼓励各参与方加强联系、主动作为，发挥团队作战的优势，实现合作共赢。

主要参考文献

［1］邓秀新，束怀瑞，郝玉金，等. 果树学科百年发展回顾［J］. 农学学报，2018，8（1）：24-34.

［2］国家统计局农村社会经济调查司. 2020 中国农村统计年鉴［M］. 北京：中国统计出版社，2019.

［3］刘凤之，王海波，胡成志. 我国主要果树产业现状及"十四五"发展对策［J］. 中国果树，2021（1）：1-5.

［4］安萱. 以色列的农业发展模式［J］. 中国乡村发现，2020，1：142-146.

［5］王金政，郭文武，王文辉，等. 新中国果树科学研究 70 年之 18 种果树：苹果、柑橘、梨、桃、葡萄、杏、李、樱桃、猕猴桃、核桃、枣、柿子、石榴、荔枝、龙眼、枇杷、香蕉和草莓［J］. 果树学报，2019：36（10）.

［6］邓秀新，王力荣，李绍华，等. 果树育种 40 年回顾与展望［J］. 果树学报，2019，36(4)：514-520.

［7］陆华忠，李君，李灿. 果园机械化生产技术研究进展［J］. 广东农业科学，2020，47(11)：226-235.

［8］万怡震，王跃进，张今今，等. 多年生果树植物分子遗传作图［J］. 园艺学报，2002，29：629-634.

［9］钟广炎，江东. 中国国家果树种质资源圃建设与研究回顾及展望［J］. 中国农业科学，2007，40：342-347.

［10］Andreas P. S., Karen F. Irrigation manual planning, development monitoring and evaluation of irrigated agriculture with farmer participation［J］. Harare，2002，1：1-6.

［11］Megeras G., Abdulahi J. Irrigation system in Israel：A review［J］. International Journal of Water Resources and Environment Engineering，2015，7（3）：29-37.

［12］Tal A. Israeli agricultural innovation：Assessing the potential to assist smallholders［M］. Foundation for sustainable agriculture. 2019.

［13］Albagnac G., Couteaudier Y., Dosba F., et al. Etat de la recherche：Fili è re arboriculture fruiti è re. INRA，2000.

［14］Girollet N., Rubio B., Lopez-Roques C., et al. De novo phased assembly of the Vitis riparia grape genome ［J］. Sci Data, 2019, 6: 127.

［15］Dala-Paula B. M., Plotto A., Bai J., et al. Effect of huanglongbing or greening disease on orange juice quality, a review ［J］. Frontiers in Plant Science, 2019, 9, 1976.

［16］Hopkins D., Wall K. Biological Control of Citrus Huanglongbing with EB92-1, a Benign Strain of Xylella Fastidiosa ［J］. Plant Disease, 2021.

［17］Huang C. Y., Araujo K., Sánchez J. N., et al. A stable antimicrobial peptide with dual functions of treating and preventing citrus Huanglongbing ［J］. Proceedings of the National Academy of Sciences, 2021, 118 (6).

［18］Peng Z., Bredeson J. V., Wu G. A., et al. A chromosome-scale reference genome of trifoliate orange (Poncirus trifoliata) provides insights into disease resistance, cold tolerance and genome evolution in Citrus ［J］. The Plant Journal, 2020, 104 (5), 1215.

［19］Wu G. A., Terol J., Ibanez V., et al. Genomics of the origin and evolution of Citrus ［J］. Nature, 2018, 554 (7692), 311-316.

［20］Cao K., Zhou Z., Qi W., et al. Genome-wide association study of 12 agronomic traits in peach ［J］. Nature Communications, 2016, 7: 13246.

［21］Duan N., Bai Y., Sun H., et al. Genome re-sequencing reveals the history of apple and supports a two-stage model for fruit enlargement ［J］. Nature Communications, 2017, 8 (1): 1-11.

［22］Huang S., Ding J., Deng D., et al. Draft genome of the kiwifruit Actinidia chinensis ［J］. Nature Communications, 2013, 4: 2640.

［23］Liu M. J., Zhao J., Cai Q L., et al. The complex jujube genome provides insights into fruit tree biology ［J］. Nature Communications, 2014, 5 (1): 1-12.

［24］Ming R., Vanburen R., Wai C. M., et al. The pineapple genome and the evolution of CAM photosynthesis ［J］. Nature Genetics, 2015, 47 (12): 1435-1442.

［25］Wang P., Luo Y., Huang J., et al. The genome evolution and domestication of tropical fruit mango ［J］. Genome biology, 2020, 21 (1): 1-17.

［26］Wang X., Xu Y. T., Zhang S. Q., et al. Genomic analyses of primitive, wild and cultivated citrus provide insights into asexual reproduction ［J］. Nature Genetics, 2017, 49: 765-772.

［27］Wang Z., Miao H., Liu J., et al. Musa balbisiana genome reveals subgenome evolution and functional divergence ［J］. Nature Plants, 2019, 5 (8): 810-821.

［28］Wu J., Wang Z., Shi Z., et al. The genome of the pear (Pyrus bretschneideri Rehd.) ［J］. Genome Research, 2013, 23 (2): 396-408.

［29］Wu J., Wang Y., Xu J., et al. Diversification and independent domestication of Asian and European pears ［J］. Genome Biology, 2018, 19 (1): 1-16.

［30］Xu Q., Chen L. L., Ruan X., et al. The draft genome of sweet orange (Citrus sinensis) ［J］.

Nature Genetics，2013，45：59–66.

［31］Zhang L.，Hu J.，Han X.，et al. A high–quality apple genome assembly reveals the association of a retrotransposon and red fruit colour［J］. Nature communications，2019，10（1）：1–13.

［32］Zhu Q.，Xu Y.，Yang Y.，et al. The persimmon（Diospyros oleifera Cheng）genome provides new insights into the inheritance of astringency and ancestral evolution［J］. Horticulture Research，2019，6（1）：1–15.

［33］李天来. 我国设施蔬菜科技与产业发展现状及趋势［J］. 中国农村科技，2016（5）：3.

［34］齐飞，李恺，李邵，等. 世界设施园艺智能化装备发展现状与趋势［J］. 农业工程学报，2018（2）.

［35］柴改仙. 改革开放以来中国蔬菜产业发展战略的演化分析—基于内容分析法的研究［J］. 华中农业大学，2015.

［36］张跃峰，秦四春. 设施园艺智能化发展趋势与路径［J］. 农业工程技术，2015.

［37］左绪金. 我国设施蔬菜产业发展现状及其未来发展路径探析［J］. 现代农业研究，2019（5）：2.

［38］肖体琼，何春霞，曹光乔，等. 机械化生产视角下我国蔬菜产业发展现状及国外模式研究［J］. 农业现代化研究，2015（5）：857–861.

［39］肖体琼，崔思远，陈永生，等. 我国蔬菜生产概况及机械化发展现状［J］. 中国农机化学报，2017，38（8）：5.

［40］方智远. 中国蔬菜育种学［M］. 北京：中国农业出版社，2017.

［41］黎裕，王天宇. 美国植物种质资源保护与研究利用［J］. 作物杂志，2018，34（6）：1–9.

［42］芮文婧，王晓敏，张倩男，等. 番茄353份种质资源表型性状遗传多样性分析［J］. 园艺学报，2018，45（3）：561–570.

［43］梁郸娜，范高领，詹永发，等. 辣椒种质资源抗旱性鉴定与筛选［J］. 中国瓜菜，2017，30（5）：15–18.

［44］王伟平，宋子超，薄凯亮，等. 黄瓜核心种质幼苗耐低温性评价及GWAS分析［J］. 植物遗传资源学报，2019，20（6）：1606–1612.

［45］魏爽，张松，薄凯亮，等. 黄瓜核心种质幼苗耐热性评价及GWAS分析［J］. 植物遗传资源学报，2019，20（5）：1223–1231.

［46］彭丽莎，周俐利，任雪松，等. 用胚挽救法创建甘蓝×大白菜抗根肿病新材料［J］. 植物保护学报，2016，43（3）：419–426.

［47］韩根成，杨玉飞，李耀，等. 日本现代农业对我国农业发展的启示［J］. 安徽农学通报，2020，26（15）.

［48］郭君平，夏英，薛桂霞，等. 日本蔬菜产业发展及其启示［J］. 中国蔬菜，2019（11）：1–5.

［49］王缘缘. 日本园艺的发展历史和特色分析［J］. 现代园艺，2019（19）：138–139.

［50］陈旭，杨印生. 日本农业机械化发展对中国的启示［J］. 中国农机化学报，2019，40（4）：

202-209.

[51] 崔思远，肖体琼，陈永生，等. 日本蔬菜生产机械化发展模式与启示［J］. 中国蔬菜，2016，（2）：1-5.

[52] 卢凌霄，周应恒. 日本蔬菜主产地形成发展及对中国的启示［J］. 经济问题探索，2007，（11）：163-165.

[53] 鲍顺淑，张跃峰，李思博，等. 西班牙阿尔梅里亚设施园艺产业考察纪实［J］. 农业工程技术，2019，39（31）：4.

[54] 丁小明，魏晓明，李明，等. 世界主要设施园艺国家发展现状［J］. 农业工程技术，2016，36（1）：11-29.

[55] 贾善刚. 西班牙农业科技创新体系［J］. 全球科技经济瞭望，2006（7）：3-11.

[56] 李建伟. 西班牙温室蔬菜产业［J］. 河南科技，2003（3）：1-8.

[57] 刘自飞，贾小红，赵永志，等. 西班牙阿尔梅里亚农业水肥一体化技术发展的经验及借鉴［J］. 中国农业信息，2016（14）：60-62.

[58] 王芳，马功景，肖劲松. 欧盟国家共同农业政策对西班牙的影响及对我国的启示［J］. 现代企业文化，2011（26）：147-148.

[59] 王明. 西班牙专业合作社的营运与管理［J］. 湖南农机，2013（3）：35.

[60] 郑敏. 跟着西班牙人一起感受精准农业［J］. 中国农资，2012（23）：6.

[61] 中国园艺学会，中国科学技术协会. 园艺学学科发展报告［M］. 北京：中国科学技术出版社，2016.

[62] 高俊平. 中国花卉科技进展：1998-2001［M］. 北京：中国农业出版社，2001.

[63] 中国花卉协会. 2016 中国花卉产业发展报告［M］. 北京：中国林业出版社，2019.

[64] 罗长维. 观赏园艺概论［M］. 北京：中国林业出版社，2017.

[65] 张启翔. 中国观赏园艺研究进展-2020［M］. 北京：中国林业出版社，2020.

[66] 周会玲. 现代园艺产业发展新技术［M］. 西安：西安电子科技大学出版社，2016.

[67] 吉林省教育系统科教兴农专家组. 花卉栽培技术［M］. 长春：吉林出版集团股份有限公司，2019.

[68] 林夏珍，赵建强. 中国野生花卉种质资源调查综述［J］. 浙江林学院学报，2001（04）：111-114.

[69] 林夏珍. 中国野生花卉引种驯化及开发利用研究综述［J］. 浙江林业科技，2001（06）：73-75.

[70] 陈邦海. 花卉繁殖与栽培［M］. 武汉：湖北科学技术出版社，2017.

[71] 夏溪，奉树成，张春英. 新型分子生物学技术在花卉定向育种中的应用进展［J］. 南京林业大学学报（自然科学版），2019，43（06）：173-180.

[72] 李美茹，陈金婷，孙梓健，等. 花卉分子育种的研究进展［J］. 热带亚热带植物学报，2003（01）：87-92.

[73] 薛淮，刘敏，张纯花，等. 花卉分子育种研究进展［J］. 生物工程进展，2002（02）：

81–84.

［74］杨跃辉. 中国主要花卉产品国际竞争力研究［M］. 北京：中国商业出版社，2014.

［75］刘笑冰. 北京花卉市场消费需求研究［M］. 北京：中国商务出版社，2018.

［76］于莎莎，张楠. 中国观赏园艺产业现状与发展趋势［J］. 现代农业科技，2020（17）：112–113.

［77］黄汉权，卞靖. 建设美丽中国与花卉产业发展［J］. 中国花卉报，2012（1）.

［78］段筱薇. 花卉在基因工程育种中的研究进展［J］. 花卉，2018（10）：11.

［79］郭丽丽，李昱莹，郭大龙，等. 重要花卉植物高密度遗传连锁图谱构建研究进展［J］. 生物技术通报，2021，37（01）：246–254.

［80］荆延德，亓建中，张志国. 花卉栽培基质研究进展［J］. 浙江林业科技，2001（06）：68–71.

［81］阚婷婷，汪冲，郑志仁，等. 基因编辑技术在花卉育种中应用的研究进展［J］. 上海师范大学学报（自然科学版），2021，50（1）：50–56.

［82］李芬，祝剑峰. 切花保鲜技术研究［J］. 农村经济与科技，2020（1）：70–71.

［83］潘会堂，胡永红，张启翔. 花卉栽培与采后技术研究的进展［J］. 世界林业研究，2000，13（4）：32–38.

［84］潘会堂，张启翔. 花卉种质资源与遗传育种研究进展［J］. 北京林业大学学报，2000，22（1）：81–86.

［85］辛世杰，苏鹏. 滴灌技术在设施花卉栽培中的应用［J］. 农业工程技术，2020，40（13）：29–30，37.

［86］Angelo C. J., et al. What horticulture and space exploration can learn from each other：The Mission to Mars initiative in the Netherlands［J］. Acta Astronautica，2020，177：421–424.

［87］Evert Los，Cornelis Gardebroek，Ruud Huirne1. Explaining output price heterogeneity in Dutch horticulture［J］. Agribusiness，2021，4：891–914.

［88］Marie Steen. Measuring Price–Quantity Relationships in the Dutch Flower Market［J］. Journal of Agricultural and Applied Economics，2014，46（2）：299–308.

［89］Cor Verdouw，Nico Bondt，Harrij Schmeitz，et al. Towards a Smarter Greenport：Public–Private Partnership to Boost Digital Standardisation and Innovation in the Dutch Horticulture［J］. International Journal Food System Dynamics，2014，5（1）：44–52.

［90］Darras，Anastasios. Overview of the Dynamic Role of Specialty Cut Flowers in the International Cut Flower Market［J］. Horticulturae，2021，7（3）：51.

［91］Kargbo Abu，Mao Jing，Wang，Caiyun. The progress and issues in the Dutch，Chinese and Kenyan floriculture industries［J］. African Journal of Biotechnology，2010，9（44）：7401–7408.

［92］华新. 荷兰库肯霍夫公园 2021 年花展开启［J］. 中国花卉园艺，2020（21）：56–57.

［93］周伟伟. 2019 年荷兰花卉出口额创新纪录［J］. 中国花卉园艺，2020（05）：61.

［94］马可·范赞登. 从荷兰花卉集团发展看中国花卉市场潜力［J］. 中国花卉园艺，2019
　　　（19）：33.

［95］周丕东，黄婧. 欧美发达国家促进农业产业集群发展的主要做法及经验：以美国、法国、
　　　荷兰为例［J］. 农技服务，2019，36（06）：101–102.

［96］吴昊. 荷兰阿姆斯特丹花卉产业发展经验及对中国河北省的启示［J］. 世界农业，2018
　　　（02）：159–165.

［97］逄晶. 中荷两国不同文化影响花卉产业发展的对比和思考［J］. 中国园艺文摘，2016，
　　　32（12）：67–69+71.

［98］艾米·斯图尔特，宋博. 荷兰式花卉拍卖［J］. 中国工会财会，2016（06）：52–53.

［99］旷野. 荷兰、比利时盆栽菊花生产［J］. 中国花卉园艺，2016（03）：50–51.

［100］本刊编辑部. 荷兰农业——产业链式高效农业模式［J］. 营销界（农资与市场），2015
　　　（23）：77–79.

［101］孙曦，张莹莹，刘克锋. 国内外花卉物流发展研究［J］. 物流技术，2015，34（11）：
　　　16–19.

［102］王爱玲. 荷兰花卉产业的创意开发及对中国的启示［J］. 世界农业，2014，（10）：164–
　　　166+199.

［103］林金水. 荷兰花卉业的启发与思考［J］. 福建热作科技，2012，37（04）：49–52.

［104］邓秀新，主编. 园艺作物产业可持续发展战略研究［M］. 北京：科学出版社，2017.

［105］李崇光，项朝阳，编. 新形势下我国蔬菜产业经济研究［M］. 北京：中国农业出版社，
　　　2018.

［106］项朝阳，编著. 我国蔬菜产业链利益分配机制研究［M］. 北京：中国农业出版社，
　　　2020.

［107］The National Academies of Sciences，Engineering，Medicine，Science Breakthroughs to
　　　Advance Food and Agricultural Research by 2000［M］. Washington，DC：The National
　　　Academies Press，. 2019.

［108］景海春，田志喜，种康，等. 分子设计育种的科技问题及其展望凯伦［M］. 中国科学 –
　　　生命科学，2021，51：1356–1365.